欧/洲/管/理/经/典

公司策略与公司治理
如何进行自我管理

［奥］弗雷德蒙德·马利克（Fredmund Malik）◎著
朱健敏 解军◎译

**UNTERNEHMENSPOLITIK UND
CORPORATE GOVERNANCE**
WIE ORGANISATIONEN
SICH SELBST ORGANISIEREN

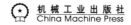

图书在版编目（CIP）数据

公司策略与公司治理：如何进行自我管理/（奥）弗雷德蒙德·马利克（Fredmund Malik）著；朱健敏，解军译. —北京：机械工业出版社，2018.3

（欧洲管理经典）

书名原文：Unternehmenspolitik und Corporate Governance：Wie Organisationen sich selbst organisieren

ISBN 978-7-111-59322-5

I. 公… II. ① 弗… ② 朱… ③ 解… III. 公司－企业管理 IV. F276.6

中国版本图书馆 CIP 数据核字（2018）第 041406 号

本书版权登记号：图字 01-2013-3391

Fredmund Malik. Unternehmenspolitik und Corporate Governance：Wie Organisationen sich selbst organisieren.

Copyright © 2008 Campus Verlag GmbH, Frankfurt/Main.

Simplified Chinese Translation Copyright © 2018 by China Machine Press. The edition is authorized for sale in the People's Republic of China only, excluding Hong Kong, Macao SAR and Taiwan.

No part of this book may be reproduced or transmitted in any form or by any means, electronic or mechanical, including photocopying, recording or any information storage and retrieval system, without permission, in writing, from the publisher.

All rights reserved.

本书中文简体字版由 Campus Verlag 授权机械工业出版社在中华人民共和国境内（不包括香港、澳门特别行政区及台湾地区）独家出版发行。未经出版者书面许可，不得以任何方式抄袭、复制或节录本书中的任何部分。

公司策略与公司治理：如何进行自我管理

出版发行：机械工业出版社（北京市西城区百万庄大街22号 邮政编码：100037）

责任编辑：李 蔷　鲜梦思

责任校对：殷 虹

印　　刷：中煤（北京）印务有限公司

版　　次：2018 年 4 月第 1 版第 1 次印刷

开　　本：147mm×210mm　1/32

印　　张：11.5

书　　号：ISBN 978-7-111-59322-5

定　　价：59.00 元（精装）

凡购本书，如有缺页、倒页、脱页，由本社发行部调换

客服热线：（010）68995261　88361066　　投稿热线：（010）88379007

购书热线：（010）68326294　88379649　68995259　　读者信箱：hzjg@hzbook.com

版权所有·侵权必究

封底无防伪标均为盗版　　本书法律顾问：北京大成律师事务所　韩光/邹晓东

献给汉斯·乌尔里希，
他曾经给我自由与勇气，
让我冲破了思维的定式……

CONTENTS
目录

总序（郝平）

推荐序一（史宗恺）

推荐序二（李维安）

译者序

前言

导言　// 001

　　成功造就了自身的失败　// 002

　　当思维没有跟上　// 002

　　问题与系统　// 004

　　新思维的来源　// 005

　　控制论是重要知识的来源　// 005

　　两次进化飞跃　// 006

　　复杂性的利用　// 007

　　正确的管理就是基于控制论的

　　　管理　// 009

第一部分 01 从组织到自我组织

第1章 公司发展宣言 // 013

革命性的转变 // 013

绝对的变革：范畴的变革 // 014

企业还会存在下去吗 // 015

从金钱到知识：还会有全员大会吗 // 015

从知识到认识：新世界 // 016

正确的公司策略是系统策略 // 017

复杂性时代的管理 // 018

系统性公司策略 // 020

系统的一致性与专业问题 // 020

有效的全局控制 // 021

具体策略与系统策略 // 022

公司策略、系统策略与治理 // 024

盲目保留系统内在的自然力 // 025

第2章 利用控制论的公司策略计划 // 027

利用控制论的公司策略路线图 // 027

一般管理背景下的定位 // 032

第3章 论点 // 034

第4章 术语的使用 // 037

第二部分 02 新的时代：新的管理学

第5章 变化中的不变内容：恒定性、自我管理、演变 // 045

最高管理层可靠的定位标志 // 045

V

全局控制、控制论和治理　//054

两种系统，两种管理　//061

第6章　系统与自组织　//073

系统的基本类型：水　//073

自组织的基本类型：环岛交通　//075

第7章　通过公司策略建立全局控制　//078

什么是公司策略　//079

产生作用的核心　//081

伪实用主义者　//082

符合复杂性条件的公司策略的例子　//083

真正的领导才能和"对伟大人物的想象"　//086

公司策略与扎实的系统工作　//087

无约束与调节过度，空白点与普遍适用性　//091

究竟需要调节些什么　//096

第8章　在复杂性中导航：纵览全局，明辨方向，洞察细节的模型　//098

近似大脑的模型　//098

世界→系统→模型→理念　//100

思维工具模型　//103

用调节模型来认识和理解　//104

知道什么情况：巴别塔综合征　//106

就像大脑：控制室——管理——GPS　//108

三个目的明确的模型　//110

公司策略基础模型　//111

取消等级：用嵌入代替列入　//113

控制论系统的循环逻辑 //117

专才，通才，通用的专才 //119

全局控制的三部分理念 //120

全局控制的最佳媒体 //121

第三部分 03 自组织指南

第9章 企业应当做什么：公司策略 //127

企业的目标 //129

企业的使命 //148

企业的绩效：操作平台 //157

企业管理的变革：类似大脑的 CPC 核心绩效控制 //168

企业目标和使命的控制能力 //176

第10章 企业在什么环境里运行：环境理念 //178

要注意什么？一张通用的地图 //179

环境的全局控制模型 //184

环境模型的全局控制 //191

颠覆性的变化 //207

第11章 企业应当如何和怎样运行：领导理念 //211

到处通用和人人适合的管理学 //212

发挥工作潜力 //214

自组织的形成 //215

全局控制管理模型 //216

全功能管理模型 //217

高效率企业管理的标准模型："轮状管理

　　　　　　模型" // 218
　　　　　综合性管理系统 // 223
　　　　　全局控制:"管理理念"一览 // 228
　　　　　管理学教育和管理学发展:教育回报 // 232
　　　　　管理教育的成效亟待提高 // 233
　　　　　马利克管理系统的插图 // 236

第四部分 04 全局控制实现的自主权和领导才能

第12章　秩序,时间,宁静 // 243
　　　　　企业领导的工作条件:更加的复杂性 // 245
　　　　　企业领导的任务:全局控制系统 // 245
　　　　　企业领导面临的挑战:改变领导方式 // 246
　　　　　企业领导的选择:利用复杂性 // 247
　　　　　企业领导的困扰:颠覆性的变化 // 248

第13章　高层管理概念的转变 // 249
　　　　　在系统控制的十字标记下 // 249
　　　　　未来取决于今天,或者早已错过 // 251

第14章　自主运用全局控制:领导能力的源泉 // 257
　　　　　通过公司策略实现全局控制 // 257
　　　　　通过公司模型实现全局控制 // 259
　　　　　通过专项管理进行全局控制 // 262

第15章　展望未来:当前高层管理面对的专项事务 // 264
　　　　　对股东和金融领域的代表进行解释与

"教育" // 264

什么是利润，什么是富裕 // 265

企业家与高层管理 // 266

知识的意义 // 267

对优势的思考 // 267

鼓励高业绩者 // 267

什么是正常运行的社会 // 268

什么叫责任 // 269

高层管理者的收入 // 269

第16章 高层管理机构的危机及其变革 // 271

高层管理结构的理论缺失 // 271

今天的决策形成过程已经不同了 // 272

阴谋论的温床 // 273

传统的公司治理为什么不够 // 274

第17章 变革：从首席执行官到全局控制职责 // 276

超级控制代替超级人才 // 276

彻底的系统全局控制职能 // 277

功能化代替定人化 // 283

第18章 高层管理团队 // 287

三个条件 // 287

六项原则 // 289

第19章 领导才能的全局控制 // 292

领导的区别在哪里 // 293

领导才能的显露，时势造人才 // 294

　　　　　真正的领导才能　// 295

　　　　　个人魅力　// 302

第 20 章　胜利者的决胜技巧：成功的道理　// 304

　　　　　形势判断的原则　// 306

　　　　　操控能力与关系能力的原则　// 310

　　　　　影响信息情况的原则　// 314

　　　　　公信力原则　// 316

结束语　// 318

附录 A　马利克管理系统及其用户　// 320

参考文献　// 330

作者简介　// 336

PREFACE 总序

郝平

北京大学党委书记

继《管理成就生活》和《正确的公司治理》两本书出版后,欧洲管理学大师弗雷德蒙德·马利克的《管理:技艺之精髓》和《公司策略与公司治理》等书很快再次由机械工业出版社出版发行。在如此短的时间内,马利克教授的多本专著在中国刊行,这是令人称奇的事,但细想起来又顺理成章。

随着2008年全球性金融危机的加深和蔓延,美国管理模式的漏洞不断显现,日本管理模式的代表丰田汽车也陷入了召回门事件的泥潭,反思美国和日本管理模式,欧洲管理思想开始引起中国工商界的更多关注。作为欧洲管理学的领军人物,马利克教授等人一系列著作的翻译出版,为中国企业管理变革提供了一个新的视角,为中国企业创立健康的管理体系开辟了新的道路。

马利克教授的老朋友、马利克21世纪先进管理与治理基金会执行主席丹娜·舒伯特博士一直致力于把欧洲先进管理理念介绍到中国来,她为译著的顺利出版做出了积极的贡献。我和舒伯特博士是好朋友,长期以来,她为促进中国与世界的交流做出了重要贡献。承蒙舒伯特博士的盛情,邀我为这套系列图书写序,在此深表谢意。

马利克教授 2009 年来北京访问时,我与他有过愉快而深入的交谈。无论是在生活中还是在学术上,他都是具有独特思维的人。马利克教授是奥地利人,他的业余爱好是与学术毫不相干的登山运动,而且几乎成了职业登山者。他是最早开始反思美国管理模式的欧洲管理大师,对"利益最大化模式""利益相关者模式"和"股东价值模式"进行了分析并提出批判。当人们为戴姆勒-奔驰与克莱斯勒的合并欢呼雀跃时,他却预言此举最终会以失败告终。关于此次经济危机,他认为不是一次金融危机,而是一种管理方式的危机,尤其是美国管理模式的危机。他指出,美式资本主义"利润最大化"的思路对于企业管理不具有实用性,真正有用的恰恰是其对立面——利润的最小化。他说:"真正重要的价值只有一种——不是股东价值,不是利益相关者价值,也不是其他任何内部价值,而是顾客价值。"不人云亦云、特立独行,这是马利克教授给我留下的深刻印象。

马利克教授学识渊博,造诣精深,影响广泛。目前,他是瑞士圣加仑大学的教授、维也纳经济大学的客座教授、瑞士圣加仑马利克管理中心的总裁,另外还是多家大公司董事会或监事会成员、许多知名公司的战略和管理顾问。他以系统论、仿生学、控制论为重要基础,把管理实践经验与科学、历史、哲学、心理学、艺术等多种学科结合在一起,创造了独特而系统的管理方法,并因此形成了"圣加仑管理学派"。如今,该新兴学派的管理思想和方法被奔驰、宝马、索尼、西门子、德意志银行、贝塔斯曼等众多企业或组织采用,并在整个商业世界赢得了尊重。已故美国现代管理学之父彼得·德鲁克曾指出,"无论是在理论还是在实践方面,弗雷德蒙德·马利克教授都是权威性的大师"。我相信这并非溢美之词,而是大师之间的惺惺相惜。与写过《创新与企业家精神》的德鲁克一样,马利克教授试图将管理从方法论升华为一种世界观。他将管理定义为实现从资源到价值的转换,是最重要的社会职能之一,是一项人人都可以学会的技能。也许,美国《商业周刊》正因此而称马利克教授为欧洲最有影响的商业思想家之一。

他山之石,可以攻玉。《管理:技艺之精髓》从管理任务、管理工具、管理基本原则等诸多方面对管理进行了全面透彻的阐释,《公司策略与公司治理》清晰地描画了一幅用以掌握企业政策、灵活处理公司治理问题的路线图,再次体现了马利克教授对管理学的创新思维和对现代企业治理结构的独到见解……

这套系列图书给所有人,尤其是企业中高级管理者提供了另一种思路和视野。相信读者会被书中随处可见的精辟独到的管理理念所折服,获得新的启示,汲取新的力量。

FOREWORD
推荐序一

史宗恺

清华大学教授、党委副书记

在席卷全球的现代化进程中,管理学这门学问愈来愈显示出其重要作用和影响,而且在经济全球化的环境下,管理不仅于跨国企业、于政府、于各个行业的重要意义也日益突出。

人类社会一直在不断进步,并且进步的速度在不断加快。20世纪80年代后期,由于大量新技术,特别是信息技术的广泛应用,人类社会处于前所未有的新变革时代。始于40年前的改革开放,给我们这个古老的文明国度带来了天翻地覆的变化。"改革"触发一场伟大的社会变革,而"开放"则使我们赶上了人类又一次由于技术革命带来的巨大飞跃。如今,我们处于现代化和全球化的双重进程之中。

这是一个激动人心的时代,也是人类不断面临新挑战的时代。挑战之一就是在社会分工越来越精细化、社会系统越来越复杂化的情形下,怎样实施有效的、精确的管理。

多年前，经马利克21世纪先进管理与治理基金会执行主席丹娜·舒伯特博士的介绍，我认识了马利克教授。之后，我怀着很大的兴趣，认真拜读了马利克教授在中国正式发行的第一本著作《管理成就生活》，了解和认识了"圣加仑管理学派"以及其创始人马利克教授基于多年的研究和大量实践对管理学的透彻阐释。再后来，在我的提议下，清华大学研究生会邀请马利克教授来校举办了一次学术讲座，马利克教授深入浅出，娓娓道来，既让同学们系统地领会了马利克教授在管理学方面理论与实践的出色建树，也让大家领略了欧洲管理学大师和管理教育家的授课风采。

尽管在我们的生活中，管理无所不在，但我们仍需充分认识现代社会中管理的深刻内涵，以及管理在成就我们工作和生活过程中的重要作用。例如，现代的大学实际上已经发展成为"具有高度专业化管理水平的综合学术机构"，在保留"学术自由"这一核心内涵的前提下，需要具有专业能力的管理人员，在教学、科研及社会服务几个功能的实现方面，实施高效且有针对性的管理。再如，当今中国大规模的城镇化进程中，政府工作人员的专业管理能力以及政府系统的管理理念、措施是影响城市运行效率和效益至关重要的因素。

管理不仅是一种理论，更是一种实践，这也是"圣加仑管理学派"的一个显著特点。马利克教授的许多理论观点都是在大量实践的基础上提炼而获得的，并且又进一步在实践中进行检验和修正。我们不仅要重视对管理学理论的学习，更要重视学会怎样将这些理论灵活应用于实际的管理工作中。

唯有如此，才可能将其化为我们自身的能力和素质。

《公司策略与公司治理》这本书虽然谈的是公司的管理，其实书中表达的观点和见解同样适应于政府以及各类复杂机构的管理。作为大学的管理者，我亦从中获益良多，也又一次感受到马利克教授深刻的洞察力以及对管理学发展的独到见解。

马利克教授在书中提出这样的观点："复杂性系统与简单的系统不同，有其自身的规律、特征和行为模式。因此，管理也必须有完全不同的针对性，要针对每个复杂性系统本身的自然规律。"我很赞同这种观点。我们知道，针对复杂性系统的管理需要考虑的要素很多。在这里，我想强调的是，当把大师提供给我们的理论应用于实际工作中时，我们要重视由于文化环境的差异而对管理要素产生的影响。事实上，文化环境是社会以及公司复杂性系统的重要组成部分。无论是技术产品，还是管理学这样更多基于实践而提炼出来的规律性认识，其本地化的过程就是将本地文化融入其中的过程，而且是必经的过程。

以此为序。

后金融危机下的公司治理变革

李维安

中国管理现代化研究会联职理事长

天津财经大学原校长

2007年爆发的全球金融危机再一次将焦点聚焦到公司治理上,它暴露了公司治理内在缺陷所蕴含的巨大风险,这既是对公司治理的严峻挑战,也为完善公司治理提供了历史性契机,促使全世界重新思考现代公司治理的模式和未来的变革方向。

理论界和实务界越来越认识到以股东价值为导向的英美公司治理模式的弊端。在股东中心主义下,经理层把更多的精力放在不违反法律规定、防范对失责的指控上,放在讨好金融媒体、追求短期目标上,从而损害了股东和利益相关者的长期利益。

在《正确的公司治理》中,马利克教授就指出了英美公司治理模式的缺陷，并预言美国流行的企业管理理论会引发金融危机，经济萎缩。当全球发生金融危机时，我们再听到马利克十多年前的这些声音，不得不折服其思想的深邃。

马利克教授提出，公司治理必须由传统股东至上的"单边治理"模式逐步演化为利益相关者的"共同治理"模式。企业的价值最大化并不仅仅是利润最大化，而是在实现利润最大化的过程中，兼顾各利益相关者的权益对其赖以生存的社会做出贡献。

与其他学者不同的是，马利克教授的这本著作《公司策略与公司治理》进一步把控制论、系统论和仿生学的理论应用到企业管理和公司治理中，把公司治理视作复杂性系统，拓展了公司治理研究的思路。经济和社会在经历一场有史以来最大的变革，经济全球化的不断深入和网络经济的不断发展使得企业环境的复杂性和不确定性增强。新的历史阶段要求有新的思维方式和方法。马利克教授认为，不仅企业面临的环境是一个错综复杂的、动态的、非线性的系统，而且所有各类经营企业都是复杂的、动态的、非线性的、概率性的、错综复杂的系统。在复杂性时代里，要成功地应对如此高度的复杂性，大多数企业必须进行彻底深入的调整，从管理的基本模式开始，改革公司策略和公司治理，对系统和组织进行革新。面对这场变革，没有任何一家企业可以独善其身。

在马利克教授提出的管理系统中则可以找到应对复杂系统的方法。在马利克管理系统中，公司治理处在更高一级的系统控制层面。在市场经济条件下，治理是基础，其本身亦应对管理做出安排；管理是基于治理架构下的具体运营安排。治理和管理是相互关联、相互促进的，只有在治理基础上构筑完善的管理体系，实现二者和谐发展才能保证企业的健康存续。

其实，从复杂系统的视角来看，公司治理本身是由公司治理内部系统和公司治理外部系统两个子系统组成的复杂系统。公司治理内部系统制定了股东、董事会、经理层、债权人和员工等治理主体之间的权力和沟通架构。整个内部系统作为一个利益共同体，一方的价值依赖于其他主体的持久合作，任何一方的机会主义行为都可能损害其他主体的利益。因此，这些治理主体必须各司其职、相互制衡，才能发挥内部治理的自律作用。

马利克教授不仅是管理学的大师，对公司治理研究具有创新思维，而且还积极地从事管理方面的实践，对现代企业管理实践具有独到的见解，并取得卓越成绩，他推出的马利克管理系统被企业广泛采用。本书所揭示的许多深刻见解对于21世纪的中国企业也具有极强的指导意义。本书可以视作配备齐全的工具箱，对每件工具都有使用说明，企业高层管理者可以使用这些工具来达到管理目标。我相信，马利克综合理论创新和实践经验提出的管理系统，将对中国企业持续成长、从优秀到卓越起到积极的推动作用。

PREFACE
译者序

朱健敏

南京工业大学外国语学院副院长

本书作者弗雷德蒙德·马利克教授是富有实践经验的欧洲管理学专家，在德语国家被誉为"管理和教育大师"，无论在管理学理论还是在管理实践方面，都是举足轻重的人物，被美国《商业周刊》称为欧洲最有影响的商业思想家之一。

马利克教授不仅是管理学方面的大师，而且还积极地从事管理方面的实践，并取得卓越成绩。他本人就是一家从事企业管理业务的上市公司的董事长，在全世界包括中国上海在内的许多城市开展业务。他还成为多家知名公司的董事会、监事会成员，又是许多大公司的战略和管理顾问，特别是在统筹管理、战略和架构、人力资源拓展和专业培训领域都是权威人士。他利用30多年的管理学研究和实践的经验，为具有不同背景和复杂性的企业、组织和管理者提供支持，已经培训过数千名高级管理人员。

马利克教授不仅长期从事管理学的研究与实践，还热心于把管理学的理论运用于人才培养。因此，他又是管理学方面著名的教育家。他在欧洲管理学重镇瑞士圣加仑大学任教授，又任奥地利维也纳经济大学的客座教授。除了企业管理外，他的研究领域还涉及仿生学、系统论和控制论，他也将科学、历史、哲学、心理学等结合在一起，创造了独特而完整的管理方法，实用且易于理解和学习。

马利克教授在管理学领域的研究成果卓著，出版专著数十部，在世界各国产生了巨大的影响，并被翻译成多国语言出版。他的几部有代表性的管理学专著也有了中文译本，本书根据2008年德文第1版译出。本书的重点是介绍企业管理中的复杂性科学，把控制论、系统论和仿生学的理论应用到企业管理中。马利克教授认为，管理对于人类社会就如同基因对于生物的生存能力一样重要，他从生物学、逻辑学的视角，利用仿生学的原理，对企业和社会组织结构及其管理提出了一系列重要的理论。他从动植物应对自然界的严峻挑战，历经亿万年生生不息中得到启发，把仿生学引入企业管理，提出让企业的每个员工根据自己所熟知的企业运行策略和规定进行自我管理，主动采取措施积极应对工作中面临的各种问题，使企业实现自组织。

马利克教授认为，企业的管理可以当作一门职业来学习和掌握。他对企业生存和发展的规律进行分析与理论探讨，全面介绍了他研发的一套计算机辅助管理学系统。他把企业的经营和管理比作在商海中的"导航"，采用他推出的管理系统，可以实时地掌握企业的各项"生命体征"，实现对企业的

"全局控制"，保障企业健康持续的发展。本书所揭示的许多深刻的见解，对于21世纪的中国企业也具有指导意义。

在阅读和翻译过程中，译者经常被书中随处可见的精辟管理理念所折服，获得很多的教益和启发。书中先进的理念体现出马利克教授对管理学的创新思维和对现代企业管理的独到见解，愿读者在阅读过程中也会和译者一样有同样的感触。同时，希望本书的引进出版能够为我国的管理理论和实践带来启迪。

译者在翻译过程中遇到不少困难，用作者马利克自己的话来说，主要是因为"书中的内容是只有少数人熟悉的"。他认为管理学不像其他学科那样有一套概念统一的专业术语，所以本书中"几乎每个名称都不能采用通常的叫法"。他刻意不用德语界流行的名称和概念，否则就会与"旧的观念、旧的思维和旧的理解相混淆"，宁愿找来大量的英文词汇和自造词来表达他的思想。作者表示，"语言是线性的，所以不适合用来描述非线性的对象"，他要解释的复杂性系统难以用语言来表达，因为"语言没有达到足够的复杂程度"。可见本书中的内容不仅对德语读者来说是新的，更是让译者也感到耳目一新。译者在翻译过程中，在顾及了作者上述意图的基础上，尽量考虑了中国读者的阅读习惯，但译文也难免存在错误与不足，敬请读者批评指正。

我们无论通过什么途径去构建解决问题的系统，方法只有一个，那就是控制论。要避免让系统出现问题，一方面必须让系统正常运行，另一方面还必须应对随时出现的问题。本书的书名《公司策略与公司治理》符合管理学中的广泛认识，而书中的内容则是只有少数人熟悉的，是复杂性系统发挥作用的基本原则，是通用的系统策略和全局控制，使一个机构组织的管理能通过"自组织"达到所要求的目标。

每个组织和个人都感受到复杂性时代背景下发生的根本性变革及其影响力。我们每个人都会发现，快速的变革今后将成为平常事。许多人，尤其是那些肩负重大责任的人，要靠个人的毕生精力去完成他们的任务。我们将不得不放弃今天在管理学上常用的基本原理，用更好的原理取而代之，这一点几乎不再有人怀疑。

在本书中我要介绍复杂性时代所需要的通用管理学的核心内容：未来企业自动管理的最重要条件。

本书要说的话题用一个模型来表示比较容易，也好实现，但要用不超出一本书的有限篇幅来概括本书要说的内容则并不是一件易事，所以书中有些叙述部分对一部分读者来说显得有点多余，而对于另一部分读者则又恰好是指点迷津。这是对于通用管理学要付出的代价，需要一种对每个人都适用的语言，有的时候还创造出新的词汇。

对于公司策略和公司治理具体与什么有关的问题，只能就具体某个公司而言来分别回答。这本书可以比作配备齐全的工具箱，每件工具都有使用说明，一个机构的高层管理者可以采用这些工具来达到管理的目标。

本书在进入正题的第一部分内容之前先做了些说明，还介绍了本书的系列。第一部分向读者提供了对于把握复杂性所需要注意的最重要的条件，还有根据我理解的制定公司策略的"路线图"描绘了本书另外三个部分的结构。第二部分阐述了什么是复杂性系统中的全局控制，为什么它能够起作用，其用途是什么。全局控制的模块放在第三部分中介绍。第四部分内容针对负责制定公司策略的最高层领导，如何达到所要求的系统行为，这一部分还介绍了高层领导必须用于自身的全局控制。后面的附录里归纳总结了"马利克管理系统"。

我要感谢玛丽亚·普拉克纳女士，她为本书的结构和文字工作提供了宝贵的帮助，她是海因茨·冯·福尔斯特的学生，也是一位有经验的管理学实习生，在复杂性系统的控制论方面具有丰富的知识。玛丽亚帮助我更好地理解了自己的思想和控制论，她擅长把思想用合适的语言表达出来，这对本书的作者和读者都是十分重要的。

另外还要感谢圣加仑马利克管理中心的领导团队和行政管理委员会的成员，尤其要提到的有伊丽莎白·罗特、瓦尔特·克里格和彼得·斯达德曼等人，在我完成此书期间是他们让我从管理任务中腾出了精力。

本书得益于和数以百计公司领导人的长年合作，得到了咨询服务对象和众多管理委员会同行的验证，经历了关键性问题的讨论和实践的检验，在这里我也向他们表达深深的谢意。

导　言

"管理学系列"是我的一套系列专著，介绍我的管理学理念以及一套复杂性时代的管理学系统。从今天的眼光来看，估计历史学家会把复杂性时代的开始和由此出现的新型社会定在21世纪初。众所周知，时代的转折是几乎难以用准确的时间来确定的。

可以确定的是，早在1940年年末的梅西会议上针对复杂性系统诞生了一门新的科学——控制论，这门科学的研究重点就是复杂性。1959年，英国著名管理学家斯塔福德·比尔发表的著作《控制论与管理学》(Cybernetics and Management)树立了管理学控制论的地位，因为管理学的核心问题就是复杂性。我和他后来成了紧密的合作伙伴。1968年，我的老师和上司汉斯·乌尔里希在圣加仑市提出了他的"以系统为导向的管理学"，这是重要的一步。他与我的朋友兼同行瓦尔特·克里格于1972年共同提出了圣加仑管理学模式。我的思想因此从大学时代起就受到了那些超越时代的智者们的激励和影响，有幸和他们一起工作、研究、讨论和做实验。我的毕业论文题目是"研究和构造复杂性系统的方法论"，1978年，我完成的大学任教资格论文题目是"复杂性系统的管理策略"。

在上述历史和科学的背景下，这套系列图书要帮助新型社会的人们回顾和利用60年来的巨大发展成果。这套系列图书将用通俗易懂的语言介绍复杂性——管理学和系统论方面最重要的内容，它应当为新型社会中的生活能力、为机构的工作在以复杂性为特征的世界里指明方向。

21世纪带来的巨大变革将超出大多数人的想象，发生彻底的结构调整的条件已经成熟，主要原因是（似乎令人费解的）世界范围内西方国家中公司管理模式的巨大成功。这种传统的管理模式极其成功，以至于这种模式所带来的系统由于太复杂而不能让人理解和掌控。利用20世纪的思维方式已不能管理21世纪的复杂性系统。

成功造就了自身的失败

每一项成功都会一步步地超越自身，为失败创造了条件。这是复杂性系统中许多似乎矛盾的东西之一。

只有少数人有能力认识到以往的成功就是目前困难的原因，只有少数人成功地理解了并且找到新的答案，因为以往成功的方法由于成功而失去了优势、制约了新的产出，而自身带来的问题愈发严重。

假如成功阶段出现了问题，那么大多数人都按照"加大力度"的原则去应对，这种行为在复杂性局面里是典型的，但又是错误的。

当思维没有跟上

历史表明，新的历史阶段总是要求有新的思维方式、方法和系统，原有的很少能够沿用下去，大多数需要更换新的理念。

发生巨大变革的条件今天已经在全球范围里成熟。西方国家的成功经验让人侧目，所以也在全世界得到传播，随之到处都出现对系统和组织进行革新的挑战。

西方国家的"市场"与"管理"是两种成功经验。凡是采用了这两种手段的地方，通过自由市场促进了生产力的解放，同时又通过管理更加有效地利用了一切资源。

自由市场的作用今天依然通过打破国界和国家的控制而发挥到极致。管理的作用则通过计算机和MBA项目而发挥到了极致。两种手段的常规形式若没有根本的变化，就几乎不能长久维持其自身所创造的条件。两种手段的结合虽然获得了巨大的成功，但这样的成功也显示出管理上明显的局限性，因为市场与管理两者结合的同时就产生了非同寻常的复杂化过程，这个过程的特征就是越来越多的系统日益相互交织。其推动社会和社会机构的能力达到了极限，反而变得效率低下，导致社会受到太大的压力。

如果整个系统越来越效率低下，就会出现以下现象：

- 投入越来越大，产出越来越小；
- 以前的自由导致了失控；
- 以前撤销的调控引来了变本加厉的官僚主义。

系统就这样陷入了自我约束的压力下，成功变为了负担，开始走向反面。我们社会的整个系统变得越来越不稳定，以往涉及市场和管理的成功方法增加了系统风险和崩溃的危险，变成了恶性肿瘤。

问题与系统

由成功所带来的问题，本质上是不能通过导致成功的相同方法来解决的。当时的成功方法会成为问题，这是很自然的，随着时间的推移又会成为根本问题。主要原因是，这些方法建立在20世纪，部分甚至是19世纪的知识水平上的。这些知识适用的时代主要是掌握原材料加劳动力，或者称为物质加能源，这是一个简单系统组成的世界，这个世界虽然可能比较复杂，但还不是特别复杂。

复杂性时代的原材料就不同了，这是从未有过的复杂性，是以往的成功方法所带来的，是今天社会和机构的共同特征。

在所有各类经营企业、医院、大学和行政管理部门中，有一点是共同的——它们都是复杂的、动态的、非线性的、概率性的、错综复杂的系统。它们各自的环境（又是复杂性系统）又是一个错综复杂的、动态的、非线性的"系统世界"。卫生系统、教育系统、社会系统、保障系统、能源系统、交通系统、物流系统、媒体领域、信息领域、信息系统、通信系统、全球金融系统、法律系统、税收系统等不一而足，都是一个复杂性系统的网络，深不可测，在传统的思维模式下完全不可能搞清。

复杂性系统与简单的系统不同，有其自身的规律、特征和行为模式。因此管理也必须有完全不同的针对性，要针对每个复杂性系统自身的自然规律。只有尊重这些自然规律，我们才能在基本方向上正确预知系统的模式和表现特点，并相应施加影响。

在复杂性时代里，大多数企业或社会组织需要彻底改革管理方式和策略，改革生产过程和自身结构，但是这些企业或社会组织还都没有能够理解复杂性所带来的自然条件。

新思维的来源

当领导都感觉到不得不选择新的出发点和道路时，尽管只有少数人能够解释其中的原因，他们寻找合适的答案仍然是一项昂贵的摸索和试验，因为他们缺少应对今天复杂性规模的理论、模式和计划。

要成功地应对如此高度的复杂性，必须进行彻底深入的调整，从管理的基本模式开始。这种彻底转变相当于从地心说到日心说的哥白尼式转折。这就一方面需要管理学上的全新思维，另一方面需要关注信息、系统及其复杂性的全新知识。

转变方向所需的知识，既不是来自经济学，也不是来自传统的自然科学，那儿只能得到以前的答案，这些答案到今天已经过时了。未来不可或缺的有关复杂性系统的知识来自系统科学、生物科学、神经科学、来自进化论。为什么？我们可以设想，生命的有机体犹如我们今天的社会机构一样是组织起来的，这种组织形式假如不起作用，它们就不能生存。**正是由于生物系统有着惊人的生存能力和应变能力，所以我们在构造人类的组织和复杂性系统上要向它们学习**，我们可以也必须向它们学习。

控制论是重要知识的来源

把人类社会的组织和有机体进行简单的类比是不够的，因为有机体虽然是组织，但组织不是有机体。来自生物科学和神经科学的知识不能直接用到社会组织上。

只有在生物系统和人类创造的系统中有共同规律性的方面，我们才能得到有用的帮助。这方面的研究属于控制论的范围。依靠控制论已经出现了计算机和现代医学技术，出现了汽车和飞机上的调节与控制系统，出现了今天的安全系统和卫星导航系统等。控制论早就在整个技术领域和其他专业领域得到了应用。**凡是控制论的应用领域，到处都获得了重大的成功。**

控制论是通过信息和交流对复杂性系统进行构建、控制和调整的科学。**社会和各种机构要在今天的复杂性世界里正常运转，控制论是关键知识，也是管理学上的基本必备知识。**

对于一个身处复杂性时代的人，很少有其他知识比这更重要的了。现代的人区别于19世纪和20世纪的人，不是由于他有了其他的特点，而是有了完全不同的知识，以及更多知识以外的东西，例如他做决定和行动的条件不同了。正是控制论可以在这方面发挥作用。

两次进化飞跃

控制论在技术领域发挥了作用，这一点已经不容置疑了。管理一个复杂的组织，远远超出了技术的应用。要在管理学上应用控制论的知识取得像技术领域那样的巨大成功，还必须实现两个进化上的飞跃：

- 第一个飞跃是把控制论应用到比技术领域更加复杂的系统上，应用到有生命的社会系统上，可以称之为超级复杂的系统。

- 第二个飞跃是把控制论应用到经过第一次飞跃所达到的结果上,即应用到系统控制论本身。

复杂性系统基本上深不可测,让人捉摸不透,由于它的复杂性而无法进行分析,不能领会,所以也不能详细地组织和控制。对于有组织的人类社会自身所带来的特别复杂的系统就更是这样。控制论通过提出问题和搜索模式,告诉我们如何成功地与复杂性系统打交道,掌控它的复杂性,甚至可以部分加以利用。很难想象有人,特别是管理者,会认为系统的运转完全掌握在自己手中了,只有掌握了控制论的基本知识才会有清楚的认识。**控制论注重复杂性系统自己去组织,而且是按照控制论自己的规律去组织**。人类要么找到解决的途径,要么像自然界的其他力量一样被征服。

第二个飞跃是第一个的延续。由于我们能够知道的很少,所以不能控制、调整、组织和发展一个系统,必须让其自己来完成,而且就像自然的一样智能实现。基于控制论的管理就是把控制论应用到管理上,这样就迈出了关键的一步;通向系统化的"自我设计"和"自我能力",这是从调整通往自我调整的一步,从组织通往自我组织,从构建通往自我构建,从协调通往自我协调,从发展通往自我发展,即通往进化的一步。在这个意义上,可以在公司策略范围内称之为"全局控制"。

复杂性的利用

今天的人类社会和机构都是持续的、不可预见的、自动应变着的系统，是特殊类型的系统。这样的系统虽然是人类活动的产物，但不是人类刻意造成或执着追求的目标。这些系统现在变得比人类原来能够设想的更加复杂了。人类不能轻易达到自己所愿望、所期待的目标，主要原因就是这些系统是自动生成的。海因茨·冯·福尔斯特将这种状况比喻为"普通与非普通机制"。

前面谈到的两个飞跃，是应对我们人类自己产生的超复杂性，达到系统的自我应变，在规模和结果上可以比作历史上对地球的认识从平面到球体的转折。两个飞跃的作用是深远的。

采用基于控制论的管理不但消除了对复杂性的恐惧，也消除了对复杂性造成的后果的恐惧。将控制论应用到管理中，利用了复杂性的特点，利用它不断的再生功能，使社会和机构更好、更加独立地运转。

一切巨大的成功和进步来自提高和更好地运用复杂性，而不是来自降低复杂性。古罗马就是靠提高交通道路的复杂性、靠调动复杂军队的知识而创造了它的优势。哥特式建筑的工匠比罗马时代的工匠更加懂得如何面对复杂性。今天通信技术的复杂性与20世纪时的水平相比有了指数级的提高，从而才使经济全球化成为可能。

把控制论用到管理中，有意识地、系统地利用复杂性，可以解决大多数在传统管理思想中出现的矛盾和疑点。表面看来不可逾越的障碍可以通过这种思维方式轻易得到解决。用控制论进行调整和管理的系统破解了简单和复杂、自由与秩序、多样性和单一性、自由经济和控制过剩、智慧与直觉这一对对矛盾。系统化的"不仅这样——而且那样"的思维代替了简化的"不是这样——就是那样"的思维。

正确的管理就是基于控制论的管理

对复杂性和控制论现象 60 年的研究不是轻易可以总结的，写成书来出版就更加难了，而写得使人信服则是难上加难。一般可以这样说：只有自己经历过、参与过的事，才有把握。回顾自己 40 年的研究、30 年的企业领导、20 多年当企业家的经历，在这样的经历基础上我可以有把握地认为：只有控制论告诉我们，在复杂性条件下什么是正确的管理，什么是错误的管理。控制论告诉我们，复杂的机构在复杂环境下要正常运转需要哪种管理系统，而且还需要哪些子系统；控制论告诉我们，这样的管理系统需要哪些组成部分，这些组成部分（例如公司策略、战略、结构和文化等）在内容上如何构建才使公司有能力应对复杂性。**管理学中的控制论告诉我们，在复杂性时代，如何用信息和知识来替代权力和金钱。**

领会复杂性系统的规律是复杂性时代的关键知识，利用这些控制论知识则是关键能力，两者都是系统化地把握复杂性的重要条件，这是社会机构运转能力和个体生存能力所要求的。

把握和利用复杂性是管理体系的目的。只有从这个目的出发，才能正确地看待、评价和应用管理模式。我将在这套系列图书中阐述，我的管理模式与 20 世纪的管理学有什么区别。21 世纪的管理者不需要具备有别于以往的特征，他所需要的是其他的能力，不同的世界观、不同的知识和不同的行动。

UNTERNEHMENSPOLITIK UND CORPORATE GOVERNANCE

第一部分

从组织到自我组织

第1章　公司发展宣言
第2章　利用控制论的公司策略计划
第3章　论点
第4章　术语的使用

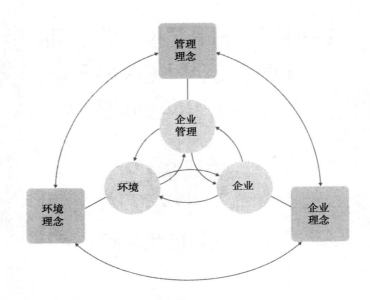

两个公司老总晚上在酒吧的对话。

贝克曼：这是今天最后一杯威士忌了，我还得为明天的工作看一大堆文件呢！

柯赫尔：你是不是疯了？反正无人知道文件里写的什么内容。

贝克曼：正因为这样我才要看，否则遇到复杂的局面就根本无人明白了。你从来不把公务带回家吗？

柯赫尔：从来不带。由于复杂性，我们那里人人都明白什么东西是必须知道的，所以文件就变得很薄了，我在办公室里轻易就处理完了。

CHAPTER

第1章

公司发展宣言

本书以高层管理者为主要对象,是企业高层管理者的深造计划,因为只有他们才能正确及时地做出必要的决策。

公司决策层要不要做彻底的变革?所面对的选择是改革的好与坏,有前瞻性地主动改革还是被动地(或者可能成为失败者)任其自然地发生,这里没有是与否的选择。

革命性的转变

转变的原因很简单,经济和社会在经历一场有史以来最大的变革。正在发生的不是简单的变革,而是一场全新规模的巨大变革。我所打过交道的管理者中,只有大约1/3的人认识到这一点,但还找不到对策;另外1/3的人感觉到了这种变革,但没有把握,无所适从;最后1/3的人一片茫然,把今天的世界看作唯一的选择。

面对今天的变革没有任何一个机构可以独善其身,无论是企业还是大学、医院或者政府机关,对于高级管理者来说必须认识到这一点。几年来我与最上层的管理者总是在讨论这些话题，他们不得不接受这一观点，以免低估这场变革的风险。许多机构将消失，因为它们没能过渡到新时代，或者因为人们用不上它们了。几乎一切都不得不重新排序，许多新机构将会出现，带着新的目的和任务。

预测是没有用的，但一定的轮廓还是可以看出。比较肯定的是，我们处在新社会的形成中，这个新社会称作多样性社会最合适，从信息社会过渡到知识社会，从机构式社会过渡到复杂性系统式的社会。**企业不再是现在那种提高劳动力的机器，而是提高智能的系统；不再是经济意义上的造钱机器，而是信息和交流系统。**指挥、控制、调整和组织变成了自我指挥、自我控制、自我组织。多样性、系统、控制论这些概念成为主要特征。

绝对的变革：范畴的变革

我不用"示范性变革"这个空洞的概念，它除了表达平庸之外已经变得毫无用处，我用"绝对的变革"这个概念。正在发生的不亚于一场彻底的革命，这场革命必然涉及社会与经济领域，可以比作从地心说到日心说的哥白尼式转变，但是其规模更是大得多。

今天意义上的经济、组织和企业管理这些范畴只有少数还将沿用下去，或许也不能再可靠地引导人的行为。这场变革涉及现实世界，也涉及我们称之为"事实"的东西，正如越来越热闹地宣传的自然科学，特别是生态科学和神经科学，最近物理学也加入进来。

这些科学和它们的成果是看得见的，能给公众造成深刻的印象。给公众印象不深的是对社会机构高级管理层真正重要的科学，即复杂性科学、控制论、仿生学和系统科学，尽管它们在持续改变着我们的日常生活。这些学科逻辑上还处在"更高"位置，因为它们带来了学科范畴的变革，给以往的科学带来了革命性的变革。

可以肯定地认为，历史学家将谈到划时代的变革和思想上的深刻转折，因为管理者的行为和社会机构的作用将产生关键的影响。

企业还会存在下去吗

在经济领域，今天这些企业的基本类型还将继续存在，但即便如此也将进行彻底的结构改造，企业的管理也必须重新设计。

在新型社会里将出现许多顶级管理，就像神经系统和大脑，但是在它们的"下面"并不一定需要今天意义上的企业，因为一切都可以从外部得到。人们甚至连生产资料都无须购买，因为对其监控就够了，人们可以获得资源、资源加工或资源外包，相互结成联盟或合作关系，建立网络，重新解体、组合、重组。一部分最聪明的顶级管理者在进行一定程度的"作曲与指挥"，而"乐队"则可以如同音乐界一样不断更换。

从金钱到知识：还会有全员大会吗

也许我们将继续用货币来付账，尽管经济学家和分析师还试图保持对货币的长期幻想，但推动整个世界的不再是金钱而是知识。譬如怎样在中国成功做生意的知识，就比用来到那里去投资的金钱重要得多，因为没有这样的知识就会使投资失败。相反，谁知道是怎么做的，那么他始终会得到必要的金钱。

参加全员大会的大部分是投资人，他们除了投入金钱以外，对企业的经营和运转所需的知识与智慧毫无贡献或者贡献极少，那么这样的全员大会应当有哪些权力呢？投资人要得到丰厚的股息和盈利，但是为什么偏要由他们来选举掌管公司命运的监事会呢？有没有两种全员大会，一种让投资人来参加，一种让投入知识的人参加？假如有三十几个企业在不断变换的组合关系中合作，从认识客户的要求直到解决问题在交叉着发挥作用，那么以往的公司治理又如何运转呢？这时候就不需要公司的治理，而需要"系统的治理"了，但是当全球的生产网络成了不断重新组合的系统时，这种系统的治理又必须如何来运转呢？

从知识到认识：新世界

有了知识还是不够的，人们需要的是理解力、纵览能力和洞察力。知识首先只是资源，只有应用知识，理解和认识复杂性系统是如何起作用的，才算是走出了重要的一步，即利用复杂性，经受新规模的全球竞争，在新经济中获得成功。为了获得知识、应用知识并将其转换成效益，又需要知识，但完全是另一种知识，不是专业知识而是系统论知识。

新型社会的迹象已经大量存在，谁都能看得到，但并非每个人都能理解。例如，一位做出杰出成绩者亚美利哥·韦斯普奇，美洲大陆以他的名字命名，尽管这位佛罗伦萨人比起哥白尼没有那么出名。亚美利哥发现了新大陆,而哥伦布尽管发现了大陆,但是他到死也没有明白自己的创举。哥伦布执迷不悟,以为自己登上了印度大陆,尽管他发现了大陆,却还依然是旧世界的一个可怜公民。亚美利哥则是新世界的第一个公民,因为他明白了发现大陆意味着什么。斯坦芬·茨威格对此有深刻的描述。

对待知识、对待新发现,就像拼图游戏中要把现成的碎片拼装起来一样,要把一个个图像拼合成更大的整体,有经验的公司高层管理者可以感悟到这一点,这是我与他们交谈时所感到的。但是要认出每个部件都是一个新的整体的某一部分,这一点他们也难以做到,因为他们还缺乏类别系统、排列规则、新部件上的坐标。所以许多人只能认识到一些支离破碎的图块,但是还不能拼成完整的图像,不知道应该把碎片拼到哪幅图像上。

我通过本书来为新建或改建社会机构、为公司的发展介绍必要的类别系统,通过同一系列的其他几本图书来介绍必要的思维工具和操作技艺。

正确的公司策略是系统策略

正确的公司策略是系统策略,所以本书若采用"普通系统策略"这样的书名或许更合适,但看了这样的书名不能让人直接联想到是论述公司策略和公司治理,这是本书的目的,但不是主要内容。

本书的书名"公司策略与公司治理"是迎合了企业界对这一话题的流行观念。书中虽然包含了书名的内容,但是超出了这个范围,因为我介绍的是适合所有社会机构的通用管理任务,但重点还是针对企业界。语言上我大多采用企业界常用的概念，但从内容上可以清楚地看出，它也可以适用到其他社会机构里。

因为我在书中介绍的思想是针对包括企业在内的所有组织机构的，从最高层面的构建和管理来看，这符合复杂性系统的本质。这要求本书比通常理解的专业话题内容更多，要求一个符合控制论规律的系统策略。

本书介绍的内容是我的整个管理学体系中的几个涉及系统策略的模块。每个公司和组织通过系统策略从最高层面对公司整体到外围分支机构实现自我管理和控制。所以选择的书名和新观点只与这方面有关，谈的是通用知识在企业、组织或机构的高层管理领域的应用。⊖

复杂性时代的管理

无论经济学多么重要，但企业管理光靠经济学是不够的，更别提管理其他类型的社会机构了。本书讨论的问题不是单一地从经济学角度出发，也跳出了新自由经济思潮中注重获利最大化的视角。本书讨论的问题包括：

- 什么是一个运行正常的系统？
- 怎样让一个系统运行并保持正常？
- 使系统运行正常有哪些规律？
- 如何来调整系统才能让系统得以原则上无限扩大？
- 如何调整系统，使其能够自我调整和自我组织？

⊖ 尽管我的观点是通用的，但这里仅针对企业界。根据这项原则，普通的系统策略也适用社会的其他组织，只是采用其他的名称。

上述问题的答案在复杂性系统的规律中。本书在控制论和系统科学范围内对这些规律进行研究和阐述，书中内容具有双重意义：不仅针对需要管理的生产性的社会系统，也针对其他必须管理的所有系统。

控制论作为一门科学，对于许多基本问题和管理学上的未解难题比传统的理论提供了更新、更加有效的答案，对于有些问题首次让我们从中找到了答案。所以，我对一般管理学的认识以及马利克管理系统都是建立在对控制论认识的基础上。㊀

若从控制论的观点来看公司策略和公司治理，可以得出以下几点：

- 对于最高领导的影响力、权力和领导能力问题的答案；
- 如何熟练应对复杂性，如何让复杂性成为自己的优势；
- 对公司的监管、控制、调整和发展的要求与新途径；
- 公司机构的新方案；
- 变动管理的新方法；
- 信息和通信的要求与新途径；
- 每个机构的运转能力与生存能力一般问题的新思路。

另外，对于已在《管理：技艺之精髓》和《管理成就生活》两本书中所阐述的关于正确和良好的管理，我又有了关于能力、思维方式、职业经理人和管理职业的新观点。这主要涉及对大量承担一般管理任务人员的继续教育。他们在 21 世纪面对的是从未有过的要求，这就要求新的计划、形式、方法和手段，就

㊀ 汉斯·乌尔里希老师在我的大学任教资格论文的某一章的讨论底稿上加了这么一句批语："马利克，你已经走上了一条正确的道路，但不要跑得太快、太超前……"是他的话激励了我。

如我在导言中所论述的。

系统性公司策略

  如前面已提到的，此书是我的管理学系统图书系列的一部分。公司策略与公司治理的话题既不能与这一系列图书孤立开来，也不能与我的整个管理学体系孤立开来，这是我的整个一般管理学系统的组成部分。有关公司策略与公司治理的话题一般都是脱离整个管理学范畴而孤立起来谈的，而从多重关系的角度上谈则有着不同的意义。

  在我的管理学系统中，公司策略与公司治理是更大一个整体的组成部分。这两个话题与整个体系的其他部分一起相互关联，从而发挥其功能。这两个话题一方面是更大组合的系统模块，就如同化学分子的组合一样，而这些化学分子又是更大结构的模块；另一方面则正是由于公司策略或系统策略的模块才得以使系统成为有效的系统。

  我们可以这样设想，**如每一台计算机需要一个操作系统一样，让每一个软件得以在操作系统上正常运转**。公司策略和公司治理就处在这样特殊的核心地位，因为一旦在这方面出了问题，公司就不能靠其他方面来加以纠正了，而这方面如果控制得好，那么其他方面就不需要再关心了，因为公司可以正常运转。

系统的一致性与专业问题

  作为一本专著或教材，我本来应该把本书换一种结构来写的，但本书作为系列整体的一部分，又必须结合我的管理学系统的整体框架，因此与当前热门的讨论中所常见的观点相比，我必须把公司策略提升到一个更高的层面。公司策略和公司治理在我的管理学系统中不是放在专业层面来看待，而是放在更高一级的系统控制层面。公司策略和公司治理是公司正常运转的关键，从结构与功能上理解，它处在统领全局的层面，因此我这里要采用"全局控制"的概念。

从高一级的系统控制层面来看是必要的，但从公司的专业层面发表的观点几乎不具备普遍性，或者因为事实的变化而很快就"过时"，因此在公司的专业层面写有关公司策略的书在短时间内就没有多大价值了。也就是说，要从公司的专业层面写出具有普遍意义、保持长期效果的书，通常没有什么可写的。专业层面上几乎谈不出有根本性的、普遍适用的、有持久意义的观点。

更高一级的系统控制层面则可以让人获得另一番景象：这里我们得到的是不变的道理，可以称之为"永恒的真理"的规则、基本准则和原理，因为它们同时具有两个重要特点：在内容上有说服力，同时又有普遍的适用性。它们的作用还在于那些有关专业的典型话题，通过这些话题就预先决定了如何应对专业问题，但又凌驾于专业问题之上。换而言之，它涉及了如何预先避免问题的出现，或者是彻底解决问题，使问题不再出现。

有效的全局控制

上节我们先从更高一级的系统控制层面谈了公司策略的作用，下面举几个例子就可以看得更加清楚了。例如，在企业收购方面经常忽略的一个原则是：如果在12个月之内没有能力派自己的人员去管理一个想要收购的公司，那么绝不能收购这个公司。由《收购与兼并》(*Mergers Acquisition*)一书所统计的有据可查的数据显示，收购失败率达到了2/3以上；而若坚持了这一条原则，收购失败率可以下降到1/3以下。

另外，在创新管理中经常被忽略的一条原则是：新的业务要与老的业务分开！若坚持这条原则，那么大量典型的困难与失败可以得到避免。

这类规则不仅在企业管理中有，实际上在体育、竞赛等所有领域里都有。获得诺贝尔经济学奖的现代博弈论就是对这些规则进行科学研究的结果，其范围已经远远超出了经济学领域，其起源同样也是控制论。在国际象棋比赛中，除了大家所熟知的一些原则外，也有一些不是谁都知道的原则，例如，要让"马"保持在中央，或者笼统地说，每走一步都要尽量加强自己的地位！

这类原则属于每个象棋高手暗藏的诀窍，不够老练的对手在比赛中早已晕头转向时，他却泰然自若地端坐一旁。一旦出现了复杂局面，其他任何措施都无济于事时，这些诀窍就派上了用场。苏联象棋大师、前世界冠军鲍特维尼克曾经深入研究过在人与计算机下棋过程中这类原则的应用。这是复杂性局面中成功与取胜的原则。

具体策略与系统策略

实质层面与系统控制层面两者虽然相互依存，但本质上却是完全不同的。两者在自然的系统里以及在公司管理的实践中是重叠的，或者是紧密交叉、相互难以分开的。我们必须认清它们的相互关系，又要掌握正确的模型和区分的方法。其中一部分将在本书中介绍。

在企业管理中，我们在实质层面与系统控制层面遇到的核心问题各不相同。**实质层面的核心问题是业务上的成功；系统层面的核心问题则是如何把业务上的成功无期限地保持下去。做业务和保持业务，这是两种完全不同的能力和目的。**在系统层面我们遇到的现象是对复杂性的配置、控制和调整。调整、控制、安排和配置等仅仅是同一事物的不同表现形式，也就是应对复杂性。由于这一原因，实质层面和系统控制层面是建立在不同的知识基础上的。

实质层面涉及市场、产品、技术、员工和财务，涉及增长、销售、成本和盈利，这都是管理者业务范围里为人所熟悉的东西。实质层面的基础是经济学，尤其是企业管理学、技术学科和自然科学。

系统控制层面涉及的不是像实质层面那样业务范围里的增长目标，而是涉及控制增长的原则，即增长的方式和方法。要回答的问题，例如需要一个健康还是病态的增长，稳定还是不稳定的增长，整个公司可以承受多大增长而不至于失去控制等。

管理和领导层面涉及的是公司的正常运转，要关心的是公司的基本运转能力，有关稳定与灵活性问题，维护和革新的问题，适应、发展和发展能力的问题。控制层面的基础是控制论，其相关学科是系统理论与仿生学。

实质层面事关经营业务，在控制层面则事关为经营业务配置系统、为整个业务系统配置系统。例如，**麦当劳在全球成功的原因不在于它的汉堡包，而在于它得以成功运转的系统。**麦当劳的总经理实际是系统架构师和系统设计师,这是复杂性社会里公司高层管理人员的重要任务,尤其是 CEO 的重要任务。另一个成功的例子是微软公司,其成功的原因是公司的管理所占的成分多于它的产品。戴姆勒－克莱斯勒公司可能就是在管理层面没有解决好公司合并的复杂性问题。

公司策略、系统策略与治理

上面提出的观点又让人想到一开始提出的书名问题,本书应该叫作公司策略还是系统策略。有人会提出,公司策略这个概念在传统意义上应该属于实质层面,可我还是决定让"公司策略"这个概念承担起"系统策略"的任务,这个概念从系统控制的范畴来看也是恰当的,关键是应当看到,公司策略可以包含那些涉及高效能系统的概念。

在马利克管理系统中,公司策略这个部分最理想的名称应该是"公司治理",或者更加普遍适用一点就叫作"系统及机构的治理"。这样的名称里包含了控制论的词根,因为控制论(kybernetik)这个词汇来自希腊语 kybernetes,是舵手的意思,到了英语里就变成了 governor 和 governance 了。另外,专门负责公司治理的卡德伯里委员会的最早定义与我的观点完全一致:**公司治理就是让一个公司正常运转的系统**。今天关于公司治理的看法已经偏离很远,相当于"以系统为导向的公司策略",这样的概念会给人造成混乱。

今天的公司治理难以被理解为复杂性系统,正确的企业管理已经被扭曲,让人看到更多的是近 15 年来的丑闻和经济犯罪。公司管理中实际已经出现了让人担忧的错误做法,这一点我在 1997 年出版的《高效的企业监事会：转型期的公司治理》(*Wirksame Unternehmensaufsicht-Corporate Governance In Umbruchszeiten*) 一书中已经阐明。到了 2002 年出版该书第 3 版的时候，以股东价值为导向的公司治理的错误迹象已经十分明显。从 2000 年年初到 2002 年年末在金融市场上的情况发展已经让这样的错误理论明显暴露了出来，尽管还不是所有人能够正确预示。在该书的第 3 版我把自己的经验做了整理，补充了进去，出版时把书名改为《新的公司治理》(*Die Neue Corporate Governance*)。

盲目保留系统内在的自然力

以往对公司治理的理解从多个方面看都是令人遗憾的，失去了很多机会，尤其是人们对复杂性系统的作用方式缺乏必要的认识。这是一段混淆概念的历史，对于企业这样一个复杂性系统，关于它的本质和目的在认识上出现了严重错误，导致管理上发生严重的失误。

今天我们所理解的公司治理与企业管理的根本任务和公司策略没有多大关系。公司治理发挥的作用顺应了金融市场、金融分析师和金融媒体的愿望，公司治理不得不重视这些舆论。**但真正从管理的角度来看，特别是从管理学在应对复杂性方面来看，公司治理太过于偏重财务，偏重法律，偏重股东价值，总之调控过度了。**

今天仍然在使用的公司治理守则既干预太多，又干预太少，规定了太多错误的东西，太少正确的东西。企业管理本身领导与控制的问题被忽略和摒弃了，公司治理实际反而越来越严重地束缚最高领导层的手脚。公司领导层被迫越来越脱离他们作为企业家的任务。**企业领导班子的成员关心企业的成长越来越少，更多的精力放在不违反法律规定上，放在讨好金融媒体，照顾那些短期的、常常是有害的投资者利益上，放在防范对失责的指控上。**真正从经济的眼光来看，出现明显的倾向是：企业家的远见、勇气、敢于冒风险、有利于治理的业务创新思维等都在退步。

公司治理的这种片面观点阻止了我单独用"公司治理"这个名称来做本书的书名，尽管从这个名称的历史以及含义来说还是很合适的。是否将来能成为书名，现在还难以估计，看不出迹象。正相反，犹豫不决的改革尝试又到了错误的方向，即回到了照顾利益相关者的原则上。那些"改革者"看来不清楚这样的事实：恰好是照顾利益相关者原则的失败才导致出现了同样不成功的照顾股东利益的原则。

企业的社会责任和企业的权益在股东价值原则下被忽略、被大大伤害了，在改革中需要得到重视是正当的，但有人提出的解决方案则完全错了，我们必须走另一条路，这正是我在本书里要介绍的。

一个企业不仅是一个赚钱的机器，也是一个讲政治、讲道德的社会机构。管理学前辈彼得·德鲁克1946年在他的第一篇论文里就已经把这一点说得很清楚了，这个道理今天还是和过去一样适用。企业家和有经验的管理者都知道，他们在行为上也是与之相符的，否则他们的企业恐怕也无法正常运转。但脱离现实经济理论有些事又是行不通的，所以上面提到公司治理的所谓改革被迫走向了错误的方向。

本书向负责公司策略和公司治理的人员提供帮助，在创造系统原则和实现动态控制系统方面提供指导。

CHAPTER

第2章

利用控制论的公司策略计划

这一章要介绍制订公司策略的工作计划,为读者画出一个路线图。

本书的第二部分,用三章的篇幅说明基本原理,阐述复杂性社会中全局控制这个新的范畴。首先涉及在不断变化中如何定位的问题,其次涉及利用控制论的公司策略实现全局控制的问题,最后涉及利用模式来应对复杂性问题。

本书的第三部分,用连续三章的篇幅介绍公司策略三个核心部分的结构和内容:公司计划、环境计划和管理计划。

本书的第四部分,涉及公司管理机构的新任务,也可以理解为对复杂的自我管理系统的构建和控制。

我经常从另一个角度出发研究一些更加复杂的问题。我和高级管理者的长年合作,以及参与他们数百次研究班和讨论会的经验告诉我,只说一次常常是不够的。

利用控制论的公司策略路线图

公司策略的作用最好通过工作计划来看清,做决策需要这样的工作计划，决策中应当把公司作为整体来构建和控制。工作计划路线图要帮助读者做出决策，是否愿意、应当或必须继续研读此书。

谈到公司策略和公司治理，我们应当做什么，为什么？如何来做，由谁来做？这样的工作计划无关乎公司的业务和规模，也无关乎公司策略是一下子形成还是一个逐步完善的过程，它通常是两种过程的混合式。任何情况下我们都需要一个计划、一个大纲、一个工作指南，这样就形成完整的策略，对下一步的发展保持连贯性。本书提供这样的计划和必要的内容。

真正意义上的公司策略就是公司的"全局控制系统"。**21世纪最重要的社会特征就是复杂性，对于任何类型的组织来说，复杂性不是困难，而是成功的秘密**。可问题在于，通过哪些决策和采用哪些原则可以对一个组织进行整体构建和控制，使该组织在复杂情况下能正常运转？

应当做什么，为什么

对于"为什么"的问题很好回答：因为高层管理者必须首先认识到，我们正处在一个深刻的社会变革中，在这场变革中只有少数东西还能保持不变。过高地估计这场变革所担的风险要小于低估这场变革。我的建议是，要相信我们是出现新型社会的时代见证人，复杂性是这个新型社会最重要的特征。

本书实际上要回答三个核心问题：
（1）企业应该怎么办？
（2）企业必须在什么环境里运行？
（3）企业应当如何运行？

第一个问题涉及企业和企业的活动；第二个问题涉及企业

所处的环境；第三个问题涉及企业领导，即管理系统，企业面对各种变化通过管理系统与环境保持动态平衡。

工作计划的结果是三个相互协调的理念：

- 企业理念；
- 环境理念；
- 管理理念。

公司策略的内容包含这三个理念，也包括指导公司领导思维、行动的公司治理。这将在本书第三部分的三个章节中介绍。企业的全局控制系统是这三个理念中相同的部分，因此也是一切其他决策的基础和指南。

图 2-1 表示的是公司策略所遵循的基本模型，也是本书全部内容的结构。

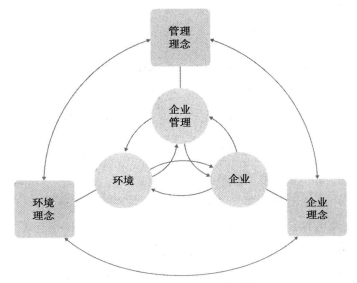

图 2-1　公司策略的基本系统

企业与企业理念：企业应该做什么

通过企业理念来确定企业的活动，一般需要回答下面的问题：

- 企业的目标是什么？
- 企业应当从利润角度来看待，还是从以面向社会目的来看待，有没有第三条道路？
- 企业的相关利益团体应当起什么作用？
- 企业要有什么道德义务？
- 什么是整个企业的商业使命？
- 用哪些因素来评价一个企业的业绩？
- 什么是最重要的功能领域，如研究、开发、市场营销、财务等，按照什么原则来排序？
- 有没有特别需要调整的项目，例如品牌策略、质量策略、价格策略等？

环境与环境理念：企业在什么环境里运行

一个企业在很大程度上由它所处的环境所决定，正确的经营管理必须从外向内进行，而不是从内向外，要按照"向内－向外－再向内"的原则。要注意的问题是：

- 企业在外界环境方面要重视什么？
- 什么是最重要的影响因素，如客户、投资者、员工还是其他，为什么？
- 哪些地理区域对企业是重要的？
- 哪些社会的、政治的、公益的因素影响着企业？

- 必须注意哪些长期的发展趋势？
- 要获得对环境的全面了解，必须采用哪些理论和方法？

企业领导和管理理念：企业如何正常运转

每个企业都需要一个管理系统，这个管理系统由领导理念所决定，关键要解决以下问题：

- 企业按照什么原则来管理？
- 要使企业正常运转，需要什么样的管理系统？
- 企业管理系统的重要部分，如企业战略、企业结构、企业文化、企业领导等，应当遵循哪些原则，对企业员工的管理系统部分应当遵循哪些原则？
- 各种不同的员工应当如何培训，使他们符合职业要求？
- 需要哪些管理手段、管理方法和管理辅助手段？
- 信息和交流要遵循哪些原则？
- 责任与道德要遵循哪些原则？

如何做，怎样做

管理一个复杂企业最重要的两个手段是"模式"和"规则"，其控制意义与传统的管理理念很少相似。模式的作用就像汽车和飞机上的导航系统，规则或原则的作用是使企业有能力进行自我管理。在复杂情况下，其他形式的控制不起作用。

由谁来做

构建公司策略并正式实施是最高管理层的任务，根据公司的性质可以是董事会、监事会或类似的其他委员会。准备工作由总裁本人或者一个工作小组完成，具体视公司的大小和人力资源而定。形成意见和观点的过程取决于公司的结构和规模。正确运转的管理层不是运用权力而是运用信息来工作，这一点将在本书中详细介绍。

全局控制：利用系统中的自然力量

构建有效的公司策略以达到自我管理的目标，这里介绍的路线图及其工作计划需要高层管理者的精力投入。对于复杂性系统自行完成的工作我们应当正确评价，这在后面的几章里阐述。然后才介绍高层管理者在公司策略框架里所必须做的工作，使公司有目的地实现自我管理。

一般管理背景下的定位

我们在图 2-1 中看到的是需要控制的基本系统，图 2-2 表示的是高层管理者要对整个企业和环境进行构建、控制和发展所采用的"全局控制"。

最外围是环境，往里是通过公司策略以及所包含的治理实现的全局控制。在里层，内容上受到外围支撑的是下一级控制——战略、结构和文化以及管理人员，管理人员构建和利用一切掌控手段。这些掌控手段的各种不同维度加上时间维度就是系统的变化。

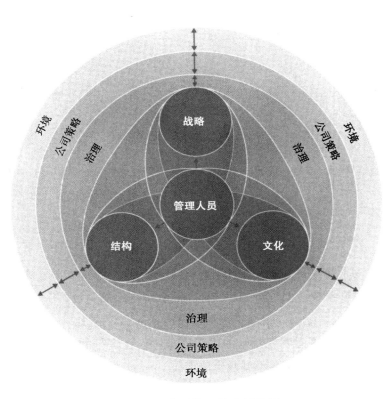

图 2-2　高层管理的全局控制

CHAPTER

第 3 章

论　　点

1. 21世纪的复杂性系统虽然是因20世纪思维方式和方法的成功而出现的，但也恰好不能靠这样的思维方式和方法来管理复杂性系统，因为这些系统在全球范围内已经太复杂了。

2. 21世纪已经带来了在深层结构上的急剧变化，这种变化程度比我们表面所感觉到的更为强烈。正在进行的不仅是科学观点的变化，更是科学类别上的变化。

3. 新的世界观的类别范围分为复杂性、系统、正常运转、控制手段、自我管理、信息、非线性、知识和认识。

4. 全球社会正在转变为复杂性社会。社会转变的步伐是从个体社会到组织社会，再到复杂性系统的社会。由于系统的复杂性，具有了自发产生的动力，所以需要完全不同于以往的管理模式。

5. 知识已经比时间、能源更重要；信息比资金更重要；公司达到的自我管理能力比管理者利用权力更重要。

6. 让社会正常运转的关键知识来自复杂性科学，包括控制论、系统论和仿生学，在这些知识的应用中找到关键的答案。

7. 21世纪让社会正常运转的重要挑战是复杂性科学，最重要的能力是掌握和利用复杂性，最重要的作用就是运用控制论来进行管理。管理中使用的最重要方法是公司策略，实现自我管理最重要的前提是利用复杂性系统中自发产生的动力，让员工可以进行自我管理。

8. 公司策略最重要的作用是通过全局控制对复杂性系统实现自我管理、自我调整和自我控制。

9. 根据不同的组织，复杂性的核心和全局控制的着眼点分别是客户、当事人、患者、学生、选民等，总之，每一位都需要别人的劳动成果，并以某种方式给予回报的人。只有向自己劳动成果的需求者提供把握复杂性的满意答案，这样的社会组织才能获得成功。

10. 管理中带有随意性的时代已经结束了，因为控制论建立了科学上令人信服的规律以及复杂性时代有效管理的标准。建立在随意性基础上的各类管理学咨询服务的投机主义时代也已经结束。

11. 今后将出现两类人：一类人在新的世界里只认识旧事物，无法完全地认识新事物，因为他们错过了近几十年来有关世界、真实性、系统和信息方面的知识；另一类人认识并利用新事物，因为他们集中精力跟随了时代发展的步伐，在明显的发展结果出现以前很早就学会了认识世界。

12. 今天的社会机构将发生演变，不能进行管理、不能实现其存在的目标，这样的机构将会消失。财务资金上的困难只是其无法运转的表面现象，其根本原因是管理不当、不能适应复杂性。

13. 官方政策在全球社会里虽然是重要的，但今天形式上的官方政策却越来越成为干扰、障碍和限制的根源。今天的政党不再履行目标，因为社会系统的正常运转没有党派色彩，不跟随哪一种意识形态，不是左派或右派，讲究的是正确与错误。

　　14. 人类在复杂性社会里的关键能力是掌握专业的管理能力和自我管理能力。对于每个团体的社会生存能力和发展能力，其意义相当于从文盲的家奴走向自由的公民所掌握的读写能力一样。牢固的控制论管理学知识将成为复杂性社会的工作能力和文化能力。

CHAPTER

第 4 章

术语的使用

掌控

本书中的"掌控"指的是一个系统中的（自我）控制和（自我）调整，使系统达到所希望的能力和状态。因此"掌控"一词表示的是要保持或达到一定的状态，是通过把握和利用复杂性，使系统正常运行并具有抗错误能力。"掌控"一词比表面上翻译成"控制一个系统"的含义更多，它表示控制并调整一个系统，使其满足所期望的目标，排除可能的干扰，使其有发展能力。

一般管理

"一般管理"是总的概念，可以泛指对某个组织的构建、控制和发展，因此与组织机构的种类、大小、经营范围和法律地位都无关。"一般管理"是使一个机构正常运转所有必要作用的总和。

对应于"一般管理"的概念是"专项管理"，这个概念虽然不常见，但在本书里也要偶尔用到。专项管理指的是传统企业里的一些典型的功能范围，例如生产管理、市场营销、财务管理、人事管理等。这些项目是不能随意套用的，因为每个机构都有不同的任务。

"一般管理"与"高层管理"的概念也不同。高层管理是一个组织在最高层面上的一般管理，但同时又要求完成专项管理的任务。

一般管理涉及一个复杂机构的各个层面，涉及所有必须要完成的那些可以泛指的任务。

信息

这里所用的"信息"不是普通意义上的概念，而是指那些表达出差异，并进一步引导出新的差异或变化的信号、数据和消息。在这个意义上，"信息"一词主要含有裁决、辨别和新的认识之意。

信息可以被看作是除了物质和能量之外的第三种自然界的基本单位，是理解系统内的状态、事件，特别是理解系统正常运转所要关注的对象，是控制论中最重要的发现之一。

复杂化

复杂性的增长过程，是系统自然表现的结果，也是系统间相互作用的结果。

复杂性

复杂性也许是现实多样性的最基本特征，多样性产生于各种可能的差异和区别。至于差异是怎么来的，原因是什么，这些问题对于证实复杂性无关紧要，但从管理的角度应对复杂性意义就重大了。

复杂性发展的结果将是深不可测、捉摸不透、无法分析、不可预见、持续变化、有历史依赖性的，也具有生物和社会系统里出现的更高的特性，如适应能力、学习能力、灵活性、响应能力、演变能力、创造性和一致性等。这些结果一方面让管理变得困难，但另一方面如果处理正确则恰好能够获得成功。

复杂性的程度要看变异性，变异性就是一个系统表现出可能的不同状态的数量，或者根据该系统的组合而能够发展出来的可能状态的数量。

控制论

控制论是通过信息和通信对复杂性系统进行（自我）控制和（自我）调整的科学。控制论关注的核心是复杂性系统的自身活力或自有动力。

应用基于控制论的管理或管理控制论

管理控制论是把控制论应用到社会的复杂性系统中，也就是应用到各类组织的管理中。管理控制论是通过信息有目的地干预一个复杂性系统，达到驾驭和利用复杂性。

马利克管理系统

马利克管理系统是由我创造的应用基于控制论的管理学系统，包括所有的子系统、管理模型及其体系和内容，利用马利克管理系统对各类企业、组织和机构根据其复杂性和本质进行评价、构建、控制、调整和进一步开发。

全局控制

全局控制是最基本的调整，这样的调整在一个整体系统里直到对外围因素都起作用，与调整的来源无关，无论是自然规律的调整，还是结构状况上调整或者涉及有人做出决策后的调整。最重要的全局控制是决策和原则，使一个系统的自我控制能力起作用，即自我调整、自我管理、自我控制和自我操控。

自组织

在控制论的意义上来理解"自组织"，并作为一种管理理念，指的是复杂性系统的一种能力，系统在不需要外部干预的情况下就能符合目的地正常运转。系统的目的可以是来自系统内部，或者来自系统外部。自组织依赖于系统的结构和系统内有效的信息。

复杂性系统作为一个整体的自组织要与个人工作方法上的自组织区别开来。

控制、调整和操控

这几个概念表示复杂性系统中的变化现象，在控制论范围内通过得到证实的信息而促使复杂性系统正常运行。

系统

一个系统是机械上、能量上或者信息上相互联系的各个部分的统一体，其产生的作用不同于单个部分。系统绝不仅仅是物体、组织或者有机体，它始终和与之有关的重要环境共存。

系统、模型和理念

一个系统是世界的一个部分，由于某种目的，或者由于某种功能性而让我们对一个系统感兴趣。

一个模型是我们对系统的结构组合所知道的映像图或者想象图，包括我们不知道的空白点，就如"地图上的空白点"。

一个理念是我们根据系统的模型所要关注和要做的东西。

"有系统"与"是系统"

不少当领导的人都讨厌"系统"这个词，有的人把这个词语同"呆板""公式化""形式主义"联系在一起。解决这个问题不难，只要把"有系统"和"是系统"两者区别开来。每个有经验的领导一方面承认企业为了能正常运转需要系统，另一方面他们又注意到不要成为形式主义。许多高层管理者也知道，企业和它的环境合在一起是一个系统。这样看来就是哪一种系统的问题了。

体系、内容和形式

我的管理学中有三个重要的量度：体系、内容和形式。前两个是基本的，第三个是可以变化的。

体系是指管理系统或管理模型的逻辑结构或架构，体系必须是正常运转系统的逻辑结构，所以是控制论系统的体系，因为一个系统的控制论决定着系统的正常运转。

如果体系正确，管理的正确与否取决于内容，名称和内容并不是相等的，名称上相等并不意味着内容上的直接相等。

在图示意义上的形式是可以变化的，只要体系不变。

系统方法

系统方法是指对复杂性的、社会的、生产性的系统进行研究、构建、操控和发展的一切方法的总和。⊖

高层管理

"高层管理"表示企业最高层的机构、人员和作用三个概念，其含义在不同的法律和企业内部规定下有所不同。高层管理与前面提到的一般管理不一样，高层管理的对立面或许是"自下而上的管理"或者"逐级管理"，但这些概念不常见。

本书中采用的纯英语词汇的含义要根据上下文去理解，这里不再一一列出来做解释了，主要原因有三个：一部分词汇无法翻译成合适的德语，或者变成难懂的一串组合词；另一部分若换成在管理学中无人使用的德语词汇，那么将引起误解；我选择的英语词汇，是为说清楚一个话题而新找出来的。

⊖ 首先提出"系统方法"的是在戈麦斯、马利克、约勒（Gomez/Malik/Oeller）三人合著的 *Systemmethodik-Grundlagen Einer Methodik Zur Erforschung Und Gestaltung Komplexer Soziatechnischer Systeme* 第1、2册，伯尔尼/斯图加特，1975年出版。

UNTERNEHMENSPOLITIK UND CORPORATE GOVERNANCE

第二部分

新的时代：新的管理学

第 5 章　变化中的不变内容：恒定性、自我管理、演变
第 6 章　系统与自组织
第 7 章　通过公司策略建立全局控制
第 8 章　在复杂性中导航：纵览全局，明辨方向，洞察细节的模型

在一个管理学大会的中间休息中。

罗　曼：您呢？您是怎么管理的？凭感觉、靠个人魅力、只求实效地，还是系统性地？

克鲁格：从真正意义上来说，实际上我就没有去管理。对那些我影响不了的事，我是不管的。

罗　曼：是这样！那您甘心情愿让一切事情变得错综复杂？

克鲁格：不是，我只是甘心忘记我对于管理学所思考过的和听来的一切东西。

第 5 章

变化中的不变内容：恒定性、自我管理、演变

不要打压一些力量，要使用它们。

——巴克敏斯特·富勒
20 世纪的莱昂纳多

变化是永远的。这句表面看来的谬论正好同时说明了构建公司策略的问题和答案。单纯的变化带来混乱，恒定不变则意味着僵化。但两者结合起来就造成了生命和系统正常运转的动态秩序。

在不断发生的变化过程中若没有恒定性、稳定性、不变的模式和结构，那么也不可能有成功的行动。不但在自然界是这样，在社会组织里也是这样。创造和利用动态的秩序是自然所决定的、普遍的生存原则。这也是管理的目标，更是公司策略的目标。

最高管理层可靠的定位标志

公司最高管理层最重要的能力之一是在变化中认清不变的

东西，通过原则、规则等不变的东西来操控变化。这一点可以在成功的企业家身上清楚地看到。他们在回顾自己的成功时讲的都是他们行动中始终坚持的基本原则，而不是日常发生的事件，⊖ 具体事件只是用来点缀的。他们关注的是可靠的定位标准，作为在纷乱的事件中做出正确决策的依据。

成功的高层管理者思考那些成功用来克服迷茫和克服时间压力的规则。他们看重那些原则，让他们在即使得不到重要信息、自己的思路也跟不上的情况下，这些原则也可以帮助他们评估各种因素和结果。总之，他们告诉我们的是那些帮助他们成功地应对复杂性的原则。这里要把起束缚作用的规则和起解放作用的规则区别开来。

高层领导作为一个公司的决策者、掌舵人或总指挥，应对的外部变化越大，或者作为改革者要走的步子越大，那么变化中的不变部分，也就是表面现象下原则的、实质的东西对他们就越是重要。

成功的公司领导无一例外地认为以下五项属于最好的不变因素：

- 客户；
- 掌控企业的六项控制参数；

⊖ 赫尔穆特·毛赫尔和文德林·魏德金两人是近年来最好的例子，他们都是长年担任公司总裁，第一位是雀巢公司的，第二位是保时捷公司的。还有在《正确与最佳的管理：从系统到实践》(*Richtiges Und Gutes Management: Vom System Zur Praxis*) 中，亨利希·冯·皮、伯德·皮施里德尔、米歇尔·希尔蒂三人发表的看法。该论文集由瓦尔特·克里格、克劳斯·伽勒、彼得·斯达德曼合编，伯尔尼 / 斯图加特 / 维也纳，2004 年出版。另外沃伦·巴菲特这位伯克希尔 - 哈撒韦公司传奇般的创始人也发表过类似的看法。

- 风险始终存在的意识；
- 知道留给自己的时间有多么少；
- 公司要在自己之后继续运转下去的责任心。

间接操控效果更高

高层管理者所要从事的不仅是在最高的管理层面上，而且也是在最高的思维层面上对各种事情进行决策，这是最高管理者的任务：通过利用正确的原则，在缺乏信息的情况下做出正确的决策。他们要利用长期经验中得到的认识来弥补信息的不足。这是间接操控的方法，与之相对应的是直接施加影响。

成功的高层管理者显然也掌握直接的方法，那就是发布指示、决定或命令。但他们与那些没有经验应对复杂性的管理者的做法不同，他们通过特殊方式使用直接的手段，也就是去动员系统内间接起作用的力量。

直接手段不起作用的时候，原则、规则和规定是最管用的"指挥者"，因为非常的复杂性事件难以预料。事实上这样的管理机制还是应对极端复杂性的唯一手段。利用间接掌控的手段不仅把握了复杂性，更是主动地利用了复杂性。有经验的高层管理者通过这样的管理机制使他们管理的系统获得更高的效率，有更多解决问题的力量，也取得了更大的成功。

通过规则和原则对系统的间接操控大大提高了操控影响力，效果也比个人亲临现场更好。原则上，间接方式的操控可以使系统得到无限的扩大、延伸和增长，就如自然界的系统在进化演变过程中发生的一样。

通过相应的调整系统实现系统自身的调整，这种方式不仅出现在自然界，而且也适合社会系统，两者依照的是同样的原则。社会系统中的这种调整方式只是更加抽象，不容易被简单地看清，由于人类理解上的局限性而难以认识。这是复杂性系统最不易理解的规律性之一。然而很明显，这种间接方式的原则和规则是复杂性系统内在的，也必须是公司策略和公司治理的中心话题。

系统自然力量的中心

利用建立在控制论基础上符合复杂性系统规律的调整机制，这样的公司策略或系统策略可以说已经进入了复杂性系统的"神圣的殿堂"：我们认识到了有关控制的内在规律。

系统内在的这些规律包含了关于一个系统本身最重要的信息，即"正常运转的信息"。认识了这样的信息，就有了对系统非强迫的最大影响力，也得到了对系统最深刻的认识和全面的了解。这样的信息不是来自人的权力，而是来自复杂性系统本身的作用方式。甘地采用的非暴力方式使印度从英国殖民统治中解放出来，这是历史上的一个例子，中国古代著名军事家孙子则把间接的方式提高到有效方法的首选位置。

这里说的力量或作用力（而不是暴力），并非在什么特殊的人身上，也不是看一个人的职位，力量在懂得控制复杂性规律的人群中，他们通过规则和原则有效地掌控复杂性。无论他们是什么人，有领导魅力的还是默默无闻的，他们的作用力都在原则和系统的调整机制中。

一个人自己的作用力只能达到看得见、听得到的距离内，而由他创造的系统以及相应调节机制潜在的作用力则可能没有限制。凡是涉及一个实现自我管理的复杂性系统（小的企业在它的环境里就是这样的系统），该系统就利用了比一个"最聪明的指挥"更多的信息和智慧。

对系统的本质认识和如何正常运转的知识，在任何时代都属于严格保守的机密。古代掌握这些知识的都是神职人员而不是统治者本人。神职人员出于自我保护的目的，只是视情况将这些知识透露给当权者。自发组织传授此类知识的现象历来与神秘仪式相联系，即使在今天的社会里也还遗留此类现象。

通用原则的普遍适用性

对控制论最重要的认识是：对系统进行成功的控制，道理在任何场合下都一样。这与应用范围、文化以及有生命或无生命自然界的系统表现形式都无关。

复杂性系统越来越有效的运转模式出现在各个生命领域里。尽管生命的外表出现形式多得无法计数，但它们的共同点就是从控制论那里学到的生存艺术。这种生存艺术包含了普遍适用的精髓，即系统正常运转最内在的规律，其应用范围是巨大的。

控制论意义上的控制与调整可以从水龙头这个例子中看到，同样的例子有生物的自然进化，语言的语法规则，还有如现代的市场规则和法律规则等。例如，遗传学大都研究生物的调整机制，而与之相距甚远的法律学领域涉及的是社会的调节系统。凡是没有规则的地方就一定出现混乱，出现无序的情况；凡是有秩序的地方就一定有调整，否则就是无秩序。调整涉及所有秩序和每个过程，如果我们认识到其中的规律，就可以到处使用了。

如何走自己的路

有谁懂得了基于控制论的调整，他就掌握了调整的法宝，基本上可以让任何系统做"长途飞行"了。

在管理学中的具体事务处理上，控制论给我们提供不了最渴求的方案，也不会提供起反作用的处理方案。它给我们提供的是对关键问题的答案："如何走自己的路。"这是控制论的奠基人之一威廉姆·罗斯·艾什比曾经说过的话，[1]是构建一个系统的公司策略最好的口号之一。

如果有谁懂得了一个复杂系统如何通过信息的作用实现自我控制和调整，或者懂得了公司策略中全局控制的实质，即理解了控制论的自然规律，那么他就理解了一切可能的用途。谁只要看清了这一点，就拥有了比信息和知识更多的东西，他就懂得了最深的道理。

看清全局控制的现象，不仅可以用另外的眼光来看世界，也对错综复杂的世界上所发生的事情有了新的认识，有些事情由于其复杂性而难以用传统的思维理解。严格地说，我们看待世界根本就只能通过理解其系统才能明白。

普通的控制论规律[2]是普遍适用的，符合一切依赖于信息的对象，因此不仅适合经济界的企业，也适合任何机构，无论这样的机构在什么行业或部门，有什么目的，既适合各种生命和生物，也适合无生命的系统。控制论的自然规律是通用的法则，特别是适合复杂条件下辨别方向和提高生存条件。

---

[1] 参阅《控制论导论》(*An Introduction to Cybernetics*)，威廉姆·罗斯·艾什比于1956年著，1970年第5版，243页。

[2] 也许话题说得有点远，这里我们关注狭义范围的控制论规律就够了。若做简单的说明则又可能引起许多误解，包括遇到从名称到内容解释上的障碍。若要更详细了解，请参阅"系统方法论"的书籍，以及我的大学执教资格论文"复杂性系统的管理策略"。米歇尔·米洛夫对控制论作为企业管理理论的意义也有过精辟的论述："一个好的理论有多实用？"见《正确与最佳的管理：从系统到实践》。

如果控制论不灵了

一个组织若没有调整和自我调整就不能存在，因为每个机构或组织都是通过调整而产生、通过调整而存在。若无视这个事实，也就无视一个系统的实际状况。

例如，通过控制论的系统知识本该可以及早认识到戴姆勒公司和克莱斯勒公司合并的两点结论：第一，出于复杂性原因这种合并几乎不会成功，即使成功也只能出现在极端有利的情况下，但这样的情况是不可能预测到的；第二，这样的合并最有可能的结局将是太晚、太昂贵的分手。这是1999年春天我在一家公司的培训中心所做报告的话题，近百号听众中一半是美国人，另一半是德国人，他们都认为必须合并。许多人听了我的报告以后深思，因为他们感觉到将会面临什么。当时在场的高层管理者也表示合并这种做法不太可行，但复杂性则没有被考虑到。

这场合并可以预见的风险是我在一些公开的管理学研讨班上一开始就要谈到的话题，参加这种研讨班的也往往是企业领导。这场本该通过控制论避免的并购最终以数十亿美元的损失而告终，如果考虑到了复杂性系统的规律，甚至还能从中得出另一种成功。

这里至少出现一个理论上有意思的问题，即技术顾问和公司监事会的责任问题，也就是说在这样职位上的人是否必须更多懂得一点控制论和复杂性系统的问题。事后看来，这次并购是由不懂复杂性的本质和不懂管理难度的人提出建议、批准的，这些人还用了错误的理由进行辩护，最后又对提出一个新的更好的公司决策犹豫不决。

从具体事实层面去寻找失败的原因是错误的，至少仅从具体事实层面去寻找是错误的。调查管理难度、可控制性、复杂性的掌握或者类似情况的可操控性等得到的收获，要比关注基本策略、技术、成本、价格和市场营销等更多。

什么是管理者感到可以更好利用的

每天与市场打交道获得的经验也给许多高层管理者造成了矛盾心理。一方面，他们显然认识到自由市场的优越性，释放巨大的生产力、协调生产力，又通过竞争的方法获得新的创造。自由、自我承担责任、利用本地的智慧和信息等原则对他们来说已经最熟悉不过了。另一方面，又有许多人迟疑不决，没能把一些适合他们公司的规则坚决地引进来，作为公司的章程或政策，把公司建成同样高效率的系统视为目标。

我认为这里的主要原因是，大多数管理者在他们的学习经历中没有足够的机会（许多人则根本没有机会）学习复杂性、自我管理系统，即了解一些有关控制论的系统理论。今天所实行的大学教育中缺少复杂性系统理论所共有的东西。大学生对将来从事的职业领域，他们将在职业上要应对的问题方面几乎得不到相关的知识，也就是把握复杂性的知识。

高层管理者掌握了复杂性系统的知识，就容易把他们的专业知识、经验和个人能力结合到工作任务中，把控制论的结构原则和控制原则利用到公司这个复杂性系统的管理中去。

尽管在大学的少数一些学科中传授这方面的重要专业知识，例如，法律专业学生获得控制论方面的知识，在一些工科类专业里传授控制技术。从不同专业的共性看来，把这些知识应用到企业管理这样的实际问题里还都缺乏一种结合点，这正是我的管理学系统及其理论基础《复杂性系统的管理策略》㊀所能提供的。

自我管理的随机实验

在现代企业的管理中虽然也应用了控制论的原理，否则这样的企业由于复杂性也不能正常运转，但这些应用更多的是无目的、不协调、凭感觉、也缺乏系统的基础。另外，系统控制论原则一再受到完全相反的简单化机械式解决方法的排挤，其作用已经缩小到微乎其微。

权力分散、部门划分细化、独立核算、目标管理与自我控制、权力下放、授权等符合复杂性系统的解决方案都还停留在随机的试验中。这些都是控制论基本原理的表现形式，都是企业管理的手段，目的要让企业能够实现自我管理，达到不失去控制的条件下释放生产力。

如果试验达到了目的，再系统地用理论加以总结，那么短时间内可以使效果成倍地增长。这些试验的共同点是，创造了个人的自由空间，确立现场的管理权和责任，把公司策略的一般规则智慧地应用到了具体的环境里。

上面说的个人自由大都被当作激励因素，或者被理解为具有最高的政治价值。首先自由也是一种管理原则，一种基于控制论的管理原则，一方面释放了系统的自我管理能力，另一方面也通过控制原则使自由得到了最好的利用。

这里说到狭义上自由主义意义上的个人自由在有组织的社

㊀ 马利克在他的论文里把法学、大众心理学和控制论等一些重要的专业相结合，提出了用途广泛的解决建议。他指出，在系统的控制层面上可以根据需要做出一些起预防作用的规定，起到预防危机的作用。

会里最具价值,因为社会的这种管理原则在有组织的系统里起到最高的调整效果,所以被看作是值得保护和维护的。系统或社会通过自我管理和调整的方式比集体组织的效率更高,因为这样可以比任何其他系统的管理方式动员和利用更多的智慧、信息和知识。正如弗里德里希·冯·哈耶克所认识到的,这些控制论原则虽然对于以前真正的自由主义哲学家来说已经是熟悉的内容,也是他们理解社会的主要对象,但只有现代控制论才把这些原则的真正实质揭示了出来,认识到了它们在各类系统中普遍适用的规律。

全局控制、控制论和治理

通过公司策略来实现全局控制与传统意义上的概念有根本的区别,后者的核心是纯粹建立在经济学基础上的。全局控制比普通的公司策略意义更多,它是全面的系统策略,通过发挥系统内在的力量达到了从被调整到自我调整、从被管理到自我管理的飞跃。

控制与调整只是"管理"的不同表达,实际意义是一样的:在没有秩序的地方建立秩序,缺了方向的时候指明方向。调整是依据规则,系统的调整总是按照相同的控制论原理。

控制论是研究复杂性系统如何正常运转及其规律的科学,控制论这个名称不要与表示"掌舵人"这个希腊语名词 kybernetes 混为一谈。因为没有一个掌舵人单独靠自己的个人力量来操纵他的船,他操纵的时候还要利用水和风的力量,他正确衡量了自己的力量,再与水和风的力量配合起来去达到目的。控制论是通过信息与交流对一切有生命或无生命的复杂性系统实现控制与自我控制、调整与自我调整的科学。数学家诺伯特·维纳这位控制论的创始人是这么说的：**控制论是关于在动物及机器中控制和通信的科学**。他的话解释了我说的公司策略中要用"全局控制"的概念。如读者将在本书以及本系列专著中可以看到的，复杂性时代的控制论被认为是关键性科学。

另外拉丁语中的掌舵人（gubernator）、英语中的管理者（governor）和管理（governance）都来自希腊语的 kybernetes。而我这里采用的治理（governance）这个词"在控制论基础上的公司策略"的含义与"严格的财务控制"意思不同。在控制论意义上的 governance 应该是：管理一个系统，使其尽可能达到自我管理和自我控制。

利用复杂性的优势

战争不是纯粹靠战斗力来赢得的，而是通过正确指挥的战斗力，如果不懂得这一点，或者指挥错误就会失败。越南战争和伊拉克战争就是例子，还有大卫与哥利亚的故事在今天仍有现实意义。[⊖]在今天的复杂性时代里，这样的道理比从前靠蛮力的时代更加意义重大。如果不懂得控制论，不看信息系统、控制系统和操纵系统，那么还像以往一样按照战斗力来评价一支军队已经没有多大意义。

不是战斗力，而是复杂性力量（如果可以这样称呼的话）起着决定性作用，或者说调整与控制一个系统的能力是关键因素，这个道理是广泛适用的。谁不懂外语，谁在国外就处处碰壁；谁懂外语，谁就打开了一个新世界，因为他拥有更多能力，

⊖ 据《圣经》里记载，大卫运用智慧打败了巨人哥利亚。——译者注

拥有在复杂性环境里更多的调整能力。哪个企业比别人有更强的扩大产品品种能力，那么它对客户就提供更大的多样性，也就拥有更大的市场和增长机会。

更好地调整就意味着利用更多的可能性和更多的选择。一个系统的自我调整越好，效能就越高。提高调整能力就像给每个系统加上了翅膀，其效能和成功的机会常常超出了以往一切范围。在管理中，达到提高效能的方法，公司策略不是作为纯粹的具体策略来理解，而是更高层面上的系统策略，这一点已经在导言里提到。关键的前提条件是注意和使用解决问题的控制论知识，这样就得到了解决问题的答案，发挥每个系统的最高效能，提高生存能力与运行能力。

失去控制：另一个问题

复杂系统只要在正常运转，那么自我调整就不会引起外行的注意。因为系统在正常运转时，许多人察觉不到有些东西"在掌控之中"。大多数人把这现象看作是"自然的正常状态"，还有什么可让人警觉的呢？如果一旦有什么东西"失去了控制"，他们就立即察觉到，而且常常是不愉快的，甚至是痛苦的。当某个地方调整失灵或者调整不佳，人们遇到了问题时，才意识到没有控制论的调整实际上就只有一些死的物质，就如同遇到事故后一条耷拉着的瘫痪手臂。

任何事故，例如造成了我们一只手或者一个关节不能动弹，即便是局部的"失去了控制"，将带来什么样的后果就立即摆到了眼前。神经系统或大脑的功能障碍造成了调整困难的悲剧，因为神经系统依靠大脑中的"全局控制"构成了生物体的控制系统。

其他的例子还有飞机上调节系统的功能失灵造成的空难，或者汽车由于调节失灵而发生的车祸，当然司机的操作错误也包括在内，因为他也是系统的一部分。飞机场的炸弹威胁或炸弹警告，尽管"只是"一个信息，也无论真假，就让整个交通陷入瘫痪。一个经济系统的崩溃就源于它调节能力的崩溃。

如果有什么地方出了问题，其原因几乎总是调节能力的不足。这样的问题最终肯定出在物质和能量方面，经济界就出在资金方面。但是这样的问题几乎只能从信息、调整和控制方面去理解，也只能从这些方面去解决。当调整失灵时，代价就大了。

技术问题还是系统问题？更好地理解系统

公司策略中，有关全局控制的调节知识是更高层次上的知识。如果我们的思维还是停留在对一个系统进行操作的技术层面上，那么必然纠缠于技术问题的细节，涉及不到系统的问题。

掌握了控制论所谓的系统特征，如稳定性、适应能力、可控制性、凝聚力、动力、关联度、信息、交流等，就有能力对系统做出判断，而且判断往往是与仅仅通过技术层面的知识得到的相反结果。

麻省理工学院教授杰伊·弗莱斯特[一]这位现代模拟方法的创始人曾表示，他在模拟研究中一直能够看到人们面对复杂性系统时的非直觉行为。他认为系统的行为完全不同于传统分析所预计到的。

[一] 参阅《工业动态》（*Industrial Dynamics*），杰伊·弗莱斯特著，1969年马萨诸塞州剑桥出版。

来自班贝克的心理学家迪特里希·多纳㊀从另外一个科学角度得出同样的结论，他发现在面对复杂性情况时，一个人在天生生理和心理调节上没有特殊的能力。世代相传的经验和个人生活经历，都是在接触简单的系统中获得。我们作为管理者的活动则要与非常复杂的系统打交道，对此人们至今几乎还没有受过教育培养。㊁

如何在系统生态学的复杂性中更好地理解一个人，社会学家做出了重要的贡献。圣加仑市的社会学家彼得·格鲁斯在他的有关"多选择性社会"的文章里，还有在他最近写的《救赎的彼岸》(*Jenseits Der Erlösung*) 这本有关宗教回归的书里做出了精辟的论述。格鲁斯在对超级复杂的人类认识方面做出了重要的贡献。㊂

利用控制论知识和复杂性知识，不仅可以对前面提到的戴姆勒－克莱斯勒公司的案例进行评价，而且可以看出美国的伊拉克战略几乎不会有机会取得成功。我的这个观点从一开始就遭到了长达两年的非议，有的甚至相当严厉，直到出现的事实成为我最好的辩护者。我以前发表的有关新经济理论不会长久的观点同样也引起了反对和不理解，遇到不少反对的还有我及时提出的金融市场不稳的警告，后来 2000～2003 年事实果然显现了出来。遭到反对的还有我对公司经营中偏重股东利益的做

㊀ 参阅《失败的逻辑，复杂性情况下的战略思维》(*Logik Des Misslilngens. Strategisches Denken In Komplexen Situation*)，迪特里希·多纳著，伦贝克 1989、2004 版；还有他的富有启发的研究成果"希特勒的行为"(*Hitlers Handeln*) 刊登于《正确与最佳的管理：从系统到实践》。
㊁ 有兴趣者可以向我的研究所咨询有关管理学硕士班的招生信息。
㊂ 参阅《多选择性社会》(*Multioptionsgesellschaft*)，彼得·格鲁斯著，1994 年法兰克福出版；《救赎的彼岸》(*Jenseits Der Erlösung*) 比勒费尔德 2007 年出版，以及他的其他文章。

法提出预见性的问题，以及对建立在此基础上**以短期经济指标为导向**的公司治理所提出的质疑。出现的此类不满虽然在情感上可以理解，但从事实和专业上看是毫无道理的，产生的原因是混淆了系统问题和技术问题。

衰败还是进步

调整就是管理，管理就是进行调整。调整被理解为把握和利用复杂性，使系统更好地运转。

复杂性就是多样性，更确切地说，是系统中潜在的或能够产生的可能性的数量。表面看似简单的系统可以迅速达到天文数字级的规模。由于市场和技术，尤其是建立在控制论基础上的信息技术，社会的复杂性以从未有过的程度和速度在提高，全球化和知识的增长越来越快就是最明显的结果。

相比起来，传播控制论的知识，将控制论的知识应用到企业的管理上则远远落后了。由于对控制论研究的进步，这方面的知识比以往任何时候都更加容易获得，从这一点来看就显得更加不合情理了。控制论的知识在许多科技领域得到了广泛应用，有的获得了引人注目的成功，这些知识实际上唾手可得，但是社会上大部分人对确切的系统论和控制论的知识及其全面的应用仍然是陌生的。

伴随着全球化而来的MBA教育培训项目的繁荣，其发展势头甚至走向了反面，已经离开了它的完整性和系统定位。在以股东价值和金融资本主义为特点的公司治理名目下，学员学到的是过时的、机械式的思维，这种思维局限在依靠财务数据的简化方法里，被误认为特别先进，实际已经没有地位了。

与此同时，利用复杂性研究、控制论和系统科学等手段进行的每项深入分析表明，越来越多的系统显示出比较明显的不稳定症状，"失去控制"的信号骤增。由于复杂性呈现出爆炸性增长，许多领域里或许已经出现了一种不可逆转的衰败趋势。

我们所面对的是无人明白的系统，没有人看得透，也没有人知道通过干预将引起什么样的结果。21世纪的主要问题称作"无从管理的系统"。这不是外行的观点，而恰好是这类系统的专家的观点。国际金融市场就是一个例子，最好的业内人士都认为，这个市场已经复杂得无法理解，系统风险深不可测。国际恐怖主义、毒品市场、极端主义、原教旨主义、互联网等都是例子。谁掌握一个系统领域的知识越多，他就越多地持有同样的结论；谁掌握这样的知识越少，他就越幼稚地相信社会机构的所谓的能力，并指望"总有人"能清楚和一切都在掌控中。

越来越多的全社会问题和政治问题成为此类潜在的无从管理的系统，这样的系统大多数通过简单化的处理和表面的治理，花了巨额资金保全下来，从而变得越来越不稳定。对这样的系统有必要采用新的手段重新改造，采用基于复杂系统最核心的全局控制。

如果系统内嵌入了系统

20世纪是典型的组织社会，当彼得·德鲁克在20世纪50年代末首次以他的《组织社会》引起人们注意的时候，这一观点还完全是新的。尽管至今还有许多人不理解，但事实上我们已经脱离了组织社会，今天已经生活在"系统社会"里了，而且还是一个系统嵌着另一个系统的社会。很少有人比德鲁克本人更早、更清楚地看到，社会正朝着这个方向发展，他已经在

1957年的《明日的里程碑》里清楚地表明，并在去世的前一年给我的纪念文章⊖写的序言里再次这么强调。

什么是传统意义上的组织？例如企业、医院、大学等，这些都是系统，许多已经变得太复杂，以至于不能用通常的思维方式让普通人从整体上去了解和理解了，因此也不能用直接的手段去有效地操控。在这些组织内部或许还有直接控制的区域，但要控制整个系统就只能是幻想。用传统的眼光看到的现实是扭曲的，仿佛看人就仅仅看到一副骨架一样。

实际上今天所有的组织都和更大的系统联系在一起，在日常的运转上通常对它们有很强的依赖性。组织就如同处在一个大的系统阵列中的一个原子，它会出现两种不同的组合和嵌入现象：

- 作为非人为设计的系统；
- 作为特意构建了全局控制的系统。

下一节谈到的例子希望能够让读者对两种系统的类型获得一点感受。

两种系统，两种管理

有关非直接的系统控制我已经谈过了，但从它的重要性看还谈得不够详细，这里有必要做一点补充。

我们通常把现象分为人为造成的和非人为影响而自然形成的两类。第一种现象与"结构"有关，第二种现象则与"演变"

⊖ 参阅《正确与最佳的管理：从系统到实践》。

有关。

第一种系统是人为特意造成的，是人的行为达到的目的。这样的系统本身不会做什么，除了在没有人为因素情况下也会消失。

第二种系统是自然的，不依赖人的行为而产生，不需要人的意志或计划，这些系统依靠自然而产生，在它们内部所发生的变化是自然发生的，人类自己也是这么出现的。

到了这一步问题就来了，人类出现了，人类要去干预自然的系统，而且不像动植物那样作为生态的一部分去干预，而是带着自己超越自然系统的智慧和理智去干预。我们今天知道，人类的智慧和理智还没有发展到足够的程度，能够在干预复杂性系统时保证不出现意料之外的副作用和间接损失的风险。

最典型的人造系统是机器，最典型的自然系统是生物。一类是机械的，一类是自然演变而成的，人类某些哲学的思维方式和建立在这些思维方式上的行为与这两类系统有关。这些行为方式影响了欧洲思想史，从而也影响了政治历史，在某些方面也起了误导作用。人类最好的精神创造得益于这样的思维方式，但大量的误解、概念混乱、谬误也与这样的思维方式有关。

企业领导者必须认识这两种基本的思维模式，这也是我在这里要提出来讨论的目的。机器这样的人造系统是"机械式"思维方式的产物，机械式的思维是人们设计和构造一台机器的途径。关键是，机械式的思维要考虑到每一个细节，因为这是一台机器在构造上的要求，否则机器就无法运转。机械式的思维如今往往被错误地认为含有贬义，但是我们在技术上的伟大成果以及人类文明的产生都要归功于这种思维模式，不过文化

的产生则不是。㊀

机械式思维不利的一面就是不能通用，不能转用到其他完全不同的领域里，否则肯定毫无效果甚至是有害的。机械式思维在技术领域导致了这种思维模式同样也被应用到自然演变的系统里，尤其是被应用到社会和经济的组织里。同样的方法也成了人们发出规定、指令或命令时所用的方法。社会的系统也属于自然演变的系统，这样的系统并不是按照什么命令而发生变化的，机械系统里起作用的成功方法到这样的系统里就不起作用了。例如，我们不能命令任何人信任或者爱我们；我们也不能强迫一个孩子睡着；不能命令一个谈判对象签署合同。在我们熟悉的环境里，这些道理谁都懂。

同样清楚的是，我们在上述处境里也并非只能干瞪眼了，我们用的是文明的办法。也就是说，我们可以创造条件或者提供好的机会，使愿望中的行为或状况自动出现或间接地实现。我们创造的条件是直接的，出现的效果是间接的。尽管直接创造了有利条件后仍不能保证其间接的效果，但是我们增加了这样的机会。

这样的做法从理性认识上看显得不是特别有效，所以有人一再要试图直接达到所希望的效果。但是这样做客观上不成立，除非直接的途径别无他法。为什么不行，原因在于自然系统和

㊀ 对专家的补充：机械式的思维以前也称作建构主义的思维，今天导致了与哲学结构主义的误解。哲学结构主义在系统意义上认为，对现实的感知不是通过感觉器官获得的客观形象，而是通过人的大脑构建而成的形象。在我的《复杂性系统的管理策略》里，不用"机械式思维"这个概念，而是用了"建构技术式的思维"，因为这个概念的使用早于哲学结构主义，这一点弗里德里希·冯·哈耶克在他的文章里已经得到证明。

社会系统的极其复杂性，这些系统具有必然的内在动力。

如果我们认清了复杂性系统的自然本质，从更高的认识上自觉地，而不是犹豫、违心地认为，非直接方法是应对复杂性的唯一途径，那么表面看来的弱点立即就变成巨大的机会。我们就能把一切力量用到研究出越来越好、越来越有效的非直接方法上，这样我们可以成为"间接方法大师"。我们就像柔术大师那样，用巧妙的方法操纵对方，自己不必花费力气，把对方的力量为我所用。这里不但物质世界是重要的，信息世界更是重要的；不但20世纪的东西是重要的，**21世纪的东西更是重要的，那就是智慧、信息、知识和理解力。**

复杂性系统一下子不再是需要强制命令的顽固对手，而是成了一起做大事的伙伴，不需要争斗，而是"与系统共舞"，如海因茨·冯·福尔斯特喜欢形容的那样。

如果意外出现了系统

机械类系统只能发展到设计者能够想象到的地步，这样的系统受到发明者能力和知识上的局限。自然演变的系统则不受任何设计者的限制，它们可以生长、演变、发展，只要其"内部程序"允许，实际上没有限制，因为这里说的内部程序就是信息。信息一旦有了，就可以任意复制，如同遗传密码的复制一样。遗传密码里隐藏着生命的秘密以及无限的扩展能力。

从超越普通理解的范畴来看，生命、智慧、信息和规则或许离开了物质和能量也能存在。我们不敢肯定是不是这样的，也许它们的存在不是必须依赖于物质和能量的交流。这些问题和东西，与正在形成的复杂性社会在类别上不同，是新的。

这也是复杂性时代管理学的原则和可能性，前提是我们要找到正确的程序，也就是把组织从人类理解的束缚和今天管理学的束缚中解放出来，推动它们进化演变。

并不是上述意义上发展演变的一切都是有用的，我们还需要区别，把自组织获得成功的与自组织导致失败的区分开来，并非每种自组织现象都是我们期待的。

有这样的系统，它们的发展演变由不好的程序所引导，它们的自组织起到了损害或破坏的作用，最后走向崩溃。迪特里希·多纳认为它们含有某种程度的"失败程序"。有的社会系统则相反，它们含有的程序向着越来越高的效率引导，它们含有的是"成功的程序"，这是玛丽娅·普拉克纳所用的一个很贴切的名称。

即使有的系统不像物体那样可以被人感知到，但每个人还是都能"发现"，许多社会系统今天已经自动发展到了超级庞大，且又相互交织的局面，这是没有人事先去计划和构建的，而是"自然在我们面前发生"的，例如：

- 医疗卫生系统；
- 教育系统；
- 全球化科学；
- 跨越全球的运输系统；
- 西方社会里的社会保障系统；
- 全球金融系统；
- 国家税收系统；
- 市场经济；
- 互联网。

以上列举的都是一些特殊类型的系统，它们虽然是人类活动的结果，但并不是人类意图的结果㊀，也不是完整设计、规划或特意构建的结果。它们通过互不相识的千百万人的行为而产生，但早已发展到超越任何理想的设计了。这样的系统在适应人类有计划的干预中几乎从来不乏意外的副作用。

这些系统有的运行良好，符合它们的目标；有的从一次失败的改革又挨到另一次。有的系统可谓内部程序是"向上运行程序"，有的则是"向下运行程序"。

由于这些系统太过于复杂，所以不可能从任何传统意义上去理解分析。但是，我们采用控制论和系统论的思想方法极有可能了解它们的作用原理，可以为它们建立法律和政策，以保证它们发挥正常的功能。㊁市场经济、民主与联邦制度等都是很好的例子，都在发挥正常功能。

拿欧盟这个例子来说，鉴于它极大的系统复杂性，再从公众对它的不满程度来衡量，我认为"弊端"还是小于被公众"愿意接受"。欧盟将通过运用控制论运行得更好，这一点无可置疑。

这里提到的系统，其中的瑞士是最让人感兴趣、运行良好的系统之一，我本人不是瑞士人，这样评价排除了偏心的怀疑。瑞士的控制论在国外几乎无人了解，包括许多瑞士人也不了解，其中不少学者也不是真正清楚。依照通行的政治理论来看，瑞士也许根本不能正常运行的，这似乎也证明了这些理论可能哪

㊀ 这是苏格兰"常识学派"哲学家亚当·费格森的用语。

㊁ 汉斯·艾尔伯特的哲学在这个领域做出了最重要的贡献，例如，可参阅他的文章"自由与秩序"(*Freiheit Und Ordnung*)，尤其是《欧洲与统治者的驯服》(*Europa Und Die Zähmung Der Herrschaft*) 一书，蒂宾根1986年版，还可参阅他的其他书目。

些地方不对。瑞士是一个极好的研究对象之一，与奥地利和德国相比，它在自我管理和自我控制方面有着完全不同的联邦制系统构建模式。尤其让人感兴趣的是瑞士税收系统的控制管理，其成功经验得到其他国家的借鉴。

有目标的自我管理，系统的发展

另一类超级复杂的系统是那些有人精心谋划、认真构建的系统，人们让它们有目标地成长，有秩序地发展。[一]正是由于它们极高的作用能力，很快就让人捉摸不透，但是它们的运行规则却随着每一步的系统扩张而渗透到最末端的每个枝节。所有这些枝节（例如系统是一个企业）都和系统一起成长，就如同一个神经系统和生物体一起生长一样。这样使系统的末端和最高的核心部分保持和发挥同样的基本功能。

这里可以发现全局控制是如何发挥作用的。这是整个系统组合的控制机制，原则上可以任意延伸。如果我们要用图形的方法表示出来，那么唯一合适的方法就是网络路线图了，传统意义上的组织结构图不仅完全不适用，甚至还会起误导作用。全局控制原则上是生成高效率系统的"程序"。这样的系统类型列举如下。

- 以麦当劳为代表的高效率的连锁企业、特许经营系统和联营系统。
- 德国阿尔迪公司、利德尔公司以及同类零售业企业。

[一] 参阅"协同学：从激光的隐喻到管理学中的自我管理"（*Synergetik:Von Der Laser-Metaphorik Zum Selbstorganisationskonzept Im Management*），赫尔曼·哈肯著，刊登于《正确与最佳的管理：从系统到实践》。

- 以德国汉莎航空公司为主体的明星连锁业，除了公众所熟知的航空业务以外，还有数百个其他企业，若离开了这些企业，联盟就无法正常运转。
- 以雀巢集团为代表的同类高效率的系统。
- 专为全球旅游业服务的高效率系统，以旅店连锁和加盟形式出现，在整个经济运行过程中依靠多种服务供应商和产品供应商的支持。
- 汽车工业逐渐出现新的系统组合，已经发展到汽车企业不再制造汽车，只提供订货清单和品牌，一切都由其他的合作企业网络提供，这些合作网络始终在不断重新组合。这类系统或许是一种新的系统类型，其特点是虽然有企业管理，但并不一定有企业。这类系统很可能成为复杂性时代最具代表性的系统。
- 除了工业界发生变化外，在其他领域更有先行者。大型的传媒业属于新的、发展最好的系统类型。在交响乐队的经营变化上，我们可以更加清楚地看到一些重要的特征。或者最好看看这样的机构，它们的"产品"虽然全世界都看得到，甚至受到世人钦佩，但产品是怎么出来的，公众却几乎一无所知，例如大型的文化娱乐节、各类大型活动、爱心大游行、大型自行车赛事、F1方程车赛事等，更有奥运会上的团体操表演，其中涉及的包括与体育联合会、运动医学、赞助商的合作，世界范围的通信保障等。这些都是临时出现的系统，作用达到高峰时涉及亿万人群，事后则又悄然隐退。
- 律师事务所、咨询事务所这一类的系统类型，它们从工业界的规模标准来衡量虽然都很小，但作为知识性的组织却比外形庞大的系统还要复杂许多倍。成功的私人银行也属于此类系统，双方的合作协议也属于这类系统的全局控制。
- 全球的保险业按照多层次的系统运行，公众对这类系统的运行几乎一无所知，也不被媒体所注意。
- 让人最感兴趣的还有系统与网络结构服务商，在有的国家是合作制形式，它们默默地获得了巨大的成功，这类系统按照企业管理教科书和 MBA 培训班上的说法是不应该成功的。
- 最后要提到的是天主教教会，这里作为例子提出来有点尴尬，因为常常引起误会，这个系统是最具特色的运用规则而运行的组织，同样还包括遵守本教会教规的天主教社团。可能许多人不喜欢教会所做的事，但教会已存在了 2000 多年，经历过一切危机，成为全球最大的组织，让它的反对者也不得不接受，其中原因至少值得成为管理学专家的研究对象，无论个人对教会的政策持何种态度。

在严格按照系统特点进行系统化管理的企业中不乏获得巨大成功的公司，它们有意识地全面推行系统方法和控制论作为公司的全局管理模式，而且很早做出了这样的决定，它们自己都把至今取得巨大成功的原因归结到上述决策上。这些公司系统地、全面地，而不是像许多其他公司那样只是系统地、但不全面地组织管理。

- 位于列支敦士登的喜利德公司就是这样的例子，这家生产紧固件的企业在全世界成功的基础就是 20 世纪 60 年代初就把系统方法用到了管理中。
- 另一个例子是德国的伍尔德公司，这个公司在 50 年的时间里从最小规模的起步发展到了拥有 30 000 多名员工的国际市场巨头，其成绩就归功于严格推行了基于控制论的管理系统。㊀伍尔德公司的例子说明，即使最小的公司也必须一开始就执行正确的全局管理，这样才能成功地发展。

上述公司并不能保证将来的发展，它们可能会腐败、没落，或者因"免疫力下降"而毁灭。也可能将来出现这样的情况，新一代的管理者不能认识到公司以往的成功是坚持了什么基本原则，认为他们自己可以干得更好。这样的公司可能由于成功而达到了复杂性的极限，跨越这样的极限需要新的管理机制，新的管理机制决定着公司的成功与否。

如果新的管理机制失灵了，那么失败的原因就在于管理的基本原则，公司的全局管理变了质，全局管理是公司正常运行"永远的真理"。如果公司继续获得成功，甚至获得成倍的成功，那么原因也在于管理的智慧，管理者不仅克服了复杂性，而且主动积极地利用了复杂性。

社会领域系统的丰富程度完全不亚于自然界系统现象的数量，如果我们抛开它们之间的差别来看，也能看到它们之间的共同点。两种范围里系统的运行原则是一样的、通用的，

㊀ 参阅伯德·魏诺所著《像伍尔德一样增长：世界级成功的秘密》（*Wachsen Wie Würth. Das Geheimnis Des Welterfolgs*），法兰克福/纽约 2006 年版。

总是离不开复杂性和调节、控制、信息交流和全面控制的规律性。

既不是生物主义也不是社会沙文主义

生物依靠细胞这种结构形式长时期经历了无数的危机阶段，依然生机勃勃；类似于细胞结构的组织形式也出现了。这种系统可以让它们的调节机制长期发挥作用，任意延伸，因为它们的全局控制也随着机体同时生长。

基本原则就是运用生物界发生自然演变的控制论原理，但不要进入简单的生物主义或社会沙文主义的误区。简单的类比和极端的胡乱误解有很大的危险。仿生学有时候也被滥用，例如有外行管理者想要出点风头，建议把生物界的行为原则用到公司管理中。在企业工作的既不是狮子或狼这样的动物，也不是蚂蚁或蜜蜂这样的昆虫。

生物界的进化和社会文化的进步之间既有共同点，也有明显的差别。⊖

⊖ 参阅布鲁希尔·库特与弗雷德蒙德·马利克合著的《迷人的仿生学，造物主的智慧》（*Faszination Bionik. Intelligenz Der Schöpfung*），慕尼黑，2006 年版。还参阅第 1 届和第 2 届高级管理仿生学国际年会论文集（DVD）《高层管理的质的飞跃：采用控制论、系统控制论和生物学理论保障未来》(*Der Quantensprung Im Top-Management: Mit Kybernetik, Systemik Und Bio-Logik Die Zukunft Sichern*)，因特拉肯，2006 年 3 月；参阅圣加仑马利克管理中心所著《进化的策略：巧妙解决复杂性问题》(*Strategie Der Evolution: Phantastische Lösungspotenziale Für Komplexe Probleme*)，因特拉肯，2007 年版；尤其参阅伦敦发行的《法律、立法与自由》(*Law, Legislation and Liberty*)，杂志刊登于 1979 年第 3 期 153 页起，弗里德里希·冯·哈耶克对社会生物学所做的批评；鲁伯特·里德在他的著作《复杂性结构》(*Strukturen Der Komlexität*) 中对生物的进化和社会文化的演变做了阐述，他死后由女儿替他发表的文章 *Der Verlust Der Morphologie* 用简明的语言再次做了阐述。

生物主义的方式是行不通的，因为复杂的社会系统不是靠生物基因发展的，而是部分靠文化传承，部分靠人为建立的规则。社会文化的发展速度更快，其影响的范围也比生物的进化更大。不过两类演变依照的是同样解决问题的机制，即通过成功来控制尝试和缺陷，正如仿生学家茵戈·莱欣贝克证明了的，⊖这是在超复杂条件下的最佳方法。

生物进化的机制并非与某些物质或生物过程有关，而是与不同的系统类型中出现不同的作用方式有关。正如哲学家卡尔·波普尔所指出的，⊖进化机制与生物圈无关，因为这是一个普遍的探索、解决问题和发现机会的方法。

生物进化不是强弱之间的对抗，也不是通常认为的为了生存的对抗。与通常认为的错误理论相反，生物的进化大多数是非暴力的。生物进化系统之间的竞争，是为了更好地利用能量，特别是为了更好地利用复杂性。这是生物调节系统之间的竞争，无论是生物的神经系统，技术的、社会的还是管理上的竞争。生物的进化与其说是"对抗什么"的竞争，倒不如说是"为了获得什么"的竞争，为了更好地解决问题。谁有了更好的调节系统，更高效的全局控制，更可靠的生存策略，他就在争夺利用信息、知识和认知力方面高人一筹。

⊖ 参阅茵戈·莱欣贝克在斯图加特发行的《进化策略》(*Evolutionsstrategie*)，1994 年第 94 期，其中描述了进化策略的逻辑与方法。

⊖ 参阅卡尔·波普尔著《客观的知识，循序渐进的方法》(*Objective Knowledge. An Evolutionary Approach*)，牛津，1972 年版；或者最好参阅《作用倾向的天地》(*Eine Welt Der Propensitäten*)，蒂宾根，1990 年版。

CHAPTER

第 6 章

系统与自组织

前一章里所提到的有些内容,在有关文献资料的玄奥云雾背后往往就无影无踪了,我要在这一章里各用一个典型例子,通过最简单的方式来说明系统和自组织。

系统的基本类型:水

"**整体要多于各个部分的总和。**"这句话一般可以看作最接近"系统"这个现象了。再清楚一点,那就是下面这一句:"**整体不同于各个部分的总和。**"不过这样还是没有说到点子上,因为"总和"这个概念还是有点让人疑惑。

拿"水"来说明"系统"应该是最好、最简单的例子。水的组成部分众所周知,是两个氢原子加上一个氧原子,只要它们结合一起就成了水。两种原子单独都没有水的任何一种性质,哪一种原子都不是湿的、流动的;哪一种都不在100℃时沸腾,0℃时结冰。反过来看,水也不具备它所含原子的任何性质。

我们可以这样来分析水,把它的性质作为系统的标志,然后我们来把它的性质破坏掉。假如我们把水的成分分开，尽管也得到了有意思的结果，但是系统却消失了。我们再把分开的部分加到一起，系统又出现了。

系统的两个最重要的方面可以从这个最简单的化学现象上看到：让两个已知的部分相遇就产生了新的东西。这在系统科学和生物科学中称之为"显现"，诺贝尔奖获得者、奥地利行为学家康拉德·洛伦茨称之为"闪现"。㊀例如"风险"是一个典型的"显现"现象。从水的例子还可以看出合成与分析的关系，尤其可以清楚地看到有不同的分析方法：一种是还原法，即破坏系统的方法；另一种是保持系统的方法。

我前面已经说过，水的例子是最好、最简单的例子，这点要注意，因为本书里要讲的是复杂性系统。通过水的例子还可以说明其他的系统性质，但其中有一点则做不到，即不能说明系统的历史条件或历史过程，这是在研究复杂性系统中起重要作用的。由氢和氧合成水的过程是可任意重复的，当然也包含了某个历史时刻，但是合成水的元素和过程是一样的。社会系统的历史则是一次性的、独一无二的、不可重复的。

水也是属于可以被恢复到原始元素的系统，我们可以把水分解成原子成分。还原法就是建立在这一基础上的，有关的科学认识论和世界认识论也是建立在此基础上的，但只有少数系统可以恢复到原始的组成成分上。没有人能把苹果酱再恢复成苹果，复杂性系统也根本不能恢复到以前的状态和组合。

对系统的分解也取决于我们如何看待它的组成成分。例如，

㊀ 参见康拉德·洛伦茨所著《镜子的另一面，论人类认识的自然史》(*Rückseite Des Spiegels*，*Versuch Einer Naturgeschichte Menschlichen Erkennens*)，慕尼黑/苏黎世，1973 年版。

我们知道 2 加 2 等于 4，我们也相信这永远是对的。但这也并非是绝对的，这仅仅是在算术条件下。两滴水加上两滴水得到的不再是四滴水，而是一小洼水，我们再也不能把这一小洼水恢复到原来的水滴了。㊀

说到这里我还可以举些例子：在学校里我们学习回答像上面这样的问题，如"5 加 5 等于几"时，我们可以紧接着就说出答案。我们几乎从来也没有遇到过这样的问题"用哪几种方法可以得到 10 这一结果"，这种问题的类型对于理解复杂性、系统、社会、政治、经济，理解企业经营和管理是至关重要的。

这样的问题角度转了 180 度的弯，发生了类别的转换，从系统的输入转变成系统的输出。不再是"如果有了这样或那样的输入，那么会出现什么输出"这样的思路，而是"系统如何才能出现某种所希望的输出"，这是控制论意义上的控制核心之一。

对于面向系统的思维，我们要运用两种问题类型，不仅要问"不是这样就是那样"的问题，而且要问"不仅——而且"类的问题，是第二种类型的问题引导我们进入综合、协同、融合、趋同、创造性、交流和自我能力等世界。这些能力（普遍认为的）主要和人的右脑作用有关，但主要与另一种观察和问问题的方法有关。

自组织的基本类型：环岛交通

在自然界系统里，自组织现象很容易看到，它是自然发生

㊀ 这个水洼的例子是我刚开始上大学的时候幸运地在一次偶然的机会从著名的科学理论家卡尔·波普尔那里学到的，那时谈到数学可以在什么时候、什么程度上应用到现实中的问题。这次偶然的机会让我对一些所谓科学性的问题，以及学术界和真正的科学之间的区别突然醒悟。

的。但什么是非自然系统里的自组织呢？究竟存不存在？最简单的例子就是环岛交通。这个例子我从20世纪80年代初开办"以系统为导向的管理学"讲习班以来一直在使用。通过这个例子可以清楚地说明自组织现象以及简单得让人吃惊的解决方案。

马路十字路口的交通指挥有三种方案。

（1）派交通警察。交警虽然可以根据具体情况指挥交通，但这种方案的缺点也很多。交警每工作几个小时后，由于疲劳和开始精力分散等原因必须要换下来，还要预防雨水、寒冷、炎热、废气等其他不利条件，而且也只有简单的交叉路才能得到可靠的指挥，遇到复杂路口，交警的感知能力和大脑作用就要超负荷了。

（2）采用信号灯指挥。信号灯虽然可靠、不会疲倦，但过于机械式、呆板，不能按情况应变。夜晚没有其他汽车在场的情况下，为什么还要亮起红灯让人停车呢，这常常折磨开车人的耐心。另外，在一定复杂程度的交叉路口上，信号灯的开关程序也往往跟不上要求。

（3）建环岛的方法，实现交通的自组织和自我调整。环岛作为一个简单的建筑形式，几乎可以用到任意复杂的交叉路口，而且费用低廉、经久耐用、工作可靠，因为它实际上不需要参与指挥交通，而是交通参与者有能力运用他们自己的智慧、知识、现场的观察和信息，自行调整和组织交通。

概括起来可以这么认为：组织一个系统，使其能够实现自我组织。环岛交通这个例子的意义在哪里？系统就是整个交通状况，实际上可以是任何一个十字交叉路口，系统通过环岛设施这样一个结构实现自我组织和自我调整，达到时间上不受始终在变化着的、无法预料到的交通参与者的类型和数量的影响，还不依赖于警察人数、气候影响、电力供应情况等因素。前面已经提过，环岛交通是最简单的例子，而本书要论述的是极其复杂的系统，实现自组织的解决方案需要更多的投入，当然效果也更大，但可以采用同样的巧妙方法。

　　环岛交通我在20世纪60年代学开车的时候就认识到了，后来环岛又突然消失了很久，当时并没有让我觉得奇怪，因为人们认为交通信号灯是更好的解决办法。可以理解的是，当年人们相信技术（值得一提的是IT技术），把一切希望寄托在技术上。更加不奇怪的是，今天这种环岛交通在可行的地方又建起来了。

CHAPTER

第 7 章
通过公司策略建立全局控制

> 高效率的行政长官不做出许多决定,他们通过政策解决问题。
>
> ——彼得·德鲁克
> 管理学大师

前一章我们用水和环岛交通这两个简单的例子形象地说明了自组织的管理模式,那么如何在当代社会的企业和其他组织里实现那种高质量的自组织呢?这显然涉及采用全局控制和有关公司策略的问题。在复杂性时代推行相应的公司策略,会得到以下三种结果:

(1)复杂性环境下经营的成功;

(2)企业的作用能力;

(3)管理的控制能力。

为了达到目的,我们制定的策略必须正确有效。如果脱离了具体实际,仅仅表面的思考可能显得空洞。一种策略可能是错误的,或者它虽然正确,但毫无效果。当结果造成的损害显

现出来时，再来改正往往为时已晚，这样的例子已经太多了。⊖

有 2/3 的公司兼并和合并是失败的，其原因无疑是公司策略出了问题，同样道理还有如美国汽车工业面对日本和欧洲厂商的竞争丢失了 20 来年的优势。错误的增长策略，如戴姆勒-奔驰和克莱斯勒两家公司的兼并案例，还有拿投资与创新作代价、只注重短期盈利的策略又是另一种公司策略错误导向的例子。

在复杂性系统环境里正确和有效的公司策略是企业高层领导最重要的手段，区别高层领导是不是称职，比较这方面的能力更是最清楚不过的了，即做出经营策略方面的原则性决定以及有效执行的能力。

什么是公司策略

公司策略作为管理的手段以前还少有人理解，许多管理者由于较多的原因，甚至是自相矛盾的原因而对此持怀疑态度。第一个原因是，制定策略就意味着涉及长期的强制性决定，所以不少人就害怕，宁愿避免。第二个原因与第一个相反，认为策略常常是非强制性的，所以没有什么意义。第三个原因认为纸面上写的策略经常不符合现实。第四个原因认为策略很快就过时了，跟不上变化了的形势。以上都是重要的原因，但恰好这些原因可以帮助我们区别策略的优劣。

公司策略之所以被错误地理解，还因为其在前些年有关的

⊖ 让我想起新经济时代发生的几乎称得上灾难性的事件，想起 20 世纪 90 年代晚期的疯狂时代，那是人们太愿意忘掉的时代：瑞士信贷集团、苏黎世金融服务集团、安联保险集团、德国电信等公司都是例子。

公司治理讨论中被冷落了。公司治理的话题看起来具体实用，被当代思潮所左右，似乎是企业管理中的一种进步。许多的企业领导已经逐步认识到，今天的公司治理是一种错误的发展。㊀

我的大学老师汉斯·乌尔里希所著的书㊁成了更好理解公司策略的里程碑。他和我的同事瓦尔特·克里格一起创立了圣加仑管理学模型。㊂在这里管理学的基础发生了变化，从企业经济管理学跨越到了控制论和系统科学。

乌尔里希认为，公司策略是"**规定企业未来较长时期经营活动的基本方针**"。㊃

这是最精辟、最实用的定义。我们看到，其中没有特意提到公司治理，因为在乌尔里希当时还没有区分公司治理和公司策略的。今天我们所理解的公司治理，以及被看作公司需要专门调控的东西，在过去（也包括在今天管理良好的公司里）都是自然而然的事情，不需要特别加以调控。出于这个原因，我把公司治理看作是这本书中公司策略的一部分，而不是倒过来。

从乌尔里希的定义上看，他在内容上理解了公司策略。公司策略的概念也用来代表其他含义，例如用来表示公司经营决

㊀ 参见文德林·魏德金所著《换一种方式更好》(Anders Ist Besser)，慕尼黑，2006 年版；还可参阅弗雷德蒙德·马利克所著《新的公司治理：真正的高层管理，高效率的公司监事会》(Die Neue Corporate Governance. Richtiges Top-Management/Wirksame Unternehmensaufsicht)，法兰克福，1997 年版，2002 年第 3 版。

㊁ 参见汉斯·乌尔里希所著《公司策略》(Unternehmenspolitik)，伯尔尼／斯图加特，1978 年版。

㊂ 参见汉斯·乌尔里希、瓦尔特·克里格合著《圣加仑管理学模型》(Das St. Galler Management-Modell)，1972 年版，在《汉斯·乌尔里希全集》(Gesammelte Schriften) 第 2 卷再次发表，伯尔尼／斯图加特／维也纳，2001 年版。

㊃ 参阅汉斯·乌尔里希所著《公司策略》第 11 页。

策的"文件"。这个名称也可能表示做出基本决策，即包含了形成意见和意志的过程。这里提到的第三种含义在产业界很少出现，在国家层面则很普遍，国家层面的"决策"通常理解为政治制度。

产生作用的核心

根据前面所述，我们通过公司策略接触到了公司正常运转的核心。策略（英语叫作policy）表示用法律和规则进行调控来把握复杂性。这在企业里是普通的目的、价值、规则和目标，这些管理机制是规范化的决策。

规范化是指自创的、普遍适用的、不受时间限制的决策。所谓自创的决策就意味着不能是从其他来源引用过来的；普遍适用的决策涉及一个组织的所有部门和活动；不受时间限制就是要一直执行到下一次修改为止，当然修改又必然是一项原则性的决定。对于高度复杂的系统，这里谈到的决策是实现对系统进行间接控制的根本。

有了良好的公司内部规则，可以让任何数量的员工实现自我协调和自我组织，利用他们的能力独立地、随机应变地完成符合企业目标的工作，其中包含了复杂情况下关键的调节作用。

作为全局控制的公司策略作用越大，必须做出的上级指挥就越少，这种指挥是通过规则和调节在每个实际重要的场合自动实现的。公司制定的规则中包含的信息促使完成一次预先的调整和协调，因此，这样得到控制的系统可以进一步实现自我调整和自我组织。没有这种能力的企业或组织，或者内部员工对应用这些企业规则不熟悉，那么就少有能够正常运转的。

无论信息有多重要，光有信息还是不够的。首先是规则，有了符合正确管理和正确公司策略的规则才能产出信息，也就是说从信息的海洋中选出重要的信息。

伪实用主义者

上面谈到的是企业全局控制意义上的原则性决策，与之相对立的是"个案决策"，即不是通过周密制定的基本原则对同类的事件或情况进行统一调整，而是对每一件事情都单独做决定。个案决策是对临时出现的情况做出决定，是孤立的，往往也与以往的决策相矛盾。

这种工作方式最多也只能在简单的情况下起作用。在对个案做决定的实践中，公司高层领导只要遇到稍微复杂一点的情况时，在时间和业务上就应付不过来了，更不能想象用这种方法去操控超级复杂的系统了。有这种作风的领导把他们的行为辩解为"实用主义"，他们愿意把自己看作是特别"讲究实际"的人，大多数也自豪地认为自己"快速做出了决定"。他们认为，"错误决策也比没有决策好"。必要的原则问题被当作"理论化"而被排斥。

这是完全错误理解了的实用主义，因为这种针对个案做决策的伪实用主义带来的后果是，他们的行为既不符合逻辑，也没有连续性，因此也没有指导意义。在处理问题中也不守章法，这样就建立不起运转正常的系统，更不用说是自动运行的系统了。

这样的经验对谁都不能推广，因为每一件事情都是单独调整的。既没有独立的行动，因为没有可靠的行动方针，也没有标准来评价正确与否、好与坏、可不可靠。因此，别人也无法学习，机构也不能学习。什么行为需要奖励，什么行为应当惩罚，这都没有保证。在这种伪实用主义的管理模式下人们都是带着压抑的恐惧在工作，就像弗朗茨·卡夫卡在他的小说《诉讼》中写的："让人进入压抑的境况里。"

这种做法与实用和注重实际完全不是一回事，这只会让人糊涂。管理者的这种工作方式只会失去办事效率和效益，失去信赖也失去威信。更糟糕的是，因为他们的做法是不符合目标、毫无目的、没有原则、随意性的，所以不得不把自己造成的缺点用权力压制的方式、用行政命令的方式来消除。如果他们的决策涉及人，尤其是涉及客户和下属，那么这种决策往往是不合理的，或者被人感到是不合理的。

由于不懂复杂性系统的本质而出现的这种错误理解的实用主义导致对系统的过度控制，这是指用太多的控制来代替太少的控制手段，这样管理的领导虽然也称作管理者，但不是称职的管理者。这种幼稚的做法以实用主义来看待，实际在盲目地做事，是毫无章法的行为。这样的人（实际是失败者）在公开场合代表了管理者的职业面貌，因为他们引人注目，因此被媒体当作管理者的标准类型来描述，实际上是真正管理者的一个漫画形象。

那些把企业用符合系统策略来管理的人，虽然更加有效，但是他们使用得体的、默默的方式来了解问题、避免问题、解决问题，由于谨慎地处理问题，所以引不起媒体的注意。

符合复杂性条件的公司策略的例子

好的策略的作用都是一样的，但它们的名称和表现形式则根据组织的不同有很大差别。从下面一些例子就可以清楚地说明。

- 国家的全局控制是宪法和基本法，政府的是行政纲要，政党的是章程、宣言或党纲。
- 世界范围的宗教通过它们布道的经典来调整，如天主教内部就是公众普遍熟悉的本笃会教规，这是公元 6 世纪以来本笃会社团发挥作用的基础。
- 产业界看到的公司策略有许多名称，如范本、宪章、公司政策、营业方针、经营任务和公司原则等。
- 长期担任通用汽车总裁的艾尔弗雷德·斯隆是正确运用公司策略的大师，[⊖]不愧被彼得·德鲁克称为"真正的内行"。在他担任公司最高职位的 36 年里，通用汽车成为当时最好、获利最丰的公司。尽管尚不成熟的管理学出现一波又一波的思潮，有远见的原则性策略基本上都是长期成功的基础。可口可乐公司、壳牌公司、雀巢公司等都是例子。
- 20 世纪 90 年代初以来，保时捷公司正确的公司策略取得的巨大效果显现了出来，宝马汽车公司更是在几十年前就靠基本上一直有效的策略为长期的成功打下了基础。
- 几十年来获得成功的美国大企业家沃伦·巴菲特，由于

[⊖] 参阅艾尔弗雷德·斯隆《我在通用汽车的岁月》(*My Years With General Motors*)，1964、1999 年版。艾尔弗雷德·斯隆之所以重要，是因为他虽然没有发明公司策略的管理手段，却是第一位采用系统的人。根据我的了解，他是至今唯一离职以后对高效率的企业管理比对自己的职业生涯思考更多的高层管理者。他的书在今天也许比他当时还要更有教益，其中也有一章专门讲"策略创新"。

他清楚的原则而引起世人的瞩目，这些原则任何人都可以在互联网上从他对股民的建言中读到。巴菲特的这些原则坚定地越过新经济的纷扰和股市狂热，引领了伯克希尔－哈撒韦公司的发展。

- 成功的家族企业的公司策略很少被公众了解，但还是让研究者影响深刻。他们的原则经受过了困难时刻的考验，或者靠远见卓识渡过了困境。

- 战争的原则和策略又是另一个领域的例子。陆军参谋长乔治·马歇尔将军靠深思熟虑的、清楚的原则在第二次世界大战中指挥了美国军队。当时的英国首相丘吉尔称他为"胜利的组织者"并不是没有根据的。公众看得见的军队领袖是当时在战场上指挥的艾森豪威尔将军和蒙哥马利将军，他们是媒体关注的对象，而马歇尔则是策划者，是背后的"全局控制者"，当时的公众对此几乎一无所知。

- 中国的军事战略家孙子[一]早在约公元前400年就把战争艺术中值得注意的持久原则记载了下来。即使今天中国人的思想也是明显带有长期原则的特征，与西方人短期的思维方式有很大区别。卡尔·冯·克劳塞维茨[二]在200年前所描写的战争原则也是同样的例子，其中的原则至今还适用。他们发现的原则没有受到历史变迁的影响，也没有受到技术进步的影响，这正是策略的目的。

[一] 参阅詹姆斯·克拉维尔译《孙子兵法》(*The Art Of War Sun Tzu*)，1983年版。

[二] 参阅卡尔·冯·克劳塞维茨著《战争理论与战争史》(*Kriegstheorie Und Kriegsgeschichte*)，柏林1832/34第一次印刷，法兰克福，1993年版，2005年新版。

我们今天称作公司策略的这类调节系统并不是新鲜事物，长期成功的组织历来靠策略指引方向。

要说新的方面，那就是由于复杂性时代全球的复杂化，社会的机构没有其他选择，只能利用控制论来进行管理。这就是用策略、全局控制来进行管理。

新的方面还有，我们今天通过控制论对系统调节知道得更多了。过去需要尝试和犯错误，今天利用这些知识就可以不走弯路了。

新的方面最重要的是，对于复杂性时代需要新的内容，光是有原则还不够，我们需要针对现有复杂性的正确原则。

其他有关经过历史考验、其效果得到证实的作用原理在我的《复杂性系统的管理策略》(Strategie Des Managements Komplexer Systeme) ⊖中说明，某些重要内容将在本书的最后部分介绍。

真正的领导才能和"对伟大人物的想象"

通过公司策略的全局控制让人们对领导的才能有了新的理解，有了新的途径去认识什么是真正的领导才能。我以往发表过对领导才能的看法，其中包括对当今有关领导才能的普遍观点提出过批评，我的这些看法和批评往往被误解。领导才能确实存在，这一点我从来不否定，但并不是来自人们普遍期待的、

⊖ 参阅《复杂性系统的管理策略：论发展中的系统的管理控制论》(Strategie Des Managements Komplexer Systeme-Ein Beitrag Zur Management-Kybernetik Evolutionärer Systeme)，弗雷德蒙德·马利克著，伯尔尼/斯图加特，1984年，2006年第9版。

寻找的地方，即出自一个人的特殊性格。真正的领导才能来自正确的公司策略。

今天的媒体尽管可以把"伟大的人物""领袖""老板""集团总裁"这样的字眼用到通栏标题上，但这些字眼在公司策略中真正做出决策是没有多少关系的。

尽管对"伟大人物的想象"被证明是靠不住的，我们从一些重要人物的传记中也可以发现这一点，但还是有人要从别人的性格中去寻找领导才能。我们并不否定，成为领袖人物的人特别有才华，有领袖魅力。这样的人物除了给人造福以外，不少也有给人带来灾难，这一点可是无人能够事先知道的。

确实正面的领导才能不是看哪个人物，而是看正确的策略，只有正确的策略才体现领导才能，错误的策略体现的是错误的领导才能。在国家和政府政策中，这个道理是有目共睹的，无论是过去历史上还是今天的许多例子都可以证明。经济界的道理也一样。

正确的公司策略从两个方面造就了领袖人物。首先，成为企业领袖的是那些在业务范围内成为市场、质量、成本方面的领袖。其次，领导才能也体现在正确的策略上。真正的领袖人物不是从他们的个性上来体现，而是从他们为公司做出了被证明是正确的原则性决策来体现；并不是因为某人是领导，所以做出了正确的决策，而是因为他做出了正确的决策才被感觉到是位领导。

公司策略与扎实的系统工作

领导能力与一个人认识问题的能力有关，与他从大的路线上思考问题的能力有关。有计划地思考，有调理、有关联性、有组合地思考，这些思考方式被视为领导人物的典型行为。有些人可以有条理地进行纵览全局的思考，这种人被认为是有天生的才能。这种才能在某种程度上也可以培养。重要的方法来自控制论角度对大脑作用方式的研究成果，这一点将在本书的后面几个部分里介绍。

正确的策略是简单的

公司策略的问题是复杂的，否则我们就不需要公司策略了。相反，回答这样问题的答案可以很简单。最好的策略都是简单的。**只有当全局控制不起作用了，普遍有效的东西不对了，系统的调整才变得复杂**。在有关的重要场合和做法里出现的错误越多，那么需要调整的细节也就越多，不能用复杂的东西来对付复杂性。

管理者自然希望什么事都简单化，他们希望对遇到的难题有简单的答案，想要简单的系统、简单的结构、简单的过程。有人不希望复杂性的答案，这样的要求是正当的，但是简单化也是有两面性的。

有经验的管理者能够区别正确与错误的简单化。他们知道，有些问题的答案简单根本不起作用。例如钢琴的键盘减少一半后达到了简化，但却弹不成贝多芬的乐曲了。所以**有经验的领导掌握的原则是：尽可能简单，但不过于简单**。控制论可以给我们提供清楚的答案。要这样来看问题：哪些最简单的调节能为系统正常运转产生足够的复杂性？ ⊖

⊖ 参阅 "管理学最佳的简化艺术"（*Der Kunst Der Optimalen Vereinfachung Im Management*），彼得·戈梅茨著，收录于《正确与最佳的管理：从系统到实践》（*Richtiges Und Gutes Management:Vom System Zur Praxis*）。

从技术上看，互联网是一个相对简单的系统，但是互联网提供和创造的能力则是巨大的。自然界"从简化到复杂性"的原则是无所不在的，这一点我在下一章还要谈到。实际上"简化"本身也不是一件简单的事，而是"由复杂性生成的简化"。最好的公司策略由很简单的少数一些基本规则组成，通过这些规则使系统有了必要的行动指南，保持正确的方向，并能够生成必要的复杂性。

在实践中意味着要提出正确的问题，只有这样才能认清通常必须要正确处理的问题，问题经过大脑的分析，最后获得简化了的答案，这种答案帮助组织里的所有人在现场独立完成任务和解决问题。这一切都并不是简单的事，但只要找到了相应的答案，那么几乎所有管理上的问题都能解决，尤其是大的问题。我这样说正好与当今管理学文献中的绝大多数观点相反，这些文献中普遍都是用少数的简单方案去处理一切问题。由于管理工作高度复杂，也高度敏感，没有理由说明幼稚的简单化是正确的，也没有理由说明大多数媒体里有关管理学的说法是正确的。这些出版物的水平大多数是对管理人员的智慧、经验和责任的伤害，完全脱离了管理者的业务要求。没有理由说明，为什么一个企业的管理者在理解力、教育程度、经验等要求上要低于计算机专家、律师、汽车工程师、建筑师或者心脏外科医生。

策略是领导亲自制定的

真正有能力的管理者、真正的领袖都亲自为他们的机构制定策略。这样的策略应该是清楚、明了、简洁的，往往在语言上也是杰作。他们对此既不需要一个团队帮助，也不需要技术顾问。

总的说来，一个全球性经营的集团企业在制定公司策略中可能还需要一定的文件数量，单独的市场战略、人力资源战略部分很少超过一两页纸，常常也只有半页纸。如果内容过多，那么应当严格审阅是不是把一些不属于策略层面的细节也写进去了。

艾尔弗雷德·斯隆于1928年为通用汽车走向国际化制定了"欧洲战略"，这项重要决策只有1/4页纸（当然是在事先做好广泛的调研基础上），而且一直沿用到20世纪60年代。斯隆写他在通用汽车任职的书中还有大量其他的例子，展示出他用言简意赅的策略书管理企业，体现出令人钦佩的能力，这也是通用汽车在他那个时代获得成功的很大一部分原因。马歇尔和丘吉尔两人也是表达策略意图方面的大师，从来没有违反过言简意赅的原则。

全局控制必须是普遍适用的管理原则，但是形成的推论过程必须在普通和特殊之间、笼统与细节之间权衡，否则就不可能产生好的原则。人们必须始终从细节上去推敲普通的东西，把涉及细节的东西放到普遍的原则里去衡量。这种权衡的思考过程可以把造诣深的企业家和另外两类区分开来，一类是拘泥于细节的，另一类是粗糙的管理者。

在我几十年来涉及公司策略的咨询业务中，在同样话题的文件之间看到了巨大的差别，有的文本语言简洁、精确，也有的是长篇的论文。很少有其他领域能够像制定公司策略那样如此清楚地分出公司领导的职业水平。

公司领导亲自制定公司策略并不是独断专行。公司策略的制定结果不要与形成这一结果的途径——推论过程混淆起来。

公司策略在形成文字前，通常需要广泛听取意见和愿望，根据公司的具体情况和相关问题的重要性，必须利用许多人的智慧和判断力。

这样的做法往往有点麻烦也费时间。控制论在这个方面提供了最好的办法，那就是利用所谓的"趋同"方法，这是基于"小组集成"理论㊀基础上的一种数学优化的交流过程，目的是在最短时间里利用尽可能多人的智慧。形式可以有许多种变化，在正常情况下 42 人参加只需 3 天半时间。人数可以增加到 100 人，这样的人数即使在最大的公司也通常足够了。

无约束与调节过度，空白点与普遍适用性

每一项策略首先不可避免地要涉及无约束和调节过度这一对矛盾。若一项策略过于宽泛，就达不到效果；若策略过于具体，许多情况就不符合，也同样要影响效果，或者起到错误的效果，这样就得不到调节或错误调节。我们马上可以看到，这两方面的问题可以用简单的方法避免。

一项策略另外也存在空白点和普遍适用性之间的矛盾。需要加以控制的地方是重要的，而不需要加以控制，要留下空白的地方也同样重要，这就涉及策略的空白点问题。普遍适用性又涉及适用于许多企业或所有企业，至少是同类企业的控制。

㊀ 参阅《毫无争议，小组集成的发明》(*Beyond Dispute. The Invention Of Team Syntegrity*)，斯塔福德·比尔著，奇切斯特，1994 年版；"高效率交流的基因密码"(*Der Genetische Code Wirksamer Kommunikatiion*)，马丁·普菲弗纳著，收录于《正确与最佳的管理：从系统到实践》(*Richtiges Und Gutes Management:Vom System Zur Praxis*)。

无约束

无约束是指没有包含什么信息的空话，就像逻辑学中的所谓空公式，为了可靠地识别空话，有一个简单的问题可以测试：把这句话从逻辑上反过来说，是不是也有对公司有利的其他选择？

如果答案是否定的，那么这句话就是毫无内容的空话。有相当比例的公司策略文件里充斥着这样的话，今天普遍流行的公司治理守则中也很典型。

例如有这么一句话："我们办事要有针对性。"我们用上面的问题测试就很容易发现是毫无内容的，因为从逻辑上反过来的选择就是"我们办事不要有针对性"，每一个头脑清醒的人都不会采用这种选择。如何修改这句话，使它有内容，要视具体情况而定。再看另一个经常出现的句子："应当采取适当的措施。"这样的句子不应该出现在公司策略中。阿琉伊斯·格莱里勒这位德语国家地区某种程度上最好的公司策略大师对此做了有趣的阐述。⊖

调节过度

关于调节过度的问题没有像空话那样有明确的判断标准。如何预防有些规则约束太紧，这涉及最高领导层的判断力、经验和扎实的管理学知识。有经验的管理者宁愿选择松一点的策略，也不愿意选择过紧的规则。调节过度的现象主要来自经验不足的管理层，来自年轻的公司领导成员，也来自对调节过度

⊖ 参阅《战略式企业管理》（*Strategische Unternehmensführung*），阿琉伊斯·格莱里勒著，法兰克福/纽约，1990年版，2005年第3版，第95页起。

的作用缺乏经验的咨询顾问。

要掌握的原则是：公司策略方面的决定必须考虑到最大可能的适用性。

这是"总条款"的方法，学过法律的人都熟悉。总条款有了之后，如果有必要就可以再加上一些约束。公司策略规则的表述必须符合总条款，即规则必须有最大的适用性。

空白点

公司策略中的空白点要与上面提到的无约束区别开来。公司内部不需要加以规定的东西也是原则性的决策。要注意的原则是：只对必要的东西加以规定，以足够为限。

由于"企业加环境"这样的系统所体现的复杂性，一份好的公司策略必须留有许多的空白点，这是特意留下而"未做规定"的东西，就相当于地图上保留的一些空白点。

"必要和充分"是形式逻辑和数学上的原则，同样也是制定公司策略要掌握的原则。这表示，公司策略中只规定那些必要的问题，影响到公司能否实现目标的问题。另外也表示，不应当再去规定那些与公司目标无关的东西。在这个意义上，留下的空白点就是灵活性、适应性、创造性、学习和发展的源泉，这体现了经验和智慧。

普遍适用性

"普遍适用性"的语句经常与"无约束力"相混淆。

无约束力是指那些没有意义的空话。普遍适用性则相反，其语句的含义最强，可以应用到一切相关场合。

描述自然规律的语句最典型。例如，物理学中的重力原理到处都适用，否则就没有自然规律了。同样，系统正常运转的控制论原理也有普遍的适用性。

对于有些任何企业都适用的公司策略的语句，企业领导却常常不感兴趣。如果把实质层面与系统层面区分开来，把公司的业务层面与公司运行层面区分开来，问题就清楚了。在制定公司策略中需要把这两个层面分开，我在前面已经说明了理由。在实质层面上必须把不同的公司区别开来，这也是永远可以做到的。假如宝马汽车公司选择和奥迪汽车公司同样的产品战略，就犯了战略性错误。而对于一个公司的正常运行，所有公司都遵照同样的规律，那就是调整、控制和信息交流等复杂性的控制论规律。由于这一原因，我的管理学理论和管理学系统是到处适用的。如果把正确与错误的、好与差的管理区别开来，那么这一点就清楚了，也正如我在《管理成就生活》一书中详细阐明的。所以我提倡这样的口号——"正确和良好的管理"。

伦理与道德

企业和其他社会机构一样，都必须注重伦理与道德。但是与普遍认为的不同，公司策略并非是伦理道德问题。有人一提到这两个概念几乎很快就要和公司策略拿出来一起讨论。

虽然由于公司治理的一些难以接受的弱点和局限性值得引起有关伦理话题的讨论，而且**正常的公司管理离开了伦理和道德是不可想象的，但是常常有人忽略了管理首先涉及系统正常运行的技术和实际问题，而在这一状况下来谈伦理与道德问题。**

在我的管理学系统里，道德虽然也是人行为的条件，但更是人行为的结果。伦理道德主要体现在公司策略的两点决定中，第一是关于企业的目标和使命的决定，第二是关于与人打交道的管理体制本身的决定。在我的管理学系统里讲的是专业技能、成绩、效率和责任，这里我理解为道德原则。

第三点，讲道德在于每位个人，因为只有个人自己才能决定是否愿意遵守那些事关系统正常运行的道德规则。

我一直认为管理是一门职业。管理必须在内容上正确，执行良好，让别人毫无负担地尝试和发挥自己的潜力，这样才能获得经验。人们在遵守系统策略中得到宽松的心态，从而充分发挥他们的才智和能力。这时候他们和客户才能感受到正确的对待。

作为我的管理学系统的核心，全局控制意义上的公司策略特别需要注意：公司策略首先必须要正确，必须包含内容正确的决策，以及人性化的、保证公司正常运行的规则。这项要求并不像表面看上去那么理所当然，恰好相反，是非常难以实现的。提倡股东价值的错误理论就证明公司策略有多么重要，同时也证明，对某个实质问题有了错误理解，就必然带来伦理道德方面的问题。

由于制定一份正确的公司策略很困难，所以管理者在设计公司策略问题上宁可用点儿无约束力的空话，这样出来的虽然不是有效的策略，而是冠冕堂皇的表白，但这样就没有风险去承担把公司引向错误方向的责任。

例如，把股东价值放到客户利益的优先位置上是错误的决策，其理由我已经在其他书里写过，其中最重要的部分也将在本书里介绍。公司策路中出现大量错误的说法还涉及以下这些话题：利润、增长、规模、创新、改革、员工激励，团队合作和领导能力等。其理由我将在后面阐述。

公司策略不讲伦理道德当然不行，但伦理道德不是公司策

略的出发点，而是正确良好的公司策略的执行结果。我们只要把问题改一下就清楚了，不再是仅仅盯着普通的公司管理，而是去看管理的特殊类型，我这里称作正确和良好的管理，那么公司策略的大部分重要话题都不是有关伦理道德的问题，而是有关一个公司在复杂性条件下可靠地正常运行的问题，出色地解决这些问题就意味着形成了符合伦理道德所追求的向内和向外的企业文化。

正确的、运行良好的管理并不是任意和主观性的问题。就同医学上人的机体正常运行一样，企业在管理学上正常运行同样也是一个高于一切的实质问题和系统问题。就像去看一个健康的膝关节一样，这是用自然的角度，而不是道德的角度去看。类似的还有一个企业必要的增长率，这不是伦理道德问题，而应从竞争的道理上去看。

合乎规范的管理和公司策略，对于我们追求的伦理道德目标也起到规范作用。"规范化"与正确良好的管理结合起来表示一种"标准"，也属于企业和企业活动的目标。⊖因此为了达到正确和良好的管理，必然要求公司策略在内容上正确，必须符合系统、符合复杂性、以人为本。为了达到这个要求，我们需要一般管理学的一个正确模式，这也正是本书要介绍的内容。

究竟需要调节些什么

我前面讲到路线图的时候已经提到过，采用公司策略的全

⊖ 参阅《新的公司治理：真正的高层管理，高效率的公司监事会》(*Die Neue Corporate Governance-Richtiges Top-Management/Wirksame Unternehmensaufsiht*)，弗雷德蒙德·马利克著，法兰克福，1997年版，2002年第3版。

局控制机制实际上应当回答下面三个问题：

（1）企业应当做什么？（办企业）

（2）企业必须在什么环境里运行？（生存环境）

（3）企业必须如何运行？（企业的管理）

这三个问题涉及企业这个系统的基本结构，如果我们愿意从整体上去理解，那么显然也涉及其他类型的社会机构。我们完全有必要从整体上去理解一个机构，否则就不能理解和调节机构的运行情况。所有其他问题都可以归纳在上述三个问题之下。例如，为了公司策略的目标如何再细分这三个范围；每一份公司策略应当包括哪些内容上的章节；公司策略在调控上应该达到多大的深度。

到这里在一定程度上就已经决定了"最后出来的是一份正确的还是错误的公司策略"的问题。从这三个问题去理解一个企业，已经不是一个随随便便的战略决策了。企业管理学可以说至今还是不明白这个战略决策，这似乎无关紧要，否则企业管理专家就不会显得特别有能力去领导一个企业了。

CHAPTER

第 8 章

在复杂性中导航：纵览全局，明辨方向，洞察细节的模型

> 模型反映的是实际情况，可以用作实验。
>
> ——斯塔福德·比尔
> 管理控制论的奠基人

我在第 1 章里已经谈到，为什么复杂性和控制论在应对和利用 21 世纪的变革中十分重要，我对管理学的观点也是建立在这一基础上的。第 2 章和第 3 章阐明了如何用全局控制来构建和控制复杂性系统，以及为什么需要一项能够适应复杂性的公司策略，公司策略就是对无论大小的复杂性系统进行掌控的关键。本章要介绍掌握复杂性的手段和方法的模型。模型就是控制论的"原始工具"，20 世纪 40 年代有人发现，没有模型就没有认识、没有思想、没有控制。

近似大脑的模型

一个企业要靠公司策略的控制力来保持正常运行，这样

的企业规模越大、越复杂，就越是需要管理者纵览全局，掌握系统的发展变化和其中错综复杂的关系，以便随时能够根据实际情况有效地加以控制。对此只有一种办法，那就是使用模型的办法。但这里不是指普通模糊意义上的模型，而是特殊种类的模型，必须具有一定作用，能满足一定要求的模型。

1. 本书所指的控制论模型不是"分析器"，而是信息和知识的"组织者"和"合成器"。我们利用这样的模型组织信息，使信息具有方向和行动上的指导意义。

2. 控制论的模型可以模拟。

3. 这里说的模型不是静态图形，而是"动态移动的图"。

4. 模型包含的是"非线性"的关系，不受二值逻辑的限制，尤其是"模糊逻辑"能力。

5. 模型实现"实时导航"。

6. 模型是公共理解与公共交流的平台。

我们可以用一句话来概括：**控制论的模型发挥作用的方式类似于大脑**。在一般管理中我们利用了神经控制论和人脑研究的重要成果。在当今对大脑研究水平的背景下，事实上可以也有必要来模仿接近于人脑的处理过程，由此带来的将是利用现代信息技术的一场真正的革命。

我们在技术进步方面没有多少成就超越了利用计算机实现的自动化。我们站在实现斯塔福德·比尔所称的时代任务的关口，这项任务以他用数学表示的"控制论的工厂"的大脑模型为开始，到以"公司的大脑"为顶点。这就提出了一个完全不同的问题：如作为控制论学者、也是计算机奠基人的比尔于1972年说的"……有了电脑，企业现在是什么……"。㊀对信息技术和 CEO 的任务的理解也将经历一场哥白尼式的变革,即从"IT"(信息技术)中所含的"T"(技术)到其中的"I"(信息)的转折。"获得重要信息"显然比"信息加工"更加重要了。㊁企业中的管理者虽然还没有适合他们任务的技术设施,但是其中的最优秀者却偏偏已经一直在思考上面的第 3 和第 4 点模型问题了。

首先,与模型结合起来几个基本的系统控制论问题就清楚了,尽管这些问题基本上不复杂,在我看来还是经常引起一些人理解上的困难,甚至也包括熟悉控制论的企业领导。其次,这里也说明了为什么公司策略必须按照我在前面讲到路线图时作为工作计划规定了的结构。最后,说清了如何利用模型的正确方式来达到对复杂性系统控制的正确方式,即实时控制的方式。

世界→系统→模型→理念

这里有必要解释"世界、系统、模型、理念"四个重要概

㊀ 参阅《公司的大脑》(*Brain of the Firm*),斯塔福德·比尔著,第 2 版第 16 页。

㊁ 参阅《控制论的工厂》(*Tpwards The Cybernetic Factory*),斯塔福德·比尔著,刊登于福尔斯特 H.、佐普夫 G. W.编著的《自组织原理》(*Principlex Of Self-Organization*),牛津出版社,1962 年版;再次发表于哈登 R.、莱昂哈德 A.合编的《多少葡萄进入葡萄酒。斯塔福德·比尔的全面管理艺术和科学》(*How Many Grapes Went Into The Wine. Stafford Beer On The Art And Science Of Holistic Management*),奇切斯特,1994 年版;又见于斯塔福德·比尔所著《公司的大脑:组织的管理控制论》(*The Brain Of The Firm. The Managerial Cybernetics Of Organization*),奇切斯特,1972 年和 1994 年版;另外了解彼得·德鲁克有关信息技术方面问题参阅《21 世纪的管理挑战》(*Management Challenges For The 21st Century*),纽约,1999 年版,第 87 页起。

念。前面我只是认为这四个概念可以凭直觉来理解，但是在公司策略的话题里，在公司策略的作用作为复杂性系统的全局控制来理解，显然还有必要做进一步的解释。

若概念明确了，那么事情就简单了。

系统是指世界上某些从目的和功能方面让我们感兴趣的事物的一个部分。

模型是指我们所不知道的东西，包括我们知识上的空白，就如地图上的空白点。

理念是我们根据模型想要注意和做的事。在这个意义上，公司最高领导层的理念与某个企业或系统的"公司策略"是一致的。

本书除了几张纯粹的示意图以外，其他所有的插图显示的都是上面解释意义上的模型。那些都是系统模型、系统的复杂性和内部控制论的模型，还有展示系统的结构、调节、控制和发展的模型。总之，都是全局控制的模型。

记住：公司策略就是安全地操控企业，应对世界日益加剧的复杂性。因此**公司策略就是导航的艺术：知道自己处在什么位置，探索能够前进的方向，决策要往何处去**。我们特别需要那种能在全球经济这种不断变化的陌生"水域"里导航的能力。

我们在导航的时候要用到图纸，例如地图或海图。这里说的地图就是"模型"，即系统的模型，这些模型太复杂，若没有足够的文字说明就无法直接理解。

模型都有它们自身的历史：控制论意义上作为方向性指导和导航帮助，在各种文化里都有模型，有的只是最简单的形式，有的则非常精致，能与现代化的设计相媲美，例如埃及古墓里以及寺庙里发现的有结合天体方位的图纸，或者航海者越来越精确的图纸。

随着科技的发展和数学得到越来越多的应用，人们对模型的理解变得概念越来越小，只当作数学模型来理解了。特别是由于经济科学中数学被用得很少，模型在当作方向性指导上不受重视，被认为"理论性太强"、不容易理解和实际中没有用处。在新经济的狂热下，"模型"这个概念最后成了文化标签，但只是普通的含义，即作为"商业模型"或"经营模型"。这样的名称似乎是合适的，因为大多人仅仅把模型看作是与控制论无关的金融数据的简单的线性推算。

谁把控制论理解为复杂性系统的模型化，那么他对控制论就已经有了比较清楚的认识了。控制论也被罗斯·艾什比称作"简化的科学"[一]，他指的是正确的简化方式。这不是指普通意义上的简化，也不是缩减到只剩少数几个方面，或者缩减到只有因果变量。我们用控制论的模型关注复杂性系统的实质方面，使我们能够理解它，而不是简化到毫无作用。简化要恰如其分，能够可靠地指明方向和进行调节，如第 1 章里所提到的"如何走自己的路"。

顺便要提到,《导航的历史》[二]一书中说得很清楚，人类是如何学会应对复杂性，如何去掌握未知的东西为我所用。有划时代意义的技术进步如罗经刻度盘、指南针和坐标系，直至雷达和卫星定位系统等，这些发明创造与掌控复杂性系统有明显

[一] 参阅《智能机制》(*Mechanisms Of Intelligence*)，罗斯·艾什比等著，142 页。

[二] 参阅《导航的历史》(*Die Geschichte Der Navigation*)，弗里德里希-威廉·泊尔著，汉堡，2004 年版。

的相关性。介绍有关导航的产生、方法和技术的文献给我们提供极其丰富的知识，普通的企业管理知识和 MBA 知识对于企业管理者的任务来说早已不够。

前面已经多次提到，导航与掌舵是希腊语中 kybernetes 所指的"舵手"的任务。这就可以理解了，为什么斯塔福德·比尔这样说：控制论是掌控的科学，管理学是所属的一门职业，即某个系统类型（复杂性系统）中的职业。要能够应对复杂性、动力学、变革、风险和信息缺乏，这些都是发现新大陆的前提条件。对此我们需要下面介绍的模型。

思维工具模型

我们愿不愿意使用模型，这是没有选择的。每个人的大脑里都有模型，所谓的心智模型，是大脑的思维工具，人的感知、思维、决策和行为都建立在心智模型的基础上，无论是有意识的还是无意识的。

大脑里的模型结构给人辨别能力，因为模型就是人对感觉器官所接受到的信息进行归类的依据。通过感知，模型始终实时处于活跃状态。

模型包含两种要素，一方面是永久性的要素，即关于周围世界的基本认识和知识；另一方面是迅速变化着的要素，即信息。模型中不含信息（这一点很重要），因为任何的信号一输入就立即进入已有的归类并加入以往经验，这样才成为信息。

严格说，心智模型不仅是经常被认为的内心对于外部世界的模型，而是关于"外部世界中的我"的模型。我们通过这样的模型虽然不能预知未来，但是可以模拟出未来可能是什么样的，可以为自己想象出一个可能的未来，或者想象出自己参与在内的未来。

我们头脑里模型的内容是灵活的，可以随时组合成新的。通过相应的输入信号，例如一个疾病诊断结果，虽然以往的思维内容没有改变，但这时候有了新的"意义"。如前面提到过的，一个心智模型不仅是"分析器"，更是知识和信息的"组织者"。信息的组合和整理起了关键作用。模型的基本功能是调节生物体在周围世界里的行为，从而获得生存和生活能力。模型是任何一种生物最原始的生存导航器，包括最原始的物种。后期作为思维工具的功能，是人类同越来越复杂的自然与社会环境打交道的过程中进化而来的。到了这个进化阶段，模型变成了智慧和理智意义上的思维工具，但其基本功能还是没有变：让生物体有能力越来越好地把握复杂性。

用调节模型来认识和理解

管理者使用的"地图和航海图"就相当于管理学本身的模型，以及通过这些模型进行管理的业务系统。

下一步是把什么东西模型化？如果有人想知道如何控制一个系统，那么答案一定是：复杂性系统调节机制的模型化。⊖ 控制论的模型并不是把任何东西简单地照搬过来，而是某些我们可以称作系统控制的东西，例如我们谈到人体的解剖学和心理学，或者宇宙的物理学。（对哲学有兴趣的管理者来说，系统的控制论把"某些东西"称为系统。）管理学的目的控制论模型因此是专业系统和调节系统的实时图像。

⊖ 在系统方法论中可以找到科学依据。

如前面已经提到的，模型是了解复杂性系统的唯一可能，并随着时间的推移对它越来越了解，即使从来没有能深入到细节（也不必要深入）。控制论研究的重要成果之一是，人们认识到对系统进行有效的调节不需要了解细节，有时候注重细节甚至还起阻碍作用，图 8-1 就是一个例子。生物控制论的"经典派"弗雷德里克·威斯特是在德语国家范围里控制论和复杂性系统的图形表达的先驱者，他是第一位让每个人，甚至也让儿童可以体验和感知到高度抽象的控制论的人，他用的是那么让人惊叹的方法——把惊讶、好奇、游戏和娱乐汇集在一起。如我在开始时写的，指出控制论比描述控制论更加容易，这点就让弗雷德里克·威斯特神奇地做到了。

图 8-1 在弗雷德里克·威斯特的出版物里经常被用到，有人不认识这幅图，那么第一眼通常看不出画的是什么。看了这幅图的反应很典型：如果有人对某样东西不明白，根据今天的教育水平就要开始分析了。虽然我们对这幅图画可以用很科学的方法越来越仔细地研究，但还是无法更好地去理解它。对更细的细节进行研究，例如对图上细微的灰度等级差别进行分析，虽然可以获得这幅图片更多的数据，但还是辨别不出究竟画的是什么。

错误的方法从来不会得到正确的答案，正确的方法这里正好与通常认为的科学方法相反。我们把这张图片拿得离自己远一点，眯起眼睛来看，这时候细节就隐没掉了，由此才能洞察细节。我们发现这里不仅是一个人物的画像，而且还认出了这是前美国总统亚伯拉罕·林肯的画像。为什么？因为细节的分析没有得出任何细节之间的关系，也没有得到每个图片构成部分的作用，即图片像素的作用。为了要认出图像，我们正需要认识这些关系。

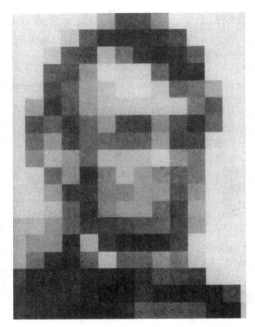

图 8-1　亚伯拉罕·林肯的计算机图像

从系统的整体中认出关系，这是特殊的认知能力，我在前一章里已经说过，这是一个总经理真正显示出来的能力。这样的能力不仅对大的集团公司重要，在复杂性时代的复杂化进程中，可以说对每个人都是社会生存的关键能力。谁如果看不清细节，那么就没有在社会上的立足之地，要知道有的细节甚至关系到生存。

知道什么情况：巴别塔综合征

如我前面说过的，模型是用来在陌生"区域"里导航的。它最重要作用在于，我们用了模型才能够知道是什么情况。模型为成功的管理提供了条件，提供的是一种通用的"语言"和对需要管理的系统通用的"基本认识"。模型为信息的成功交流创造了条件。"控制与信息交流"是众所周知的，也是控制论的核心问题。

或许高层管理者都有过这种恼人的经历，领导班子成员在会议上各说各的话，作为会议主持人不得不一次次耐心费力地引导会议的主题、串联话题的关系、解释具体的事实。在公司监事会或董事会里做过陈述发言的人都知道，要让别人明白自己的话有多么困难。⊖

其中的原因并不是参会者"笨"，因为在场的这些几乎都是高素质的人，原因在于缺少一种共同的"理解介质"。大家说话不仅用不同的专业语言，而且说话人还会不自觉地把同样的话语表达不同的东西。就像大家在商谈一次共同的登山活动，而每个人却拿着不同的地图。

就拿"管理"这个词来说，即使在同一个监事会里数年之后还是有不同的理解，几乎没有指望对管理进行一次能达成共识的讨论。在劳资双方有共同管理权的企业里，双方代表对此有不同的看法，这是一个典型现象。即使在同一类人群中，有人认为是对人的领导，有人认为是领导一个企业，有人认为是领导董事会里的人，有人认为是领导的过程与作用。

关于管理，每个人都有自己的模型，但通常缺少一个通用的模型。特别严重的是在全球性企业里，员工队伍由多元文化组合而成，另外还有新人从外部进入企业。

⊖ 我本人若没有作为各类高层管理机构的成员或主席的经历是不可能获得这种经验的。局外人或通过常见的所谓实证研究也是得不出这样的结论的。

这里涉及一些重要的概念，不仅仅涉及管理这一个概念，还有譬如领导能力、控制、战略、文化、激励、信息等概念。这是管理学上的一种特有现象，是对管理者这门职业缺少培训的必然结果。我把这种现象称作"巴别塔综合征"，而它在其他任何职业里都不会出现，因为无论是法律界人员、工程人员、医务人员还是化学人员等，他们在学习过程中都有明确的概念，在专业培养中很大程度上都要使用让别人明白的语言。

例如监事会成员开会时，每个人把某种程度上属于自己头脑里的模型拿出来还不够，还要有能够用于管理复杂性系统的模型，这样的模型必须大家都看得见而且可以共同讨论。在会议上必须使用这样的模型，帮助指导方向，只有这样才能出现"共同理解""共享知识"和有效的交流。对于企业、企业环境和企业管理系统要有一套共同的模型，这是解决前面谈到的方向与交流问题的唯一可能，我们可以称之为"模型治理"，这样就从根子上去解决问题：对要管理的东西形成共同的观念。有意识地应用上述模型可以让高层管理者的工作发生革命性的变化。

就像大脑：控制室——管理——GPS

最具革命性的解决方法是所谓的"控制室"，我也经常把它叫作"操控室""电脑控制室"或"控制中心"，这属于马利克管理系统的一个组成部分⊖。简单说来，这种控制室承担着飞

⊖ 说起"马利克控制室"必须提到管理控制论的创始人斯塔福德·比尔的工作，直到他2003年去世前都和我们有着紧密的合作。斯塔福德·比尔在世时把他作品的所有权利贡献给了我们共同的基金会，即"奎尔艾萨夫基金会"，这是按照威尔士的阿伯罗斯维士附近他居住的一处地名"奎尔艾萨夫"命名的，他去世前在那里和多伦多两地轮流居住。

机场控制塔楼的作用。在那里通过有效的信息和人脑的判断，随时掌握所有的飞机活动，不仅对正常的空中交通实现了实时控制，也随时根据特殊情况、例外情况或紧急情况进行调整。

如图 8-2 所示，今天的"控制室"有点类似于军事行动或航天飞机发射场的指挥室，或者灾难应对指挥室。总之，在那些要处理超级复杂情况的场合都能见到控制室。控制室的最早应用是在军事领域。今天人人都熟悉的汽车导航系统 GPS 的原理也与控制室相同。

要对复杂性系统进行成功的管理，我们也需要一种新的"图纸资料"，即所谓的"动态显示屏"。环境、企业和管理系统的共同模型以及子模型类似于以前总参谋部铺满地图的桌子，今天已经不再用纸质地图而是电子显示屏了。就像 GPS 的屏幕一样，控制室里把实时的情况反映在电子屏幕上，模型被直观地用信息展示出来并随时更新。这里所用的手段是近年来出现的互动通信技术，完全实时和网络化运行，没有这种技术就无法把复杂性系统直观地显示出来。

图 8-2　圣加仑市马利克管理中心的一间控制室

在控制室里就像在用 GPS 导航一样，随时可以实现"如果……就怎么样"，系统可以立即模拟出相应的结果。这是一套按照神经控制论的作用原理构建的"决策环境"，是人机对话界面把人的能力、所处情况下的可能性以及当今技术的能力协同起来。这里说的控制室、指挥室或者电脑控制室是依靠人来操作的中心还是虚拟的都不重要，重要的是不要被纯粹的投影技术和演示技术迷惑而丢失了实质性的东西。这个原因不在于表面的投影技术，而在于数据处理规则的深层次结构，以及对信息进行组合的超级工具。

控制室是功能上最佳的环境，高层管理者真正发挥智力的场所，用来思考，不需要再经历难以忍受的演示汇报，以往的演示技术不久都将成为历史。高层管理者以前如何耐得住下面这种场景，对我来说始终是个谜：在强制暗下来的房间里，参与者连对方的脸都不能看清，这样也就无法知道别人的反应，每个人除了听到说话人声音外得不到任何其他的反馈，隔着 15 米长的方桌，任何交流都无法进行，每次演讲汇报都有 30 来张幻灯片，而且都是复杂的事情。这种做法在高度发展的通信技术年代已经不再适用。

三个目的明确的模型

上面介绍了模型以及在企业管理过程中的作用，现在我们回到导航的话题，谈谈观点和意志的形成、决策和控制，还有信息反馈网络的必要组织。

和地图和航海图的情况类似，基于控制论的管理学模型始终根据一定的目的而建立，所以模型反映的是与目的有关的东西，而对于其他目的可能就没有用了。比如，欧洲高速公路网的地图包含的信息显然不同于地区道路交通图或者登山旅游图的信息。

企业的导航（基础模型已知要素的）通过三个子模型来实现，即环境模型、企业模型和企业管理模型。

如果正确理解和利用模型，那么即使一个超级复杂的系统也能通过一个非常简单的模型来"体现"，我们可以通过简化来构建这样的管理模型，不过仍要有效地保留复杂性，并且可以重新获得复杂性。

这里介绍的马利克管理系统就是具有建立这种模型的功能，而且据我看来，这种模型整体上看还是世界上唯一的。这是控制论意义上作为"简化科学"的模型，这些模型再用来生成符合用途和含有更多细节的其他模型。㊀

公司策略基础模型

前面已经提到，公司策略调控的是三个方面：企业应当做什么（办企业）；企业必须在什么环境里运行（环境）；企业必须如何运行（企业的管理），如图 8-3 所示。

第一个方面"做什么"，包含了企业的经营内容、目的和任务。公司治理所涉及的目的和任务属于这一范围。

第二个方面"哪里"，涉及企业所经营的环境、企业对环境的理解以及企业所扮演的角色和态度。公司治理中的股东问题和利益相关者问题也属于这一范围。

㊀ 这里我要提醒本书在开头对语言应用的说明：此处所使用的模型应当理解为系统管理学、内容和形式这三个范畴。

第三个方面"如何",包含了企业的管理系统。公司治理中有关最高管理层的行为属于这一范围。

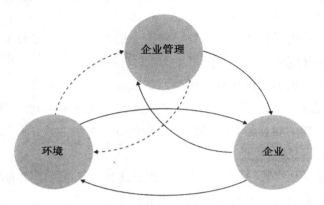

图 8-3　公司策略的基础系统

我的管理系统所有模型的实际出发点就是图 8-3 的模型,这个模型包含在圣加仑管理学模型中。圣加仑管理学模型是控制论的基本模型,后来出现了所谓的"自存活系统的模型"或"可再生系统的模型"(viable system model,VSM),[一]任何正常运行的组织都必然符合这一模型。VSM 模型被证明是第一个可用于建构和组织复杂性系统的模型,也是控制论最富有成果、影响最广的发现。

基础模型是全部公司策略模型的内核,图上的箭头表示环境、企业和企业管理这些子系统之间的多层次关系。虚线箭头表示管理的作用不能直接影响到环境,而是通过企业间接来影响。这并不是每个人都能实现的,却是重要的想法。企业领导作为人当然也可以和环境直接接触,但他们作为企业的管理者,

---

[一] 参阅《企业的心脏》(*The Heart Of Enterprise*),斯塔福德·比尔著,伦敦,1979 年版。

在企业以外环境里的行为也被看作是单位、代表或全权代表，在模型中用虚线表示。

作为全局控制的公司策略必须包含所有这三个子系统，这样意义上的公司策略不仅涉及"公司策略"这个狭义概念上理解的企业本身，而是涉及整个系统，即企业与其存在的环境和企业的管理。㊀

取消等级：用嵌入代替列入

在继续解释模型之前，我要向读者先介绍更上一层的逻辑等级，即复杂性系统的原始模型，因为我们这里对未来的组织结构和系统结构在理解上需要转变思想，这里涉及取消公司机构模型的等级。我在近十年来几乎每天都越来越多地看到，大约 1/3 的公司管理者对此感到很困难，而另外的人则反而解开了疑惑，对自己凭直觉感受到但无法解释的东西有了更好的理解。其中的原因是，当理解或描述一个公司企业时，等级的模型，即公司的组织结构的等级图形依然在人们头脑里根深蒂固，占主导地位，尽管它不包含关于一个系统真实功能的信息。

要在知识社会和复杂性社会里去认识新的组织形式，这是最大的障碍之一。即使那些一直在接触网络的年轻人，他们在大学毕业和有了第一次实习经验以后，还是把等级的模型照搬到哪怕实际上根本没有等级的现实中。另外一个例子是我认为的"哥白尼效应"：我们对待同样的数据或观察对象等，既可以理解为按照等级排列的，也可以理解为嵌入式的。第一种理解不

㊀ 对于系统专家这里要做点补充，从逻辑上来看公司管理也是创造出来的概念，是某种程度上的援引。

符合对复杂性的认识,第二种理解则打开了认识复杂性的大门。

图 8-4 显示了它们之间的真实关系,这是每个人根据个人经验熟悉的系统嵌入式或埋入式的原始关系。一个企业嵌入它所处的环境中,管理又嵌入在企业中,就如人嵌入在他的家庭中,他的大脑神经系统嵌入在他的机体里。如图 8-4 所示,嵌入式的关系对于我的管理学模型来说是结构关系,也就是建立和解释系统的关系。

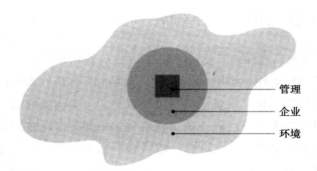

图 8-4　系统的嵌入式结构

图 8-4 中的环境用不规则形状表示,因为我们对环境的边界以及系统的边界从来没有把握确定。由复杂性造成的环境边界或整个系统边界的不确定性必须在模型里体现出来,也就是说这在建模时不能忽略。系统边界符合的是一种特别的逻辑,这样的逻辑虽然从职业教育角度看还不太熟悉,但是我们一生中的大部分时间都要接触到。这是一种特殊的逻辑,我们称它为"模糊逻辑",这种逻辑对于环境理念的发展十分重要。⊖

嵌入在环境里的是企业,企业之所以用圆形表示,是因为我们对企业比起对环境来有更可靠的了解,或者可以获得对企

⊖　如何来应对,将在本书的第三部分里介绍。

业的了解。圆形标记表示企业在环境里所做的事，并达到了企业自身的目标。嵌入在圆形标记内的方形符号代表企业的管理，涉及三个范畴：管理的功能、管理的机构和管理的人员。

表示三个系统的图形大小不同，分别表示不同的复杂性。环境始终比企业复杂得多，而企业又比管理更加复杂，这符合自然规律，也符合我在本系列图书中简单介绍由罗斯·艾什比发现的"复杂性规律"或"多样性规律"。如果要应对复杂性，那么按照规律必然要应用第1章讲过的所谓"自我能力"，即"自组织"和"自调整"。如果有管理者认为，自己直接控制了企业，甚至再扩大一点控制了企业所处的环境，那是在自欺欺人。

在正常运行的系统里，"嵌入式"结构代替了"层次"结构。这样就不是有人认为的那样失去了系统内的影响以及对系统的影响。相反，只有嵌入式的结构才可以扩大影响，但不是直接而是通过间接的方式。

运行正常的社会系统是"联邦式"的结构，因为只有这样才能实现自组织。这并不表示我们已经建立了正确的联邦制度，但已经有了开始。正如谁都知道的，一个正常的国家嵌入了若干州，州里嵌入了城市和乡镇，其中再嵌入家庭和人，直至最小的微生物世界、原子、夸克等。从宏观方向来看道理也一样，每个系统都嵌入在一个或多个范围更大的系统内。

如前面所说的，这样不但没有排除影响力，反而增强了影响力，因为系统改变了特征，从单方向改成双方向，从非交流形式改成交流形式，从不受控制改成反馈式控制。复杂性系统内的施加影响是互动的，或者说是交流式的，不是自上而下命令式的。分子不是其组成部分原子的"上司"，甚至在可以估计到存在等级的军队里，其系统的结构也是嵌入式而不是"层次"

式的，因为一个团嵌入了若干个营，营里嵌入了连，再嵌入排等，依此类推。现代化军队里尤其是这样，不过在传统的军队里就已经存在这种结构了，不这样就不能正常运转。最早懂得这个道理并全面运用的是罗马人，军队的系统结构促成他们建造出世界帝国。

那些越小的单位构成的范围越大，军队里缺了营的单位就根本没有团的单位。虽然每个人都有如常见的组织结构图那样用上下等级的结构来描绘的嵌入式结构，但这样并不能解释这些系统的作用。因此，也没有一个头脑正常的人把一个家庭用组织结构图的形式来描述。

在特殊情况下，例如遇到了危急情况，这些系统的控制模式可以更改，即改成上下级的层次结构，然后再改回来。这样做没有改变系统的结构，而是改变了这些系统的交流方式，以解决某些困难局面。

更加简单一点使用模型的方法来表示（见图 8-5），把子系统的图形拆分开来，相当于解除嵌入，但还要严格保留它们的系统关系，这里用箭头表示。

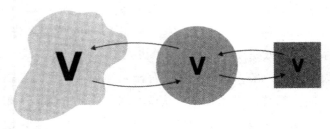

图 8-5　系统解除嵌入

字母 V 表示多样性，字母的不同大小代表所出现的事实，即管理的多样性（即操控和调节的能力）越来越小，比企业的多样性要小，而企业的多样性则比环境的多样性更小。

"嵌入"可以作为一个固定的概念，但我没有找到一个合适的名称用来表达反面的意思，要表示从嵌入的状态又重新脱离出来，但又不使系统遭到破坏。这个过程我暂时把它称为"解除嵌入"。重要的是不要引起"脱离"或"分裂"之类的联想，否则就失去了关系的完整性。

控制论系统的循环逻辑

我们再回到三部分组成的基础模型的话题上，这里的模型形式有点不同，但道理是一样的。图 8-3 所示的三部分模型组成了全部公司策略的结构。公司策略是整个管理系统的部分，形成了所有三个相互影响的基础系统：环境、企业和企业管理。我们看到图 8-6 中企业管理这个子系统内又包含了整个系统，即嵌入了进去。

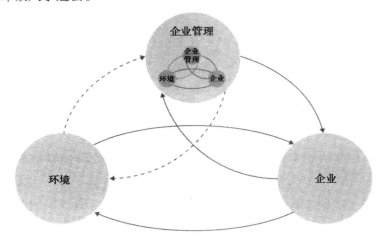

图 8-6　子系统嵌入主系统

实际上道理很简单：部分中含有整体，整体中包含了部分；整体就是部分，部分又是整体。我们不需要用特别的哲学知识去看这个"原始想法"，这是有了人类思想以来一再出现的，为了认识世界的系统规律性。

企业的总经理完全熟悉这一现象，尽管不是每个人都充分意识到，因此不是一直得到系统的应用。一个企业分散在外的单位虽然是整体的一部分，但是如果管理得好则又是有活力的系统或子系统。它们又是自行管理的整体，有自己的基础设施、决策权力和责任，它们既是部分，又是整体。

这一思想出现在宗教、哲学和宇宙观里。有时被人遗忘了，有时又被人想到了，因为我们需要用这种思想去理解和领悟一个系统的世界。至今阻碍人们理解的是表达这一思想的语言是模糊的、形而上学的。

系统整体的思想第一次得到真正的理解是在勒内·笛卡尔去世之后 100 年，18 世纪的苏格兰道德哲学家最早在自组织和进化演变的基础上创立了关于社会、经济、法权、语言、道德和礼仪的理论。笛卡尔的简单化和机械论的思想已经在人们头脑中根深蒂固，所以整体的理念至今还很大程度上没有被认识到。我们对整体性和复杂性系统的了解依靠这里描述的复杂性系统。从笛卡尔的简单化认识论到基于控制论和系统论整体系统认识的转变，将在 21 世纪走出关键性步伐。

以前人们用哲学的形而上学或神学的思想无法成功地理解一些东西，原因很简单，因为语言的发展满足不了要求，而今天我们利用现代数学的手段就可以轻易解决了。数学上的所谓递归函数可以满意地解决嵌入和嵌套的关系，甚至直观地表达出来，这里对此不再深入展开。

管理者并非一定要懂得数学,但在实际工作上要懂得递归原理,这是相互嵌套系统最重要的结构原则。要构建全局控制,不能把系统随便简单地联系起来,必须把它们"循环地嵌套"起来。

专才,通才,通用的专才

上面介绍的企业整体系统,其基本特征是三部分组成的循环式模型,这是建立在系统论基础上的管理学从开始至今以来的认识,也是理解管理学的基础,这还是理解任何复杂性系统如何正常运行的基础。有经验的企业领导始终理所当然地把这三个领域看作是密切相关的,并用以指导自己的行动。他们做决策时始终考虑所有这三个子系统的影响,成为真正意义上的通才型人物。

这三个子系统相互交织,密不可分。对其中的任何一个子系统进行干预,都将给与之相连的其他子系统带来潜在的影响。由于它们的复杂性,不会仅仅产生如人们所预期的影响,而是另外还会有许多意料之外的影响,尤其是负面影响。

真正优秀的管理者的一个典型特点是,他始终意识到会有意外的副作用出现,有些是能够事先模糊预见的,还有许多是想象不到的,他的行动也受这种意识的支配。我用过一个口号"系统总是反击"㊀,这里也很合适。德国的毛奇元帅总结成一条简短的经验:"战略就是永远留下一条退路。"

从我与企业领导打交道 30 多年的经验来看,有两种不同类

㊀ 与此有关的哲学和方法论可见于卡尔·波普尔和汉斯·艾尔伯特两人的论述。

型的企业领导，一种是通才型，另一种是专才型，这两种类型的人才企业都需要。

与专才不同，有能力的通才能够自然地从整体上去看事物，从整体上去思考、去行事。他们也看到局部部分，但明显兴趣小得多，局部不能给他们提供行动上的指导。正面意义上的专才不同于纠缠细节的人，他们根据局部来分析事物，他们看整体感到困难。他们看到的是局部，但是不能把局部部分联系成整体。

两种不同类型的企业领导我们都需要，因为他们完成的是完全不同的重要任务。由于21世纪的复杂性我们还需要第三种人，这种人早已存在，即通用的专才，注重整体的专才，实际上就是系统结构师和系统设计师。

全局控制的三部分理念

前面有关路线图的一节里已经谈到，公司策略最后由三部分理念组成，企业理念、环境理念和管理理念，如图8-7所示。

一个完整的系统是现实世界的一部分，这里是指企业的管理或者一个其他社会机构的管理。这些模型包含了我们的"已知"和"未知"，通过理念我们确定要如何去做。

根据世界、系统、模型、理念这几个词的含义，这三部分理念中所包含的内容将在本书的第三部分中详细介绍：

- 什么是我们已经知道的，什么是我们要注意的；
- 什么是我们未知的，并且还必须去了解的；

- 什么是我们根据以上情况要去做的,如何去组织和调整以达到这种行动尽可能多地实现自组织和自调整。

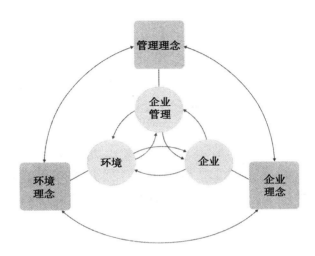

图 8-7 公司策略的三个理念系统

通过以上介绍的模型和它们之间的联系,我们不能立即得到问题的答案,得到的是要由公司策略做出回答的问题。问题的答案可能最后要根据具体的应用情况而定。很显然,从多方面看一个中等规模的制鞋企业,它的公司策略与一个国际性的技术集团公司相比有很大的差别。有意思的是,尽管企业有很大差别,一个正确、良好的公司策略所共有的、固定不变的要素是稳定,或者是变化中的稳定。

全局控制的最佳媒体

我在本书开头介绍本系列专著的理念与逻辑这一节里就已经提到,要理解复杂性系统以及对它们的控制需要使用新的媒体,实在是不得不这样做。

如前面已提到的,尽管最后确定下来的公司策略应当做得很简短,或可以做得很简短,但制定和完成一个公司策略今天已经不适合再用书面文本了。就是在复杂程度相对小的情况下也会受到语言描述上的限制,不过利用图示的手段还有很大的发展空间。如果实现全局控制的公司策略要让每个人都对整个系统结构有清楚的了解,那么就要求具备迅速可靠的导航指南。

给别人在汽车里看一个导航系统毫无困难,要给一个从没有见过导航系统的人描述这样的导航系统就难以成功了。同样的例子还有如今天那些汽车、计算机或其他仪器的一大堆使用说明。

构建和制作一个系统结构清晰的公司策略,最好的方法是利用浏览器技术以及其他一些今天已经成熟的方法,尤其是超文本技术。经常接触超文本或者超文本链接的人都知道,在非常复杂的结构里导航有多么简单,他会认识到要清楚地展示一般和细节内容,浏览器技术是最理想和唯一的手段。

下面将有专门的一章详细介绍超文本技术的重要性和应用,介绍网络上其他一切视频、音频和三维动画的表现手段;还介绍任意的链接手段,可以从我的模型系统的任何位置通过链接到达任意的节点,还可以通过我提示的网址进行模拟⊖。图 8-8 提供的是一个初步印象,从图中可以看到如何通过相互嵌入的结构进行工作。

⊖ 网址:www.malik.ch。

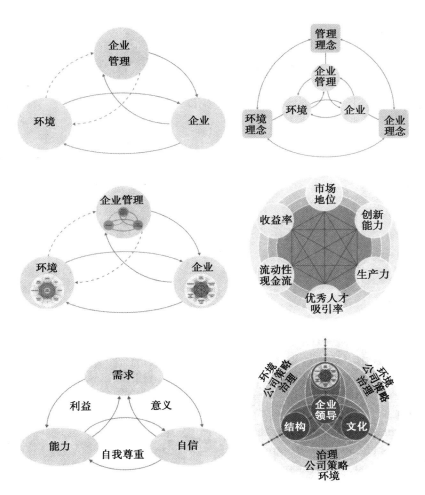

图 8-8 由基础模型引导出来的面向任务的导航模型

UNTERNEHMENSPOLITIK UND CORPORATE GOVERNANCE

第三部分

自组织指南

第 9 章　企业应当做什么：公司策略
第 10 章　企业在什么环境里运行：环境理念
第 11 章　企业应当如何和怎样运行：领导理念

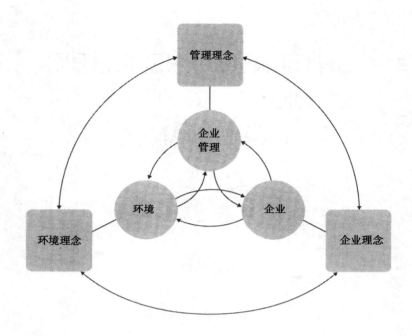

在公务餐期间,其中一位公司老总劳曼的手机总是不断地响,而另一位公司老总普劳施泰茵的手机从来不响。

劳　　　曼:你的手机是不是关机了?
普劳施泰茵:没有,手机开着,别人随时可以找到我。
劳　　　曼:你的手机怎么从来都不响?
普劳施泰茵:我们公司规定,不许老是来请示……

CHAPTER

第9章

企业应当做什么：公司策略

商业的本质就是做生意。

——米尔顿·弗里德曼

经济学家、诺贝尔奖获得者

这一章开始具体介绍如何通过全局控制开发和形成一个环境策略或系统策略。先集中介绍企业理念，然后介绍直接涉及企业其他部分的公司策略。如图9-1所示，关于企业的问题在整个系统的内容里都有反映。整个系统是不变的，下面我们先把注意力集中到企业上。

从公司策略的角度来看，有三个关键问题对任何企业都同样重要，而且我认为可以做出相同的回答。进一步的其他问题则必须考虑具体情况的特点来回答。

各类企业共同的关键问题是：

（1）什么才是企业的目标？

（2）什么才是企业的使命？

（3）企业必须在哪里做出成绩？

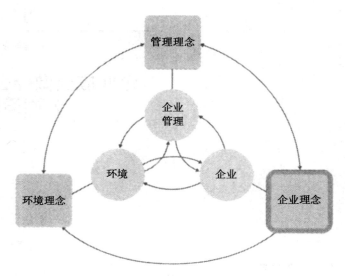

图 9-1　公司策略的企业理念

这三个问题的答案对企业的经营活动起着最大的指导作用。如果处理得正确，就能实现最强有力的、面对复杂性的全局控制。相反，如果发生了方向性的错误，将带来最不利的结果。这里将涉及最大程度上决定全局的"反馈式调节因子"的核心，也是在系统内发挥作用的自然规律。

前几年被广泛讨论的伦理学问题（第 2 章里已提到过），可以从以上三个问题中找到根源，也只能围绕这三个问题来解决。公司治理中的失误也和这三个问题有关，如由股东价值所引起的错误导向，公司管理人员过高的薪酬，对照顾利益相关者经营理念的错误妥协和随之重新出现的管理者逃避责任，重新暴露出的社会裂痕等。还有，如果发生财务系统的异常，或者由于长年的错误导向很有可能出现经济系统的危机，这些都是上述原因造成的。

企业的目标

如何构建"企业"这个系统,企业如何正常运行,从各方面看都由企业的目标所决定。我们这里立足于系统层面来讨论管理上和内容上的问题。要从控制论角度看企业目标的含义,我们拿几个失误的例子来看就清楚了。

今天的公司治理到了"目标"这个岔路口就进入了错误的方向,没有面向"客户",而是面向"股东"。㊀这时候企业这条航船的风帆和舵都调错了,时代的主流观念之风给人造成了一个错觉,似乎已经让企业进入了正确的航线。当有人认识到误入歧途后,又听从了另一个"照顾利益相关者经营理念"的错误路标。

10 个高层管理者中有 8 个人一开始就清楚自己的处境。他们没能把精力集中到经营业务上,而是不得不去准备分身术。正如一位杰出的公司 CEO 和我一次交谈时说的:"早晨我必须面对经济界圈子和媒体说他们想听的话,下午我在公司里又要别人做相反的事,还不能让金融界发现这样的事。"

最好的企业不被人注意

一直以来大多数运行良好的企业,即使在华尔街神话的年代也没有动摇他们原则,但带上了"股东利益的眼镜"后来看待这样的企业,就会得出误入歧途的结论。人们在公司治理的讨论中,过去和现在看到想到的偏偏是那些股票上市的大型集

㊀ 参阅我的《高效的企业监事会》(*Wirksame Unternehmensaufsicht*),法兰克福,1997 年版,2002 年第 3 版又做了大量的补充,并改为新的书名《新的公司治理》(*Die Neue Gorporate Covernance*),该书中详细说明和介绍了这里的观点和立场。我这里只提到其中的核心问题。

团公司，这些企业的数量毕竟是少数。世界上 90% 以上的公司都不是上市公司，今天的公司治理和已经出现的公司治理守则对它们来说简直毫无关系。

实际上人们在长达十来年的时间里被一些华尔街神话、极少数利欲熏心的自我为中心者以及经济罪犯引入了错误的方向。另外，还有某种经济学理论把一个问题过分夸大了，其实这是个每天在各个国家数以百万计的企业里都遇到并且得到轻易解决的问题，那就是所谓的"主要负责人问题"，也就是作为产权所有人如何控制和监督所聘用的公司负责人，避免受到欺骗的问题，这在经济学理论的象牙塔里或许是个难题，在正确的企业经营实践中我们却有着几千年的经验。㊀企业监事会发挥的作用是，以职业的管理学知识和专业知识为前提，不允许仅仅为了证明经营情况良好而粉饰财务结构。

从某种程度上看，企业界真正的明珠还未被发现，或者没有得到关注，㊁这对他们来说也合适，因为他们根本不去关心要在金融界出头露面，需要出名的是他们的产品。在他们眼里，企业的内部事务、财产情况、财务等情况都跟外人毫不相干，也没有考虑要给竞争者展示自己的战略。

片面持有股东价值的人是看不到没有登台进入股票聚光灯下的真正表演者的，在媒体讨论公司治理的吵闹声里，那些发出微弱声音的真正佼佼者是别人听不到的。那些真正经营良好的企业没有出现在 MBA 的培训计划里。

㊀ 参阅保罗·马丁所描述的历史，收录于《正确与最佳的管理：从系统到实践》(*Richtiges Und Gutes Management: Vom System Zur Praxis*)。

㊁ 参阅赫尔曼·西蒙著的《21 世纪的隐形冠军》(*Hidden Champions Des 21. Jahrhunderts*) 一书，书中有很好的例子，法兰克福/纽约，2007 年版。

我这里指的并非那些常常被上市公司居高临下嘲笑的中型企业，而是另一类极其成功的企业，其中包括许多的国际市场上的领军企业，为了说得明白一点，我给这些企业找了一个新的名称，叫作"经营管理型企业"，简称 UMU 企业，以便与 KMU 所表示的普通中小型企业区别开来。这类企业不在于规模的大小，而在于经营管理的类型。

举例来说就更加清楚了，在德语国家区域内，根据不同的计算方法属于全球第二或第三大经济区（实际上最强的经济区），这类公司包括 Boehringer Ingelheim、Würth、Dr. Oether、Stihl、die Class-Gruppe、Otto Hamburg、Bertelsmann、Braun Melsungen、Ina Kugelfischer、ZF、Aldi、Lidl、REWE、Bosch、Porsche、BMW、Springer、Hilti、Patek Philippe、Migros、Coop、Logitech、Liebherr、Maxon、Ems Chemie、Kaba、Swarovski、Red Bull、Plansee、Spar、Doppelmayer、Miba、Blum、Reiffeisen、Zumtobel 等，还有其他许多企业，由于篇幅原因这里不再一一列举。

我们可以看到，企业经营是可以获得成功的，与行业、规模和资金来源性质、产权关系等因素无关，也与企业是不是上市公司无关。恰好在上市公司这个问题上经常有人认为，上市公司必须按照股东利益行事，别无选择。我们看到，这种观点是不正确的。

在其他国家和经济区域内也有这类企业，实际上这类企业到处在它们的领域内获得成功。它们创造了国内生产总值的大部分，也提供了最多的就业岗位。公司治理要向它们这些公司学习，而不是倒过来。

只有一个正确目标：客户价值

企业的目标必须清楚、正确。通常的公司治理目标有的不清楚，更严重的是错误的。目标决定了企业内外活动的重点。**只有目标清楚，才能进行正确的环境分析，否则我们就不知道要寻找什么、注意什么。目标决定了要管理什么，如何管理。**谁的目标搞错了，干的是错事，必然取得错误的结果。相反，只要目标正确了，即使在高度复杂性的情况下事情也变得容易。企业的目标决定了全局控制在一切层面重要的反馈，只有这样才能判断正确与错误的信息，什么是数据和垃圾数据，企业内什么事可以实现自组织，应该朝什么方向调整。企业目标决定了什么是正确的结果。

把企业的目标搞清楚，向企业内外传达和说明，这是企业最高领导的首要任务，甚至是最重要的任务。这件工作中一个最大困难是让股东们相信，假如要把企业的经营理念立足于股东价值上，那么将损害股东自己的利益。若要按照股东的意图给他们带来好处，实际上将带来相反的结果，给股东带来损失。真正有能力的企业领导都知道这个道理，但他们也知道，在今天时代思潮影响下进行这样的沟通将有多么艰难。企业领导在这方面有个极其重要的宣传任务，⊖相关内容将在本书的第四部分里阐述。

企业越要获得好的收益率，就越不能按照股东价值原则看财务指标来行事。谁想要获得财务业绩最大化，就必须关注其他的目标和指标。企业当然要盈利，但更多的是需要支付能力，

⊖ 参阅保时捷总裁文德林·魏德金所著《换一种方式更好》（*Anders Ist Besser*），慕尼黑，2006年版。

正因为如此，企业不应把盈利作为目标。

企业的正确目标对管理中的决策起着关键作用，这一目标截然相反地把公司治理建立在另一个基础上。迁就股东利益的经营理念就清楚地表明企业不仅是一个经济单位，而且还是人道的、政治和道德的机构。不管有没有反对股东价值的社会原因和其他原因，我们要制定一个正确的企业目标，完全不应该脱离企业经营的逻辑和经济思维。我认为重要的是提出的理由有多大分量，因为太多人仓促拿出非经济的观点作为理由，这样自然就忽略了经济和财务的观点。

我的答案既不同于新自由主义的倡导者，也不同于反对者，而是另辟蹊径，走的是公司治理的争论中被忽视的第三条道路。

如果我们离开了无论哪一类的利益群体，则从"管理职责"角度来看问题，从导航和控制的角度、从企业和掌控企业的角度来看问题，企业的目标就接近和清楚了。根据我的了解，无论是新自由主义思维方式的倡导者还是反对者，至今无人能有理由地反驳我的建议。

企业的目标可以简单、清楚地归纳为：**企业的目标是把资源转换成利益。**

谁的利益？第一种可能我们可以认定为某个或所有利益群体。从长期的眼光来看，任何一个这样的答案将给企业造成这样那样的损害，不可避免地全面毁掉企业的效率。另外由于内在的必然性将造成最后根本达不到目标。一个面向利益群体、面向股东或利益相关者的企业目标本身就是没有意义的、无法实现的，把管理者的决策和行为带入了错误的方向。

正是因为我们要重视这些群体的利益，企业的目标才需要完全从另一个角度来看，即要从客户利益的角度来看。

因此企业的目标实际上可以清楚简单地称为：**企业的目标是获得满意的客户。**

图 9-2 表示出了其中清楚的简单关系。我们不需要强迫别人接受上述建议，因为这里在讨论规范的管理学，真正的价值判断。正如本书第一部分里已经说过的，这种价值不是直接代替决策，而是从决策的结果中得出价值。只有符合客户利益的决策才是正确的决策，才表明企业经营是正确的，因为只有客户才付账单，这样又让大家的利益得到最好的回报。没有其他目标可以达到这一点。如果决策不是明确针对解决客户问题，不符合客户利益，逻辑上就不可能是正确的决策。没有一个战略上的重要问题可以不顾客户利益而找到合理答案的。

图 9-2　企业的目标是为了客户的利益而进行资源转换

如果这个目标得到认可，那么在制定公司策略中还必须符合具体情况，这里必须提出这样的问题：

- 什么是公司的目标？
- 我们把哪些资源转换成哪些利益？
- 谁是我们的客户？谁应当或可能是我们的客户？

各种物质和服务都是为客户创造利益所需的资源。21 世纪的最重要资源是知识，今天在许多领域内已经成为事实。另外还要有把知识转换成利益的更高的知识，即复杂性系统内的管理学知识。

利益则又是客户愿意付钱，解决他需求的各类物质、服务、信息和知识。在这个意义上的利益就是英语里的"价值"，从企业目标这个角度，我建议用"客户价值"这个名称。

如果我们把公司策略扩大到所有各类社会机构的策略，成为一个通用的系统策略，那么对于非营利机构的目标基本上可以这么说：**社会机构的目标是，对人和社会促成所期待的变化。**

不仅是经济企业，也包括非营利机构所做出的贡献都具有社会意义，它们的伦理体现在贡献上，体现在对社会的作用上，这完全符合杰出的控制论学者海茵茨·冯·福尔斯特的"控制论理学"观点㊀，也符合他对此提出的问题："不是别人应当做什么，而是我应当做什么？"这也说明了个人和机构的伦理道德所在，而不在于在什么规定和守则里。

利润的作用

市场经济企业至今被证明是最好的资源转换型组织，但转换过程的产出却不是通常所看到的利润，尤其不是经济科学认定的结果，产出是经济上的"实质性创造"。

当然这并不表示一个企业可以没有利润，更不表示企业不应该有利润。利润作为资本收益和风险酬金的经济作用依然存在。企业需要利润，更需要支付能力，这是不容争辩的事实，但这并不就表示利润就是企业的目标。同样的道理，人必须吃饭，但并不能说人的目的就是吃，或者生命的意义就是吃。当然谁都有自由在这个观点上做出决定。问题不在于什么是目的，而是根据哪个目的来指导正确的决策。

㊀ 参阅《控制伦理学》（*KybernEthik*），海茵茨·冯·福尔斯特著，柏林，1993年版。

从企业的管理和控制角度来看，利润有另外的作用，那就是起着"控制信息"的作用。我的建议是，把利润理解为企业使命正确性的试金石（这一点后面我马上要讲到），或者作为企业使命完成质量的标尺。

利润为管理的决策提供了两方面的信息：第一，企业是否做了正确的事，这里涉及企业行为的效能；第二，企业是否在用正确的方法做（正确的）事情，其中涉及企业行为的效率。

企业使命越正确、完成得越好，利润就越高，利润不是企业的目标，而是经营效能和效率的结果。利润是一项典型的间接控制的指标，在考虑盈利之前必须更早地掌控其他指标，这在下面马上要谈到。

与普遍的观点和草率的理论相反，自由经济靠的不是利润，资本主义体系依靠的是支付能力，即对债权人的偿付能力。谁只要有支付能力，他就可以留在资本主义的游戏中，谁没有支付能力了，他就被淘汰出局。支付能力的钱从哪儿来，对债权人来说无关紧要。

关于利润方面还要提到最后一点，有人认为，利润是企业活动的最大动机，这同样也是不能证明的假设。没有人知道从事经营活动的人的动机。确实有这样的人，获得利润是他们的动机，但他们中的许多人不久就破产了。还有人遇到有人问的时候，虽然嘴上承认利润是他们的动机，但行动上却又完全不是一回事，这也证明了普遍的误会，认为人人都是动机明确的。

有两种动机不会出现在人们的讨论中，如果我们不是通过问卷统计，而是和具体的人正式交谈，那么就很容易发现这两种动机。第一种动机是"自立的决心"，绝不要有个上司来管着自己，恰好那些在中小型企业里的人对此什么代价都不在乎，经济上是不是划得来，对他们来说都无所谓。第二种动机是坚信自己比别人更有能力，决心证实自己。如果我们不去仔细分析，只从外表看那些王牌资本主义的、以绝对的利润为目标的企业家，例如约翰·洛克菲勒，他在那个时代已经做出了最有力的证明。

根据我近 40 年的经验，在和这类人的合作中我得出这样的结论，**没有一位成功的企业家，也没有一位成功的公司经理是以利润为动机的**，他们无一例外的是为了一种事业、一种思想和一种信仰而工作，或者是为了他们的自由和独立而工作。

正确理解客户利益：导航中的两个坐标点

客户利益和竞争力是企业管理中的两个"坐标点"。

在把资源转换成利益的过程中，企业在做出了经济贡献的同时也做出了社会贡献，其中创造的价值远远超出了"增值"的范围，但是今天人们几乎都只是从财务经济的角度去理解。我们还看到，企业对社会所做的贡献不存在任何社会福利的目的。

价值的创造可以包括经济价值，也应当包括经济价值，这种情况也是客户的要求。在金融范围内就是这样，金融范围以外就不仅仅是金钱的价值了，也包括解决难题形式的利益，对客户来说是每天购买的一切产品和服务形式的价值。社会和个人的福祉不在于金钱的拥有上，而在于是用钱可以买什么、干什么。对于今天抱有金钱角度单向思维的人来说难以理解这一观点。我们假如设想一下，即使银行、股市都关门了，人还依然要生活，要吃、喝、穿衣，孩子依然要上学，病人要治疗，孩子要生下来。生活不是由金钱决定的，甚至都不依赖一个运行正常的社会。

股票行情在金融意义上的价值上升,或者潜在的销售价格上升,用作评价企业效益的标准,或用来评价管理者的业绩,这是对经济规律的严重歪曲。只有两种情况,企业在金融意义上增值:只在有人想要出售企业时,或者要抵御别人通过股市进行恶意收购时。

第一种情况下,企业家不再按照正常的思路来经营了,他试图为公司出一个尽可能高的价格,这是合法的。真正的经济难题就这样推给了购买者,他不得不把花了高价买来的企业重新变得具有竞争力,找到足够为他们提供利益的客户。

要抵御恶意收购可以用更好、更便宜的办法,即通过限制股票转让的办法。但是通常也遭到新自由派圈子里的人的强烈指责,认为这是干预市场。不过真正具有自由思想(不仅是新自由思想)的人就必须承认,任何企业只要认为是正确的,那么就有自由决定自己的股票该怎么处理。如果企业里做出必要的决议,那么从自由主义的立场上看就不应该有异议。股市如何采纳这项措施,一般情况下要看决策参数。我们不能规定某人自愿地或者出于意识形态的信条而成为收购者的猎物。

我建议的把客户利益作为企业的最高目标经常受到质疑,有人不知道什么是客户利益。这证明他们不了解技术发展的水平,应值得人们注意。什么是客户利益,今天可以得到很具体的确定,特别是借助于神奇的 PIMS 研究⊖这个全球最大的实证

⊖ 参阅《PIMS 原则:战略与绩效》(*The PIMS Principles. Linking Strategy To Performance*),罗伯特 D. 巴泽尔、布拉德利 T. 盖尔著,纽约,1987 年版;还有圣加仑马利克管理中心有关 PLMS 的文章;以及《客户价值管理》(*Managing Customer-Value*),布拉德利 T. 盖尔著,纽约,1994 年版。

战略研究项目。PIMS 程序软件获得了在管理学和工商管理中最大的一项突破，特别是在战略研究方面，因此我们今天完全可以知道如何区别正确和错误的战略，要建设一个优化、高效的战略应着重在什么方面。客户价值是其中的核心问题。

客户利益是任何正确战略的一个关键因素，PIMS 原则给管理策略带来了某种程度上的"相对论"，客户利益是"相对价格"和"相对产品质量"的关系，其中的"相对"有两重的针对性：客户眼光的相对性和与竞争对手的相对性。[一]

如果我们从企业的管理角度出发，从高层管理者的任务出发去管理企业，把握经济和社会的复杂性，那么客户价值就是既清楚又简单的、逻辑上必然的目标。从企业正常运行的角度看，这是管理上唯一可行的观点，而且面向一切相关的利益群体或利益相关者。

客户价值说得明确一点就是"考虑客户的利益"，有新自由主义经济观点的人甚至错误地理解为"客户的价值"。客户和他的利益，其中包含了"满意"，是企业导航最基本的参照点。

面向客户利益的定位最大限度地扩大了少做出错误决策的概率。任何其他定位则扩大了错误决策的概率。

一个有着客户满意的企业是成功的，将会有足够的资金提供者，投资者会自愿送来资金。恰好这类公司都不需要资金提供者，这表面看来有点矛盾，其实这样的公司靠自己的成功已经能够自筹资金了。这些公司虽然有业主，常常还是世代相传的家族性企业，但是业主不需要带来资金，相反他们往往得到最好的投资回报。正是公司严格不折不扣地面向客户，所以没

[一] 更多内容请参阅本系列图书中关于企业战略的内容。

有理由要出售他们的股份。

最好的资本不是像今天被错误认为的来自股市，而是来自满意的客户，客户支付了满意的价格，而企业基本上不依靠外部资本就可以正常运行。好的公司靠自己的钱办事，这样的公司比公众所知道的、媒体所公布的数量多得多。这些公司不需要被媒体追逐，也没有什么轰动的事，所以也引不起媒体的兴趣。

客户利益是企业管理在定位上第一个最基本的参照点，第二个参照点直接来自满意的客户，或者说包括在第一个参照点之内。"满意的客户"是不是就意味着必须把自己的产品送给客户呢？这个问题经常出现在反对把企业目标定位成客户利益的批评中，这又反映出某些人对真正经济学的理解有多大的偏差。

当然没有人必须送出自己的产品，而是必须向客户提供比任何竞争对手都好的产品、商品和服务。获得满意的客户就意味着每天证明自己的竞争能力，让自己的竞争能力最大化。

这样我们就找到了企业管理两项最强的全局控制、导航的参照点，以及任何公司策略的参照点。

最强的全局控制

道理很清楚：**要用客户价值代替股东价值，用竞争力代替增值。**

这样的定位就达到了正确决策的最大概率，其他定位就让错误的决策达到了最大概率。

这里企业理念和环境理念遇到了一起，两项全局控制是绝对客观、不可人为影响的指标，是每天都在市场这个"外部环境"里更新和调整的指标，企业必须用这两项指标来检验和考检，这里没有主观的评价和财务的评价参与。这个道理必须通过公司策略确定下来，高层管理者的所有任务都根据这项评价结果而定。高层管理者在这里有了失误，那么就没有完成最重要的管理任务。若投资者在这里阻碍了高层管理者，那么就损害了企业也损害了他自己。

这个目标定位也说明了企业的社会责任。这种责任并非是模糊、任意的社会义务，而在于企业通过不断改善竞争力而为满意的客户提高生产能力。

上述两项调控指标保证了企业领导不受实时舆论的影响而做出错误的决策。这是最强的复杂性控制指标，还表明全局控制可以多么简单，可以发挥出什么调控力。这两项控制指标排除了一切不允许出现的状态，把一切力量集中到正确的目标上，把控制目标始终集中到让更多的客户满意。这项调节之所以必要，是因为客户群极其复杂，其表现形式为需求的多样性和行为的多样性。客户不会顾及某种经济理论或某种宣传战略而相应的改变自己的行为。

经济界唯一的客观性就是客户的主观性。

每个有经验的企业领导都知道，竞争对手也可以为了获得客户而推出难以估计的复杂性，表现形式为创造性、创新能力、价格手段和市场营销等。

要公司资本主义，不要股东价值

把客户价值作为企业的目标，这样企业就把自己放在了中心位置，而不是通常错误认为的或者似乎合理地把其他利益或利益群体放在中心位置。

道理很明显，只要定位对企业最有利，那么与其他定位比起来，对企业的一切利益群体来说也都不会是差的。如果我们还要用实际已经过时了的"资本主义"这个名称的话，那么我们通过客户价值的定位，抛弃了"股东资本主义"和"利益相关者资本主义"，走的路线可以称之为"公司资本主义"。我的观点是，要解决至今尚未解决的经济体制问题，要满意地回答对经济体制的疑虑，要解决体制所带来的矛盾，唯一的途径是企业把自身放在中心位置。

把客户价值作为企业目标也恰好符合那些最需要代表股东利益的企业，例如金融业的企业。事实上这些企业也不得不去追求客户价值最大化，尽管要它们做的是另一回事。面对股东价值的要求，它们必然去满足企业自己客户的愿望，它们的客户就是投资者。它们为自己赢得满意的客户，也就是严格地以客户价值为导向。金融行业同样每天必须证明，它们能够让客户满意，每个金融企业都必须努力比自己的竞争对手做得更好。我的上述观点因此适用于任何企业类型。

在金融行业里，对于参股人来说的股东价值和对投资人来说的客户价值是一致的，而实体经济完全不同。在当代流行的大众想法里，在媒体和金融分析师的压力下，实体经济的企业被误导或被迫和金融业一样经营，这样就把目光脱离了客户，落到了企业股东的身上，而股东除了少数例外，今天是一个特殊的群体，下面马上我们可以看到。

金融业里的口号虽然改变了市场的目光，但没有改变市场的规律。根据市场的规律，企业必须面向**真正付账的群体，这只有客户**。有人说股东毕竟也是"付账者"，这是骗人的口号。如果企业找不到真正付账单的客户了，可能股东也会有损失。股东承担的是产权人的风险，但他没有付账单。股东没有为企业的产品付钱,股东只是当企业在完成其主要任务时,为支付账单的群体创造经济价值失败后承担了损失。

正因为如此,若业主关心他股票的价值和增值,他就必须努力让企业有能力创造客户价值,让管理者做到不必去考虑其他事情。

具体说来,股东应当让他们的思路和口号转变180度。不应该关心企业为股东可以做什么,应该做什么;而是倒过来,股东必须为企业做些什么,让他的企业正常运行。换个角度来说,股东的利益并不等于股东价值。如果股东要获得满意,那么恰好必须把客户价值作为目标放到企业的中心位置。各个时代的业界巨头都懂得这个道理,经历多个时代和潮流的企业家族也都懂得这个道理,他们过去和现在也按这个道理来指导自己的行动。

这个道理更加符合还没有退休的"养老基金投资者",因为他们指望20或30年后得到养老金,他们最切身的利益是企业的长期绩效,而不是短期的股市行情。道理就在于,**首先要创造经济价值,然后才能考虑分配**,表9-1清楚地说明了这一点,只有在分配的时候,股权的拥有者才能被放到首要的位置。如果没有首先创造出什么东西来,也就没有什么可以分配的。正是这种长期利益被"股东价值信条"所忽略了,因为基金经理是被迫定位在短期业绩上的。

到底什么是投资者

"投资者"这个概念随着金融市场和基金产业的发展变得越来越模糊。人们在具体情况下必须仔细分析,究竟"投资者"是什么意思。投资者和股东都作为产权拥有者握有股票,在形式上是一致的，但是这还远远没有说明这两者的利益也相同，企业经营中提倡的股东价值因此也是空的。另外，股东结构也随着时间发生了根本性的变化，下面是导致变化发生的几个因素。

表 9-1 经济价值创造与分配的两个世界

经济价值	
分　　配	获　　得
金钱和名义上的价值世界	客户世界和竞争世界
股票、股票价值和账面价值世界	实际财产和生产能力世界
投资者和投机者世界	业主世界
报告收益 备考盈利 EBIT (DA)、EBA（扣除一切税息折旧及摊销前的利润）	实际盈利 EAIT、EAE（扣除一切税息折旧及摊销后的利润）
分析师、无经验的投资银行家　金融技术上的并购和兼并	技术人员、销售人员、研发人员、市场营销、人事管理、物流、采购

1950年美国有90%的股票掌握在个人手中，今天只有30%多一点；今天的机构投资者已经掌握了几乎70%的股票，而1950年只有9%；美国100位最大的金融经理管理着几乎美国60%的股票。无须再多加说明，这两类投资群体的兴趣是完全不同的。

这还可以从股票每年更换主人的百分比，所谓的换手率可以看出来。在20世纪五六十年代，基金的换手率每年接近20%，而自20世纪90年代开始以来，这一数据就上升到了90%以上。

事实上，尽管股东在形式上是产权人，今天已经不再是企业产权人意义上的股份拥有者了。他们购买股票不是看中企业和企业的创造能力而保留股票。这类股东对于企业本身基本上不感兴趣，基金经理和权证持有者感兴趣的是快速的业绩，这完全是合法的，也起着一种经济作用，所以我没有拿来批评。但是关键的问题就出来了，如果涉及公司治理，涉及对公司的干预权，这些投资人对企业的领导和领导机构应该有什么样的影响力？

虽然按自己的愿望处理自己的股份是一个股东的正当权利，但是对于只关心短期经济业绩的股东来说就不应该在企业全局控制的决策中施加影响。他可以完全任意地购买他认为可以获得快速收益的股票，正如股票换手率所证明的，因为他对企业的命运不感兴趣，否则就会长期持有证券，这样的人就不应当允许干预企业内的事情。要实现起来也容易：谁要参与到企业监事会中，并通过这个途径参与公司治理，那么他必须保证一定时间的股票持有期；谁做不到这一点，那么在股东大会上就没有投票权。

企业的目标一旦通过管理者的作用确定下来，由于片面追求纯经济利益而产生的其他矛盾就可轻松解决了。

其他利益群体的掠夺对象

由于越来越清楚地表明，照顾股东利益出现了问题，因此"利益相关者"理论又再度死灰复燃。正如我在导言中提到的，股东价值理论的改革者似乎不清楚，正是由于照顾利益相关者理论的失败了才出现的"照顾股东利益"的理论。

利益相关者理论让企业最后变成了各个利益群体权利关系中的掠夺对象或人质，包括资本利益、工会利益、政府利益或者政治派别的利益等。所以尽管照顾利益相关者理论在各种形式中都做过尝试，结果从来没有灵验过，任何一种方案最后带来的不是企业的健康发展而是经济衰败。照顾利益相关者的经营理念让管理者不为企业经济创造力负责找到了无数出路。

即使有人赞成照顾利益相关者的观点，他还是被迫把客户价值放到企业的最高目标上。**企业只有经受住了客户利益和竞争力的考验，才有机会去满足利益群体的合理要求**。如果这里失败了，企业不能正常运转了，那么任何人的愿望都无法满足。例如，要解决保障就业岗位的诉求，一个企业只有在竞争力和客户利益角度上看是健康的，才可以创造和保持就业岗位。假如就业岗位作为企业目标放到了客户利益之前，那么久而久之企业什么都无法维持下去。

这里出现了另一个误解，即认为客户同样也属于利益相关者，这是利益相关者理论许多错误逻辑之一。客户绝不是利益相关者，按照通常的定义，利益相关者是可以向企业提出合法要求的群体，㊀但是客户不能向企业提出同样意义上的要求，他们只有买或者不买的权利，他们只有要求企业履行购买合同的权利，这和利益相关者的权利毫不相干。

客户对企业本身根本不感兴趣，他感兴趣的是企业的产品，只对可以购买的产品感兴趣，所以也不要指望顾客的忠诚度。也许存在这样的忠诚度，但绝不能相信这种忠诚度。客户只想买到更好的产品，哪一个企业都无关紧要。客户都是可以说"不"的人，因为在竞争经济的社会里，供货商不只是你一家，还有别家。每个理智的企业家除了清楚自己是供货商的角色以外，更重视自己的客户角色，为了不受依赖，即使他花了更高一点的价格，也可能另选其他供货商。这里又一次反驳了

㊀ 参阅《经济和社会中的伦理学》(*Ethik In Wirtschaft Und Gesellschaft*)，彼得·乌尔里希著，伯尔尼/斯图加特,1996年版，第13页。

经济上利润最大化的理论：经营上的独立性和选择自由要比最后一个百分比的盈利更重要……

是不是要满足利益相关者的诉求，用什么方式去满足，利益相关者如何证明自己的权益，这是另外的问题。要清楚的是，如果企业没有完成自身的原始目标，即向客户提供比竞争对手更好的产品，那么任何诉求都无法满足。

关于向企业提出的合法诉求问题，我们不需要纠缠"利益相关者"这个模糊概念。企业首先必须满足合同上和法律上的合法诉求。没有一个正常的人会把这个说成利益相关者。企业通过合同的形式建立起各种复杂的网络关系，履行合同是不言而喻的，企业同样也必须遵守法律规定。例如，企业员工的权益就体现在劳动法和劳动合同里，这不是诉求而是"权利"。对国家也一样，国家有法律规定税收、收费、环境的保护等要求。这个思路也适合于所有其他可以向企业提出合法诉求的群体和机构。除此以外再来提出其他诉求及其合理性的问题。

由于新自由主义带来的社会抵触，一些合理的愿望被提到了重要位置上，例如企业对社会责任的要求、公司的公民身份职责等，但是在客户价值没有作为企业目标的情况下，这类诉求是不能得到满足的，无论有人怎样提出或认定这类诉求的合法程度。

人有做出错误决策的自由

我这里建议的企业目标没有强迫别人去接受，他可以选择其他的目标。谁愿意把企业看作是盈利最大化的系统，这是他的自由，人们只能从可能的结果上来评价他的决策。如果一个企业把目标定位在盈利最大化上，随着时间会无法正常运行下去。

在自由社会里，人们有自由做出错误的决定。倾听了正反两方面的意见后，企业监事会或业主可以自由决定让企业不按照客户价值的目标运行。是不是有人愿意把这种做法和伦理道德挂起钩来，这一点可以进行长时间的讨论。

如果我们采纳希伯克拉底誓言"绝不故意伤害"作为道德戒律，那么做出反对客户价值的决策就是不道德的。客户价值作为最高目标，不是单独来自这一条道德戒律，而是直接来自这样的事实：任何不是针对客户目标定位的将阻碍企业的正常运行。

米尔顿·弗里德曼属于最极端的自由主义经济学家，他也许是无意地（但我不能核实）做出了最好的回答，"The business of business is business"⊖（商业的本质就是做生意）。假如他想说"商业的本质就是利润"，那么他就会这么去做的，毕竟他是诺贝尔经济学奖获得者。这句话里他说的是"做生意"，做生意就只能和客户打交道。

企业的使命

企业的目标影响着决策，因此存在着造成许多错误指挥和畸形发展的最大风险，我前面已经对此做了较详细的阐述。公司治理恰好事与愿违地在这个方面偏离了正确的企业管理道路，那么也只能从源头上加以纠正。企业的目标决定了整个系统和运行方式。

⊖　参阅《新苏黎世报》(*Neue Zürcher Zeitung*), 2006 年 11 月 18 日网络版。

企业理念上达到全局控制作用的第二项根本性决策是确定公司的使命，这决定了公司在实质层面的任务。通过使命在系统层面确定了公司应该做什么，公司的经营活动和内容保证了实质层面的正常功能。

单从字面上看，"使命"并不一定比"愿景"这个时髦词更合适，不过"愿景"这个词我总是有点反感，目前舆论界不再热议了，我将其看作是一项进步。人们可以从"愿景"开始，但是不能停滞不前。问题在于至今没有人能够说出如何区别正确与错误的愿景，或者如何区别可用与不可用的愿景。愿景这个概念曾经有一段时间被一些说大话的骗子所利用，相反我们却清楚知道究竟什么才是正确和良好的企业使命。

企业的使命并不像一般所认为的与目标这个概念相同，而是表明企业的目标通过什么方式去实现的。例如，我一直认为戴姆勒-奔驰公司生产 Smart 微型汽车的决策并不是一件好事，这不是出于我口味上不喜欢的原因，而是对必须完成一项好的使命的基础不乐观。我们很快将看到，生产 Smart 汽车的决定没有满足一个好的使命的两条重要标准，虽然成功的前景不是零，但可以说很小。

关于企业使命我不需要多说了，因为我们对必须注意什么、需要决定什么都很清楚。这里有了一个很好的例子，清楚地说明对复杂性系统可以简单实现全局控制决策。就如我在书中前面介绍"自组织"时候所举的"环岛交通"的例子一样，企业使命的控制也可以这样简单、高效率。相反，与企业使命相关的问题、应对和决策都不简单。

企业使命的三个要素

一项有用的企业使命必须涉及三个要素,也就是必须建立在三个支柱之上:需求、能力与自信。这三个支柱表示三个互动领域,分别是决定成败的关键。

企业的使命不能用使命说明的方式开头,也不能用一句有号召力的口号,这些句子要出现在企业使命的结尾是公司的交流任务、市场营销和广告任务。一开始必须通过以下三个主要问题对经营活动进行概念上的明确,然后提出下面要介绍与之相关的细节问题,接着才寻找容易记住的表达。三个主要问题是:

- 需求是什么?或者,客户要买我们的什么?
- 我们的长处在哪里?或者,我们在哪里可以比别人做得更好,我们在哪里超过别人?
- 我们的自信哪里来?或者,如果激励已经用尽,那么我们需要的力量又在哪里?

需求

第一个问题面向企业外部,根据企业目标去针对客户,也就是针对衍生复杂性的源头和核心。我这里用的是"需求",还没有说"购买意向"和"购买欲"。需求的含义更多些、更广些,而且是客观的。有时候"需求"和"购买意向"两者意思相同,有时候必须从客观的需求中才产生出感觉到的购买意向。当然不是所有的购买意向都得到实现,不是所有购买意向都成为购买欲。这里可以看到,我们面临一些最困难的问题,如策略、市场营销以及复杂性时代关键的信息交流等。起点是客户收入和收入的使用。

关键的问题是:

- 客户要买我们的什么?
- 他实际买了什么?
- 别人的客户在哪里买了别的什么?

这些问题听起来很乏味,从中找到真正实质性的、对行动有指导意义的答案又那么困难。每个对表面口号不满意的管理者都有这个经验。根据我的了解,几乎不到 1/3 的企业真正符合全局控制的要求,对这些问题进行了足够的考虑。

尤其是第三个问题要让企业领导吃惊。虽然我们每天都想到客户,但有没有想到别人的客户?谁掌握了 30% 的市场,那么他完全有理由为自己了不起的经营业绩而自豪。可是他没有得到 70% 的市场,为什么没有?

能力

企业使命的第二个要素涉及以下三个问题:

- 什么是我们的长处?
- 什么事我们可以比别人做得更好?
- 我们的优势可以产生什么?

以上问题把注意力对准了企业本身,对准了企业的长处,都是对内的,是与环境中的参照点进行的比较。这并不是简单的向内看,事情没有这么简单,这是一种"向内 – 向外 – 再向内"的观察方法,这一点我们在第 10 章环境理念里再谈。㊀

㊀ 对于系统专家要做补充说明:这里是通过"自相关关系"系统的信息反馈的一个例子。

找出企业的弱点没有什么难的，这个任务可以交给咨询公司，而且花不了多少钱。相反要找出公司能做什么，比别的公司在具体什么程度上能做得更好，或者一定做得更好，再**让客户能够感觉到，并促使他能到我们公司而不去别的公司买东西，这是一门很高的艺术，也是公司高管的责任，这是让最好的高管日夜思索的事**。

自信

企业使命的第三个要素涉及真正从内心打动一个人的东西，能够激发人的生产力尤其是生产潜力的东西。这些东西来自以下几个问题：

- 我们真正坚信什么？
- 我们相信什么？
- 我们的承诺从哪儿来？
- 我们做出成绩的力量从哪儿来？
- 如果一切激励都用尽了，我们的力量又从哪儿来？

这里不只涉及激励的问题，而是涉及更加根本性的问题：即使出现表面看来毫无出路的处境也还有力量来克服的问题。只要能把员工动员起来，那就没有克服不了的困难。如果激励手段统统用尽，目的还是没有达到，这时候就要靠企业使命这项要素了，把最后的生产潜力组织起来冲过"极限点"，每个长跑运动员都知道这种处境，也许医生和护士更加熟悉。每个人的一生中都会出现这种处境，是不是直面这种处境，那是个人问题了。

一个企业除了通常的激励和任何金钱的手段，再也拿不出什么好的理由来让员工自愿地奉献出最后一点生产潜力，这样的企业长此以往没有一个获得成功的。领导者自己做出榜样是一个理由，他们可以超出常规的限度把自己动员起来，但是最重要的理由要看企业真正能做到什么，要看客户真正需要什么。

三项要素的协同作用

"需求、能力、自信"这三项要素协同作用，或者换句话说，三项要素形成一个控制论的整体，即一个系统。这样就产生出三种系统能力或特性，那就是利益、自我尊重（或自豪感）和意义，在系统科学领域里被称为"涌现特性"。这是间接控制的典型结果，只出现在实现自组织的复杂性系统中。这是人类行为实现的系统自组织的展示，但不是人类的意图造成的。读者还能想起前面第二部分中介绍的这个观点或系统类型，我们的意图当然是针对企业的目标和企业的使命，但是我们行为真正的结果还取决于其他许多因素，对这些因素我们无法进行直接控制。在复杂性系统里，我们可以创造条件以提高所期待结果的出现概率，但是无法用直接的方式方法取得结果。

利益的来源

"需求"和"企业的优势"在共同作用下产生出客户利益。假如有了市场需求，但是企业没有这种优势就不能产生客户利益。如果企业虽然有某项优势，但没有市场的需求，那么也不会产生客户利益。要创造客户利益必须满足这两方面的条件。利益是"市场需求"和"企业能力"相互作用而产生的新现象，这是直接创造条件而实现的间接结果。

自豪、自我尊重和自我信任的来源

由于企业有了优势，企业员工对企业产生了信赖，加上企业的能力，在这些因素的相互作用下产生了企业文化中重要的集体和个人价值，即为企业和企业的业绩感到自豪，员工有了自我尊重和自我信任。企业没有能力，员工就自豪不起来，在这种情况下也没有对企业的信赖和承担义务。显然我们这里已经涉及企业文化最核心的层面。

意义的来源

从"市场的需求"和"员工承担义务"的相互作用下产生的东西，我要称之为"意义"。这个概念在这里没有形而上学和哲学上的含义，我要采用这个概念的实际含义来自奥地利人维克多·弗兰克这位存在主义学派的创始人所指的"人生意义"[⊖]。这是个人和集体在从事一项事业或完成一件任务时所体现出来的"意义"。"意义"要比通常理解的"原动力"体现了更多的内涵，所以是企业文化中最重要的价值。"原动力"还不足以调动起人的最后潜能，只能通过"意义"——每个人在工作中、在投身于企业的一项事业中所能看到的意义，意义是任何原动力的基础。弗兰克在这个话题里引用了弗里德里希·尼采的一句话：**"谁理解了生命的意义，就能忍受一切……"**如果缺少了"意义"，那么"原动力"就没有作用。

在系统关系中看企业的使命

图 9-3 显示出了企业使命的要素和它们作为一个整体的相互关系，它们形成了一个互动的系统。根据概念的理解，企业的使命可以泛指到所有企业，甚至也可以笼统地包括"组织的使命"或"机构的使命"。从意义上来解释，所有的社会组织，包括学校、医院、政府部门、文化组织和大学等都需要一个

⊖ 参阅维克多·弗兰克尔所著的《追寻生命的意义》(*Der Mensch Vor Der Frage Nach Dem Sinn*)，慕尼黑，1979 年版，1982 年第 3 版。

"使命"。如果涉及它们的根本职责时，也必须提出同样的问题。

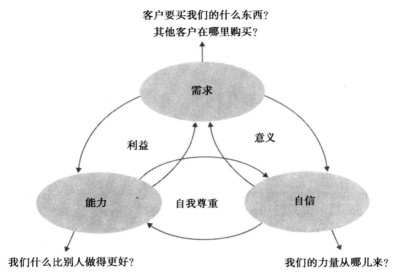

图 9-3　企业使命

这里可能也清楚了，为什么我前面要对戴姆勒－奔驰公司生产 Smart 微型汽车的决策提出怀疑。虽然市场对于小型化、适合市区交通的汽车有需求，但是与戴姆勒公司比起来，大众公司、菲亚特公司以及日本的汽车公司能够生产更好的小型汽车，它们在这方面有经验和得到公认的成功，它们已经有了信任度、有了市场效果以及所需要的基础设施。生产小型汽车从来不是戴姆勒公司的优势，它们特意回避了该领域。另外，生产小型汽车也不是戴姆勒公司工程师和地处施瓦本这家汽车厂的工人感到自豪的东西，这一点关系到他们的自我尊重、义务感和他们感到的工作意义。他们为生产梅塞德斯－奔驰和为该车的成功而投入的工作和其中所显示的优势和实力，已经数十倍地得到了证实，可是生产 Smart 微型车……

作为全局控制效果的凝聚力

企业越是能把企业使命当作力量和注意力的凝聚手段，那么企业的使命就容易实现。这里又有另一种全局控制的效果，把注意力集中投放到少数几个重点项目上，⊖让这种方法成为惯例，这属于提高人员效率和组织效率的最重要原则。

集中力量的反面就是分散力量，我并不是说分散力量不起作用，成功的例子也有，但经常被忽略的是，只有很少成功的例子。通用电气公司经常被称为分散力量的成功例子，此话是对的，但是有多少个通用电气呢？有多少个企业能够成功地解决因分散力量所带来典型的管理上的大量问题呢？

操控上的问题在于，分散力量的企业属于最复杂性的系统。为了让企业正常运行，需要完美的管理，仅是好的管理还不够。由于这类系统的多样性变化，粗略看起来就需要大量的管理投入。这样的企业只能通过高度发展的自组织能力才能正常运行。

利用企业使命为全局控制服务有很大的必要性，尤其在下面的情况下：

- 当环境越复杂、越混乱、越模糊时；
- 当企业规模越大时；
- 当企业里的专家和脑力劳动者数量越多时；
- 当风险越大时；

还有当人们对企业使命的理解要有效地进行沟通和正确地

⊖ 参阅《管理成就生活》(*Führen Leisten Leben. Wirksames Management Für Eine Neue Zeit*)，法兰克福/纽约，2006年版，第110页。

诠释时。今天的企业里，许多层面的决策都由许多人一起做出的，有可能这些人中每个人都对企业的使命有自己的理解，心中有不同的模型。没有企业使命的全局控制作用就不可能形成团结和凝聚力。

对企业使命形成舆论和意志最为复杂，因此属于最困难、最费时间的交流过程和决策过程。前面提到过的"趋同方法"能对效能和效率带来革命性的变化。对于这类目标，趋同方法可能是最有力、最可靠的方法。如果我们想要让事情快速、可靠地进展，这种情况下就必须采用趋同方法。谁尝试到这种控制论交流方法的最优化效果，那么当解决最复杂的难题时，他都不愿意放弃这种方法了。趋同化的效果不仅体现在做出决策的质量上，而且还体现在这种方法的速度和效率上。在所涉及人员承担义务上还更多地体现了用其他任何方式达不到程度的效果。做出决定的措施贯彻效率在12个月之内达到90%，这也是用其他任何方法都达不到的程度的原因。

从企业策略上看，在这些问题上另外还必须规定要使用固定的决策方法的原则。这是马利克管理系统的组成部分，在《管理成就生活》一书中有详尽的介绍。

企业的绩效：操作平台

要进行可靠的导航，我们必须寻找变化中的参照物，企业里除了目标、使命外，还有六项关键内容组成了企业管理中的核心指标，即所谓系统中的"基本变量"，它们在共同作用下决定着企业的成败。

这六项关键指标共同构成了所谓的"核心绩效计分卡"，再和"控制室"结合起来组成了公司管理层的操作平台：

- 市场地位；
- 创新业绩；
- 生产力；
- 对优秀人才的吸引力；
- 支付能力和流动资金；
- 盈利能力。

这六项指标本来高度复杂，但作为全局控制又很简单，根据今天的研究水平，这六项指标全面决定着所有企业的行为和管理。彼得·德鲁克自20世纪70年代以来研究了这类关键变量，这也一直是我和他之间的谈话内容。我本人在PIMS程序软件的研究和实际应用中，自20世纪80年代初开始和一些关系密切的企业领导合作并对此做了试验。关于上述的六项指标用于管理平台的理论，我于1995年首次在一期《每月管理学通信》上公开发表，随后以其作为控制论规则中的有效手段建立了模型。[⊖]

无论一个企业或其他类型的机构做什么，都涉及这六项关键指标。经济企业总是通过更好的客户利益来加强市场地位，非营利性组织则把服务的对象放在中心位置。不过将来这里也要谈"市场地位"，因为甚至连国家所有制的单位也不存在垄断了，也处在竞争中，所以也面对的是市场。

核心绩效控制

上面提到的六项关键指标的组合，我们需要用一个总的名

⊖ 这六项关键指标在我的《正确的公司治理》(*Die Richtige Corporae Governance*) 一书中有详细介绍，机械工业出版社，2009年出版。

称来表示，这里我称它为"核心绩效控制"（central performance control，CPC）。谁长期把握住了这六项核心指标，并重视它们的作用关系，那么某种程度上已经得到了可靠的保障，虽然他还没有保证成功，但是成功的概率已经大了，因为事情发生的偏差已经在这些指标中有了某种程度的限制。相反，如果这些指标没有得到控制，那么失败几乎就已经注定。企业主要会在哪里遇到风险，这样也就有了确定的位置。

六项核心绩效控制指标与企业的目标和使命都是处在全局控制的最高层次上。六项核心绩效控制指标创造了凝聚力，对整个系统起到了核心的控制作用，可以比作神经中枢，有着高度敏感的神经束。假如有一天又要增加新的变量（目前还尚无迹象），那么可以毫无困难地向系统内以模块形式添加，我的所有模型都是这类开放式的。

企业的目标和使命规定了方向。很显然，这两项全局控制影响到一个组织最末端的"毛细血管"，也只有通过它们才能区分"绩效"与"非绩效"。它们再建立大的"反馈循环"，作为调节对象以做到掌控复杂性。

到了核心绩效控制这一步，企业使命得到了具体化，并反映到决定具体行动的全局控制中。企业使命这时就变得可操作化，成为企业的实质层面而得以具体贯彻。对于企业的操控来说，企业使命就成了政策与战略之间的桥梁。

成功的控制论：基本变量

罗斯·艾什比发现了所谓的"基本变量"[⊖]，这是控制论的

[⊖] 参见罗斯 W. 艾什比的《控制论导论》（*An Introduction To Cybernetics*），伦敦，1956 年版，1970 年第 5 版，第 197 页；《设计的大脑：适应行为的起源》（*Design For a Brain. The Origin Of Adaptive Behaviour*）。

一项伟大成就。他定义的基本变量是所有对有机体的生存和生存能力发生重要作用的影响因素，且为了生存的目的其变化的范围必须保持在某个所谓的生理极限内。拿生物体的基本变量来说就是体温、血压、心跳速率、血脂值、尿酸值和血糖值等许多指标。基本变量的数值既不能太低，也不能太高，必须保持在"有机体环境"这个系统所特有的极限范围内，标志着正常状态、健康状态和功能状态。

基本变量说明有机体生存的成功，这个理念本身是普遍适用的，而具体的变量指标和生理极限则是取决于各个物种。为了保证生存的成功，我们在自然界找到了一种特殊的优化策略。由于自然界系统的复杂性，这种优化策略要比我们的社会系统，特别是企业所适用的优化策略明显苛求得多。有机体既不最大化、又不最优化它的基本变量，而是通过它的调节系统让这些基本变量严格保持在动态平衡中，动态平衡最大化了另一个高一级的系统指标，即有机体的作用能力和生存能力。⊖

这个道理同样也适合社会和经济领域的复杂性系统，盈利最大化就相当于有机体让它的某个基本变量达到最大化。例如血糖指标的最大化，其结果首先是休克，然后是死亡。如果企业里真正实施了盈利最大化，得到的结果是同样的，因此聪明的管理者是不会这么做的。

若眼睛只看着一个指标，即使这个指标如盈利那么重要，也不足以用来操控一个复杂性系统。企业为了正常运行和保持生存能力，必须把一系列变量指标控制在企业所特有的极限值（相当于生理极限值）内，这样才能实现处在更高一级的"客户

⊖ 对于专家的补充说明：一个自然的元级指标的典型例子。

价值"这个目标。

CPC 指标的组合与三倍的作用

上面提到的六种变量在联合作用下能发挥三倍的作用，它们既是绩效范围同时又是公司治理的评价指标。这就是说，企业必须在这六个领域里都做出成绩，全部的管理措施都要针对这些指标，而结果再用于企业业绩的下一步评价。这是绩效的标准，这样它们就起到了风险探测和风险控制的作用。

基本变量的概念远远超出了所谓的"平衡计分卡"，片面地从股东价值来看，平衡计分卡已经是一个进步，但影响力太小。典型的平衡计分卡所包含的指标很大程度上是随意的，大都过于侧重财务数据。

对系统调节至关重要的指标，如基本变量，必须验证其正确性，必须有足够的操控作用，允许对复杂性进行控制，保证企业在所处的环境中的生存能力。正是通过核心绩效控制的这六项基本变量才能够实现这些目标。

图 9-4 表示出了这六项关键指标和它们之间的关系，它们关系密切并互相依赖，构成了一个网络系统。任何孤立地注重或分析某一项指标，或者孤立地干预都是典型的不符合面向系统的简化方式。这样的做法将不可能理解系统和操控系统。

六种基本变量中的任何一项都是影响因素和"子变量"的复杂性区域，经过归纳后变成了一目了然、容易操控的六项指标。

每一个变量所包括的范围在内容上没有事先定义，这是因为有的取决于一个企业经营活动的特点，这样就可以根据情况合理使用。另外，六项指标的内部组合也随着市场和经济的发展而发生变化，尤其取决于企业本身的成功，因此系统必须是可更改的、开放式的。基本要素已经由 PIMS 程序软件完成了，⊖ 在我后续涉及企业战略的著作中会有详细介绍。

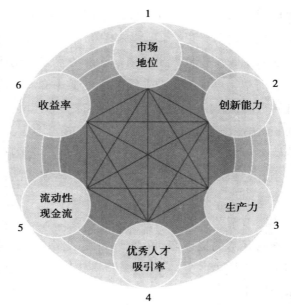

图 9-4　核心绩效控制的组合

拿市场地位来说，除了要用某些不变的指标以外，例如还要看市场份额，一个零售企业不能与一个汽车生产企业或者一个航空运输企业一样定义它的市场份额。虽然每个企业都有自己的市场地位，但是可能要根据不同的角度和因素来看。

企业战略的一个核心问题恰好在于找出六项"核心绩效控制变量"的内容以及各种单独情况下起关键作用的极限值，并

⊖ 为了对企业及其所处环境的整体进行操控以符合足够的复杂性，这项程序软件的目的本来是把涉及企业的活动针对尽可能少的变量，不过系统还是采用开放式的，便于下一步的扩展。

在不断变化的情况下反复调整。这样我们对公司策略就有了新的观点，这就是可以看作一种事先适应的连续性成长过程。

CPC 变量及其潜力

下面我简单介绍这些 CPC 变量，对于公司策略的全局控制层面已经足够。尽管每个变量都一样有必要，但是这里排列的顺序很重要。CPC 指标首先生成问题，因为这些问题引导出信息。提出正确的问题始终是全局控制的起点，有经验的高层管理者这项能力特别强，完全可以这么说，有些人是通过提出问题来管理公司的。

市场地位

第一个绩效指标是企业的市场地位，而且涉及企业的每一个业务领域。问题必须这么来问：我们的市场地位由什么来决定？而不能这样问：市场地位一般都是由什么决定的？

没有单独一个数据可以完全地用来表示市场地位，当然必须始终把相对性价比意义上的客户利益包含在内。要确定市场份额和份额的构成，按照客户群、销售渠道、使用目的，按照直接客户和终端用户以及替代的市场业绩等。知名度和企业形象也可能很重要，媒体及广告占有率、市场排名、营业额等，视营业特点而定。

不断改善市场地位，必须是每个企业战略的核心。这里体现着企业的增长，随着市场地位的扩大和加强，很少有犯错误的，即使有了失误，也会相对快地察觉到。一个太好的市场地位很难想象。

创新能力

第二个绩效指标是创新能力。停止创新的企业就意味着面临风险。创新涉及企业对外和对内两个方面。创新主要涉及六项绩效指标中的其他每一项，建立今天和明天之间的桥梁，不断地创新必须是企业战略中的一项基本原则。

典型的参数例如有"产品上市周期""成功与失败率""新产品的销售比重"等。在"PIMS 程序"中有一个自带的"初始数据库"，完整地记录了创新参数。程序里面是系统和过程的进一步更新、方法和实践、结构与技术等。

类似于市场地位这一项的做法，每个企业必须考虑符合自身情况的创新领域，确定合适的参数并跟踪。创新能力的下降是最高等级的警告信号，我们可以提早在财务机制中反映出后果之前就及时发现。

生产力

第三个绩效指标是生产力，或者是一切生产能力。生产力同样也是对所有其他几个 CPC 变量产生影响的参数。**不断提高所有领域的生产力属于企业一切成功的基础。**

评价每项工作的生产力在多数情况下早已经有足够的方法。今天我们至少需要三个参数：劳动生产率、资本生产率和时间生产率，现在已经有人在呼吁要关注第四种生产率——知识生产率，尽管还没有人能说清这究竟是什么东西。

生产力只有从增值的角度看才有说服力，例如每位员工的增值（劳动生产率），投入的每个货币单位的增值，每个时间单位的增值。并非每个企业都能不断增长，但是每个企业可以不断地提高生产力，生产力的提高至今还没有上限。

人们还普遍没有理解知识就是生产力，这将与 120 年前的劳动生产率一样成为通往富裕的钥匙，企业需要巨额的资金投入才能真正利用知识和知识劳动者。我们必须以极大的兴趣去利用这一资源创造财富，用到解决任务中去。

优秀人才吸引率

企业成功的第四项指标是企业潜在能力的建设和评价，这也是企业文化的核心。我以前的文章里都用"优秀人才"的说法，在这里宁可改用"正确的人才"，原因在于对优秀人才的理解大都带有点俗套，我们只要去看看招聘启事就清楚了。问题不应当围绕某些标准的特点，针对所谓的社会能力，而是应该一方面围绕企业的特点，另一方面应针对应聘者的个人擅长。**没有抽象意义上的"优秀人才"，而只有"哪方面优秀"的人才。**我本来就是这么认为的，但以前用的优秀人才的概念常常被误解了。

流动性与现金流

第五项绩效指标是企业的支付能力，即流动性。我们看到，这项指标排在盈利之前。企业如果没有盈利，照样还能维持相对较长的时间，但绝不能没有流动性，这是一条古老的真理。增加流动性负担来提高盈利是危险的，例如通过延期付款来提高销售价格。企业在盈利困难的情况下通常做出正确的决策，即把不好的业务分离出去。但在流动性发生困难的情况下却常常不得不做出错误的决策，人们常常牺牲掉好的业务，因为只有好的业务才能及时卖出好的价格，以便能够尽快渡过流动性困难。

收益率

六项指标排在最后的是收益率，这项指标按照主流观点是应该排在第一的，这里还涉及经济学和控制论之间的许多差别。谁想要得到高的盈利，就不能从盈利做起，这表面看来是矛盾的。我们根本不能像企业管理学和经济学所要求的那样把利润最大化作为目标。至今没有人可以说清楚，什么是利润最大化，实际上也无法定义，要找出具体答案太难。

收益率对于企业领导来说是重要的，但必须从利润最大化的反面来看，即从利润最小化来看。关键问题应该这么问：我们为了明天还能继续经营下去，至少需要多少利润？这样理解的利润最小化通常要比利润最大化情况下所想象的明显高得多。

利润最大化是面向过去的，针对的是能从财务上反映出来的结果；这里使用的利润最小化是面向未来的，即回答企业为了有个未来，至少必须挣来多少钱的问题。做生意是一回事，保持生意是另一回事，视角转了180度。

信息管理的全新定位

企业中的一切事情都反映到核心绩效控制变量上，如市场宣传、品牌宣传、价格调整等活动理论上只有对这六种指标产生作用的情况下才有意义。采取的某项措施通常也同时对许多项参数产生影响。例如提高价格虽然对市场地位带来风险，但是却首先对流动性和生产力带来积极影响。生产设备的投资对生产力、创新能力和市场地位产生作用，同时也对流动性和利润率带来影响。改革招聘政策和员工培训政策对吸引优秀人才产生影响，也对时间生产率和知识生产率、创新能力和市场地位产生影响，从中长期来看也对利润率产生间接影响。

以上介绍了企业内部的一些措施，企业外部的因素也有类似影响。我们可以设想一下，由于经济形势发生了变化，会对企业的核心绩效指标产生什么影响，还有如竞争对手的反应、外部的技术创新、罢工、边境的开放、政府的干预等。一切都将通过"环境"这个全局控制模型反映到CPC指标上，并且实时加以分析，也可以启动模拟运行。这样可引导措施的出台，以便根据要求对整个系统进行纠正、加强、加速、抑制或改变。

PIMS 程序软件作为可靠导航的基础

马利克管理系统的 PIMS 软件证明在这方面有十分宝贵的价值，因为这套软件为形势判断和措施的效果分析提供了最大的保障。六项关键指标的最大化和最小化决定着企业能否生存。六项指标在极限值范围内的组合决定着企业能否成功。这些指标显示在公司策略的"雷达屏幕"上，是企业在所处环境里获得经营成功和保持生命力的必要条件。

根据我的看法，对六项重要核心指标的定义、测量和评价，PIMS 研究结果在世界范围内一定程度上是最好的手段。重要的变量需要设定经验数值，这些变量对收益率的影响所获得的统计数据是已知的，每一种变量及其二级变量的经验极限值是已知的，这些变量的相互关系、它们的最佳系统组合也是已知的。

谁如果对某一项或多项关键变量不去持续关注，他就要冒丧失生存能力的风险，有可能失去对这些变量的控制，结果迟早也要波及其他关键指标上，可能还是不可逆的。

为了牢牢地掌握关键变量相互关系的复杂性，我在第 8 章里已经提到过，这些关键变量要用威斯特的敏感度模型来表示。

所有六种变量的系统组合在任何时刻都是起着至关重要的作用，数据之间的关系始终在发生变化，就如同生物体的基本生理指标一样在相互影响下始终处在变化中。六项指标之间可能有 30 种不同的关系。六项指标的"生理极限"，即所允许的波动范围要预先考虑好，这一切加起来就有了高度的复杂性，这样的复杂性用"核心绩效控制"的简单化模型来描述和生成。

这六种关键指标决定了一个企业的绩效范围，这些范围里都必须做出业绩，并通过这些变量进行评价。马利克控制系统中，经验获得的基础数据由前面提到的 PIMS 程序软件提供。

企业管理的变革：类似大脑的 CPC 核心绩效控制

复杂性系统中的管理工作向类似大脑思维过程的方向发展，其意义早已被人们认识到了。例如通过 CPC 核心绩效控制的理念把数据组织成控制信息，这种形式已经表明朝这个方向迈出了步伐。企业管理中，几乎每一个方面都与核心绩效控制的变量有关。通过对企业这些核心绩效控制指标的判断和调整，使企业管理发生变革。通过六项绩效数据的控制，可以让企业管理的全局控制获得长期保持成功的能力，因为绩效范围和判断范围本身不会变，它们属于变化中的不变部分，而从中得到的信号却是不断变化的，总是在实时更新，以提供我们做出不同的行动决策。

CPC 核心绩效控制：一般管理原则

企业的一切管理措施都必须围绕六项核心绩效控制指标，并使这些范围里的业绩得到不断改善。公司战略、公司结构和公司文化都是为这六项业绩指标服务的，同样也包括投资、信息技术、过程管理和互联网应用等企业行为。这一切都是由六项绩效指标的要求所决定的，并为改善这些指标而服务的。凡是与这六项业绩指标范围无关的东西，都不值得考虑。

CPC 核心绩效控制与信息管理

六项 CPC 核心绩效控制范围给企业的信息管理带来了革命性的变化。就像我们今天需要来自财务系统的可靠信息来了解第五项"流动性"和第六项"收益率"一样，我们也同样需要关于其他几项绩效范围的信息，必要的信息通过完整的系统随时向控制室提供，再经过加工处理。

我们可以看到，这里所谈的信息管理是另一种全新的视角，和财务系统以及"平衡计分卡"很少有共同点。从所需要的信息来看，财务信息只满足了六项指标中的两项，这是完全不够的。核心绩效控制变量一下子涉及了企业的四个生存坐标，即内部与外部、当前与未来。这四方面的信息经过正确方式平衡后成为综合性的信息平台。

我和一些有经验的管理者对这类核心绩效控制系统谈论多年，他们立即看到了这套系统的导航与操控潜力，特别是实现对企业进行调整的整合与关联功能立即引起了他们的注意。操控不再是累赘的事，如同当信息混乱时不得不要做的那样，操控从"聚合"变革为"趋同"，这也是前面多次提到过的趋同方法和控制论的一个特点。

CPC 核心绩效控制可以比作对一个人的健康评价，无论这个人从事哪项体育项目，也无论哪些器官、哪些部分参与了健康锻炼，他的健康状况本身可以从耐力、灵活性、敏捷性、力量和平衡能力等系统特征笼统地评价，对此不需要到达器官测试值的层面。我们把这个道理移到企业里，例如生产设施、技术、内部培训、过程管理或者价值链这些因素对整个生产力以什么方式起了作用，这对整个系统层面的评价无关紧要。对于具体有针对性地要改善生产率，当然实质性层面上的评价就重要了。

大多数公司里，用于 CPC 核心绩效控制系统的信息首先不容易得到，虽然数据都有，但是没有经过组织整理，是分散在许多部门和地点，只有第五和第六项指标才可以从财务部门得到组织有序的数据。这些数据只是对评价企业当前的运作效率有用,但是对未来的生产力、企业的生产潜力并没有提供什么。这些数据只表明现有的潜能目前得到了多好的利用,同时从财务数据中几乎得不出企业的外部情况。

有效的操控需要来自 CPC 核心绩效控制范围的信息,而且要完全经过组织整理,这件任务就靠 CPC 核心绩效控制系统来完成。

内部 – 外部 – 当前 – 未来

对六项关键指标的每一种进行监控可以用一个坐标系来表示,分别表示"外部 – 内部"和"当前 – 未来",如图 9-5 所示。六项指标的每一种既有对企业外部的反映,也有对企业内部的反映;既有对目前,又有对未来的反映。

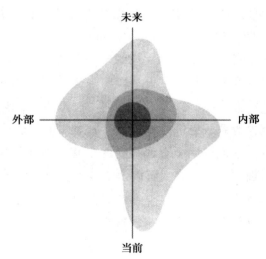

图 9-5 CPC 指标监控的坐标系统

部分策略

关键的指标决定着企业需要哪些特别的专项策略。例如涉及市场地位的，就非常容易引导到如客户价值策略、质量策略、价格策略和品牌策略等。涉及创新领域的，就是创新与技术策略、设计、研究与开发等。人力资源策略属于第四项指标，支付能力指标和收益率指标同样都能找到相关的控制对象。

通往策略的捷径

在战略发展中，利用六项关键指标能大幅提高效能和效率。在我和企业高管常年紧密合作的基础上开发出来并经过测试的专有调控方式，称它为"捷径策略"。它比常规的战略控制过程在所需时间上缩短到 1/3 以下，实现了让策略真正成为连续的控制过程，传统的方式尽管逻辑上可行，但实际上无法实现这一点。它再与控制室结合起来就变成一种全新的适应式战略工作。

规划与计划系统

整个的规划和计划系统都必须面向上述六项绩效范围。只有每项投资都能为改善某一个绩效领域服务，那么一个投资规划才有意义和值得实施，绩效领域决定着哪里需要什么投资。这个道理也适用于生产部门、职能部门的局部策略和目标。通常制定一个投资规划后交到某些职能机构去决策，这种做法对企业的操控实际上是不合适的。每一种规划可以合理地从涉及效果角度进行评价，即看一项规划对核心绩效指标产生什么效果。对此不是非得需要采用其他数据，但是需要数据的另一种组织方式，以便为调控提供信息。

预警

围绕六项核心绩效指标的工作，尽管相对意义同样重要，从原则上看还有一定的先后顺序，从市场地位开始按照顺时针方向以此类推。这与每一个绩效领域信息作用的预警有关。任何关于市场地位受到潜在或者事实上损害的信息都必须立即采取行动，因为这个领域的纠正所需时间相对较长。假如我们依赖支付能力领域的财务数据，那么任何预防性的干预都已经太晚。实际上正好这一点时间上的延迟才有必要进行战略干预。㊀

风险的监测

核心绩效控制指标是对风险进行认识、评价和监控有了透明化的目标。无论风险的来源和原因在哪里，都会在核心绩效控制系统里显示出来。我在第二部分第2章里已经提到过，风险是典型的系统现象，是系统和处境的一种突发情况，很少可以定位到单方面原因上，倘若真能做到，那么这种风险也就不算严重，因为我们知道怎么回事了。

有四类需要不同决策和行动的风险应当区别。

（1）第一类风险是与任何经营形式有必然联系的普通经济风险，这类风险基本上有破产的危险，在企业界从来没有杜绝过。

（2）第二类属于第一类的范围以外，一旦出现时不会置人于死地，我们还能够应付。

（3）第三类风险若情况严重时，会把企业推向绝境，我们不能够应付。

（4）第四类风险属于我们不得不应付的风险，否则没有其他出路。

彼得·德鲁克很早就把风险分成上述四类，这符合应对复杂性的原则，对于每一种合理的风险管理是不可或缺的。而今天比较流行的风险管理系统仅仅做到了符合复杂性，但是没有

㊀ 阅读过本系列图书第一册的读者将回忆起相应的背景示意图。

抓住真正的重点。这将在国际金融市场极有可能出现的混乱中显现出来，有人错误地认为，自己有了复杂的系统就能避免风险了，或许出现的结果正相反。

大脑示意图：按照"向内－向外－再向内"逻辑的显示系统

如前面已经提到的，我们确实已经身临通往"公司的大脑"的途中。⊖绩效控制指标也描述了很高程度上的企业环境信息，这对于企业环境系统的操控是必需的。图 9-4 表示出了六项关键指标嵌入于企业环境中，图上用同心圆来表示。在下一章关于环境理念中我将说明它的意义。

这样表示的六项关键指标就如通往外部的六扇窗子，如图 9-6 所示。这是用控制论方法把握复杂性的基础，即环境的数据采集和屏幕显示所用的"向内－向外－再向内"逻辑，这同样也是下一章要谈的话题。六项关键指标显示企业在所处环境里一切有关的信息。

企业管理者合适的薪酬

企业管理者的薪酬问题今天显得特别重要。核心绩效控制理念，也就是上面介绍的基本变量的理念给管理人员的薪酬计算带来了革命，这是建立在广泛的业绩评价基础上，包含了企业行为的所有方面，成功的前提和实际的结果。采用上述六项指标阻止了对业绩的人为粉饰，因为仅仅按照（或绝大程度上按照）财务指标的业绩评价系统只能描述当前的运作业绩。

虽然要向企业领导为当前运行结果支付薪酬，但不是仅仅按照这个结果支付薪酬，还必须考虑到将来。如果不考虑将来，今天要提供一份出色的业绩是一件容易的事。同样如果不考虑

⊖ 参阅《公司的大脑》（*Brain Of The Firm*），斯塔福德·比尔著，伦敦，1972 年版，1994 年版。

当前的业绩，只考虑建设一个良好的发展潜力也是很容易的。

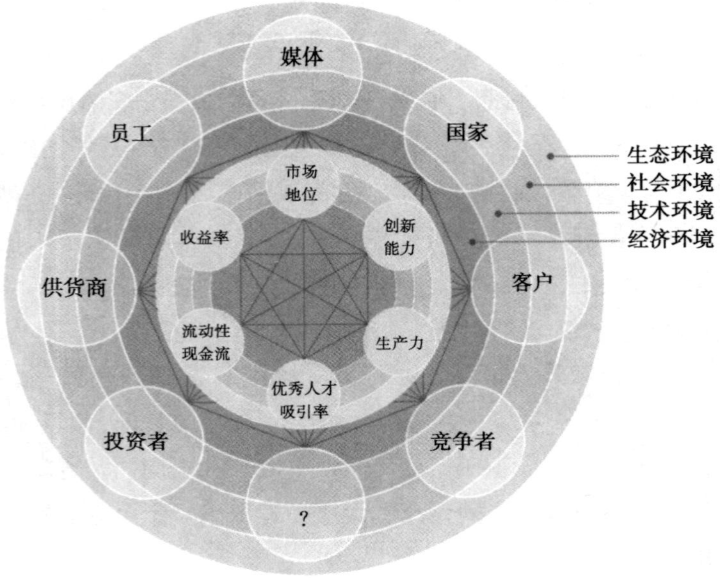

图 9-6　核心绩效控制指标与外界的联系

把两项任务结合起来，这对企业高管来说是一件困难的事。**管理人员的业绩应当从整体来测评**，这一项任务只能采用核心绩效控制系统来实现。⊖

策略和战略的接口

关键指标的这些基本变量是通往企业战略的过渡区。在集团公司内，关键指标在每个业务范围和所有与业绩有关的单位都作为操控指标来利用。

我们这里有另一个模块式和循环的控制系统的一个例子，可以无限制地扩大，有助于成为共同的语言、相互理解和系统

⊖　本书第四部分中还有介绍，更多的介绍请阅读本系列图书。

范围里的自控制。

深入细节的控制系统是不适合控制复杂性的集团公司结构，因为这样的系统变得过于庞杂。粗糙的系统，特别是只重视几个财务数据的系统是危险的，因为错误决策显示太晚。核心绩效控制系统为大型集团公司的全局控制提供了合适的分辨率。特别重要的是网络结构的监控系统，如联盟企业和合作伙伴，在内部控制虽然是必要的，命令却是不可能的。

图9-7显示出了核心绩效控制系统在一般管理系统中的位置，该位置是嵌入在战略子系统内的。

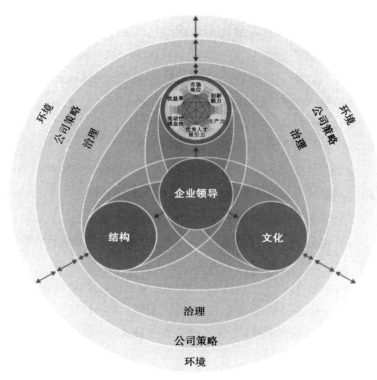

图9-7 核心绩效控制系统嵌入一般管理系统的战略范围

企业目标和使命的控制能力

企业目标和使命的目的是什么？专家会发现，这是涉及避免和解决所谓二阶控制论的问题，这一点即使在系统论专家中也是有误解的。

企业确定自己的目标和使命，这是要从基本上可行的大量目标中选出正确的目标，从无数原则上可行的道路中选择正确的道路。⊖这是最高层次上多样化选择的决策，是最大影响范围的全局控制。海因茨·冯·福尔斯特解释为一阶和二阶控制论。二阶的事情通过相应的规则和调节又返回到一阶的事情。通过这种方式，自然开放的系统就成了信息上闭合的系统，这样就自然提高了能力。

下面我对企业目标和使命的全局控制作用进行总结。目标和使命是唯一的关键，可以产生以下效果。

（1）把短期的、矛盾的、变化着的各方利益、诉求、目的、愿望及其先后顺序与企业的目标进行协调。

（2）评估来自政界、媒体、工会或消费者协会等对企业的批评、抨击的重要性和严重性。

（3）环境变化的重要性评估。

（4）建立和创造认同感、集体感、责任感、自豪感和自我尊重。

（5）引导出下一级合适的目标和效率标准，作为控制对象。

（6）整个企业和职能单位提高业绩和业绩的评价。

在企业目标和企业使命上清楚地反映出正确和良好的控制

⊖ 我一再强调过，在复杂性系统中有无数的错误做法和不好的做法，但效能和效率意义上正确的、好的做法只有一条路可走。

论管理系统，控制的效果是显著的：控制的作用影响到企业顶层、中层直到企业的每个角落，只需采用很简单的调节机制，描述起来很少需要超过半页纸。

虽然观点和意志的形成是费事的，决策的复杂性及其影响范围、需要考虑的因素和变量等都很繁杂，但是如果人们知道其重要性，就会获得令人安慰的辨别方向的能力。企业目标和企业使命作为控制机制，具备了不可估量的控制力，由于其作用涉及外围，所以属于自组织的基础，作用方式可以比作本笃会的教规。之所以这么说，是因为本笃会经历了一切变革、混乱和危机。企业不是修道会，企业有其他的功能，两者做比较时不能太绝对化，但我们从中看到正确构建的全局控制的作用。

在企业目标和使命基础上的六项核心绩效控制指标是使企业这个系统保持持续动态平衡的关键。[一]这六项指标是系统控制的关键要素。"六项合成模块"是构建、控制和发展的平台，所有的措施都反映到这个平台上，所有的控制动因也都从这个平台发出。与控制室联合起来，加上模拟和决策支持系统，企业高层管理者就有了实时的在线控制环境。

[一] 参阅吉伯特·普罗普斯特、赛巴斯蒂安·莱施合著的"保持平衡的企业"(*Das Unternehmen Im Gleichgewicht*)，收录于《正确与最佳的管理：从系统到实践》(*Richtiges Und Gutes Management:Vom System Zur Praxis*)。

CHAPTER

第 10 章

企业在什么环境里运行：环境理念

> 在我们生命的前面一段里，我们学满了知识；
> 在我们生命的后面一段里，我们发现了自己的无知。
>
> ——索尔·戈恩
>
> 哲学家

前面我解释了企业应该做什么、企业理念的内容，这一章要谈谈环境的全局控制，也就是环境理念。我们看到，如何从数据的海洋中获取重要的信息，这也要通过一个模型建立必要的关联，把无关的数据分离出去，这样可以确定什么是重要信息，什么仅仅是"噪声"。环境模型明确了企业高层管理者必须知道哪些是环境知识（见图10-1）。环境模型必须构建成随时可以不断地更新。

要获得环境变化的信息并加以评估，结构性思维和整体性的关联特别重要。这里我要介绍合适的方法和机制，以完成控制论效率的环境理念，这是高层管理者连续判断形势的基础。这里采用的"环境"概念更多的是指生态，是指企业范围之外一切相关因素的总称。

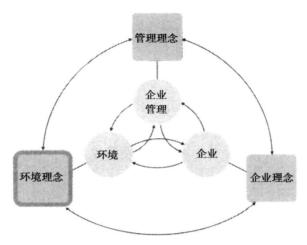

图 10-1 公司策略的环境理念

要注意什么？一张通用的地图

环境理念的内容显然属于企业领导最关注的信息。一个企业出了问题很少是由企业本身造成的，通常都来自环境。创新、产品换代、技术、政策、竞争行动、并购的威胁等都来自企业外部。更重要的是，机会也来自外部。企业的经营是要把机会从外部引入，要发现机会并加以利用。

从企业策略的大方针来思考，要求我们对相互嵌入的系统进行反复逐个的考虑，某种程度上是一种信息的汇集。虽然我们的思想立足于自己公司，但是还要想到整个行业，从行业扩大到企业界，扩大到全球范围，再返回到公司。用个形象的比喻，就像在系统世界里做一次旅行。每一个数据集，不仅是正式的分析结果，也包括谈话中听说的、报纸上读到的、网络上发现的信息，分别按照重要性进行过滤、综合，再到改变自己的看法，必要时也需要改变企业的运行模式，直到应对危机，这点我要在后面谈。

有关全局控制管理系统的企业策略原则几乎可以全部通用化，尽管企业的表现形式多种多样，但是复杂性系统的控制原则始终是相同的。环境理念和企业理念又完全取决于具体的应用特点，企业理念的依赖性更强于环境理念。

决策者通过环境模型保证了任何时候都能掌握全局并且对形势做出评价，他们有一张通用的"地形图"，即系统描述图，可以通过模型对决策进行计算机辅助的模拟，对可能达到的效果进行测试。

未来不可预测，但是根据控制论的规律可以看出构建未来所需要的措施，预见效果。在模拟预测结果的基础上可以通过决策和行动去实现所追求的未来。这是管理的作用，管理学不能满足于理解和明白，这里涉及科学的结论，要做出决策和正确的行动。

40亿年来的生物进化史证明，生物界在不断的尝试中得到成功的进化，灵活性和适应能力在这里代替了预测，无论是主动还是被动地去适应环境。生物的进化演变不是通过预测而是不断的尝试、试验、行动，再尝试、试验和行动，周而复始。

对环境模型的要求

人处在环境里才能生存，企业也只能在环境里才能发挥作用。环境和企业相互影响的程度要大大超出许多企业领导所意识到的。环境是企业的载体，企业又是环境的载体，只有这样才构成一个整体，成为一个功能正常的系统，前一章介绍的核心绩效控制系统的"六个模块"是基础和准则。

"环境"子系统是最复杂的系统部分。面对复杂性,传统的分析和理解都无能为力,但是一个企业又必须了解自身所处的环境,那么我们要对环境有什么样的了解呢?根据第8章的内容,只能得到这样的答案:为企业在环境中的控制目标服务的必须是控制论的环境模型。简单一点可以做如下的理解。

这里我要再次提到有关第8章"心智模型"的内容,控制企业的环境模型必须尽可能接近心智模型的功能,接近那里描述大脑的功能原理。

这在许多小企业里不成问题,前提是企业领导以及最紧密的同事的头脑里都装着环境模型,这样就能实现共同发现、思考、交流和行动。在大企业里这样还不够,虽然决策者也有他们个人的心智模型,但是涉及的人越多,人员的任务差别越大,那么他们的模型就越缺乏共性。对系统的认识相互有差别,虽然每个人都做出最大努力,但不是按照公共的模型,而是各人自己的模型。

自协调、自调整、自组织需要一个共同的基础,否则系统就被破坏了。系统越复杂就越要进行更多的调节,以保证众人对事物的感知、认识和交流具有共性。否则将遇到不可逾越的障碍,系统将缺乏可交流性,结果由于管理的难度而分裂。因此人们需要其他手段,从源头上抓住复杂性,得到共同点。下面我介绍必要的工具。

控制论建模工具包:从数据到信息

为了环境建模的目的,马利克管理中心研发了一套工具,集成了相关的方法和研究成果。我们把这些集成的方法称为

"控制论建模工具包",其中一个核心部分是关于第 8 章里已经提到过的弗雷德里克·威斯特教授所称的"敏感度模型"[⊖]。

关键的是日本控制论学专家丸山正雄提出的所谓"对信息的后组织"。后组织意味着三个方面:分类 – 关系 – 重要性。

分类 – 关系 – 重要性

这是三个关键的步骤,可以从数据中获得用于操控的重要信息。利用"敏感度模型"可以对环境信息进行模拟,如图 10-2 所示。其他如系统的逻辑分析等方法,扩大了被误称为预测的可能性,超出了通常的趋势研究。

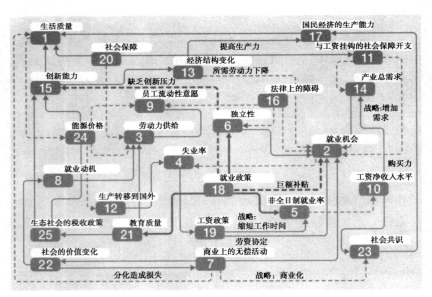

图 10-2　敏感度模型(局部图)

⊖　我和弗雷德里克·威斯特有着长年的友谊和合作。他去世后,他的精神遗产和所有知识产权成了圣加仑马利克管理中心的财产。

公司策略本身不应该包含环境方面涉及实质层面的内容，这是后续管理系统的任务。在一体化的管理系统里，这是各个职能单位层面实施公司策略的任务。全局控制下公司策略的任务只是通过原则性决定粗略地规定以下内容：

- 如何获得对环境面貌的了解；
- 应该通过什么途径去实现；
- 应当采用哪些特殊的思维方式和方法。

这些决策的目的是力图不要忽略对企业的重要机会和风险。实际上问题还可以这样来问：必须要注意哪些方面？

注意力的控制

有了对企业环境的全局控制决策，某种程度上相当于确定了雷达屏幕的显示范围，我们可以随时搜索环境情况并显示出来。

环境模型最重要的输入信号包括董事会、总经理、高层领导的意见，他们的观察、推测和思考可以在控制室里连续地输入模型中。同样重要的还有外勤人员一定程度上的系统观察结果，他们的任务不仅是销售，而且要（至少是同等重要）了解客户的需求和竞争情况。这一切信息都要连续输入环境的敏感度模型，就如同我们的心智模型不断通过感觉器官从外界输入信号一样。⊖

连续更新的环境模型是高层管理者判断形势的基础，一方

⊖ 对专家的补充：这是企业和环境之间的关联要素，使企业和系统组成系统，第二点要素便是企业的行为。

面要根据业务的频率每隔一段时间做出一次这样的判断，另一方面由于外部或内部发生的事件等特殊原因时也要做出一次判断，做出判断的地点都是在控制室里。

必要的时候可以采用趋同法，以利用所有相关员工的知识、信息和判断力。这里要提醒，"趋同"这个概念是"协同"和"综合"两个词组合成的，是通过控制论调节的交流过程，其作用原则是遵循最短最快的信息途径。其中的模型是20面体的几何体，是一个最复杂的柏拉图多面体，如图10-3所示。发明趋同的方法是为了让很大数量人员的交流达到与一个小团队交流同样的效率。在有42个人的情况下，符合20面体几何形状的数学最佳值相当于三天半时间。通过记录方法的变化，人员数量可以在20~100人之间变动。

图10-3　趋同的几何结构模型

环境的全局控制模型

通过对环境模型的全局控制决策进行调节，可以单独为一个企业建立具体的环境模型，这是创立环境理念的基础，包括情景、模拟模型和企业各个部门的子模型。环境的全局控制模型如图10-4所示。我们利用这幅图来解释几个最重要的控制论模型的观点及其应用。

分工的分析过程

全局控制模型"环境"对环境信息的分析过程进行分工调节，使环境的整体情况始终在监控之下。主要的分工有两种，一种是按照环境，另一种是按照机构，这样每个人或工作团队可以分别考虑到客户、供货商、投资者，或者考虑到各个环境因素。如何进行推测，下一步的每个子模型的分解又按照嵌入递归的观点（如在第8章所述），这样不至于造成系统的有机整体被破坏。

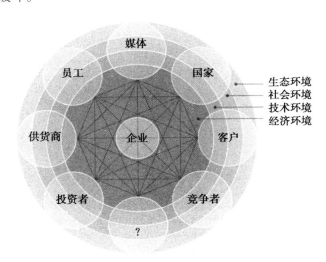

图 10-4　环境的全局控制模型

只有这种模型才能分工和协调地完成此类任务，使用环境模型的人始终不会失去对全局的了解，任何情况都不会漏掉。对于暂时或长期不了解的外部范围，在图上以"白色斑块"的形式表示，这样就避免了遇到特殊领域随之而失去对整体的把握。

"向内－向外－再向内"逻辑

全局控制模型"环境"建立在"向内－向外－再向内"的逻辑基础上。这个概念我在前面讲到六项绩效控制指标（CPC）时已经提到过。

通常采用"向外—向内"的逻辑对环境进行分析的做法往往迷失在无穷的数据海洋中。人的大脑不是这样工作的，大脑把自己作为基准点，大致这么来判断：什么是对我重要的？这个视角决定了什么环境信息是重要的，什么是不重要的[⊖]，而且是从生物体向外进入环境，然后再倒过来。

图 10-5 中心位置的企业模型在图 10-6 里被六项核心绩效指标模型所替代。有关六项核心绩效指标我已经在前面关于企业的使命和绩效计分卡的六项关键指标一章里谈到过。这些指标就如同企业的感觉器官，决定着哪些类型的信号和数据可以作为信息被利用。用专业上的话来说，哪些信号是出现区别的，它们就意味着是对企业有用的信息。

"向内－向外－再向内"的逻辑是对传统的环境分析观念以及策略的形成有了 180 度的转变，这在前面讲到捷径方法时已经介绍了。

⊖ 对专家要做补充说明：这是系统认知的自我参照，是海因茨·冯·福尔斯特和弗朗西斯科·瓦雷拉提出的对圆周形循环逻辑的认识。

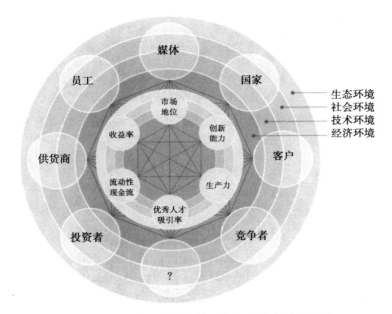

图 10-5　环境的全局控制以及六项核心绩效控制

环境－企业的观察点：双重视角

全局控制模型"环境"把两种视角结合起来，既包含了"环境"又包含了"企业"，两方面都可以增加模块，双方起到互补作用，因为特意加入了信息冗余，所以这种系统的视角转换也变得容易，但转换也是必需的。在某个视角下可能被忽略的情况，在另一个视角下可能会再次被发现。在环境这个视角里毫不起眼的东西可能到了企业的视角里变得十分重要。环境和企业可以按照目的再进一步划分下去，从中我们看到什么叫作分析过程的控制。没有人可以把一切都想到周全，公司策略上所预设的模型就是解决这个问题的手段，我们再次看到了全局控制的作用。

环境层面

几个同心圆表示典型的环境视角，也是企业的生存环境，图中可以看到四个生存环境，经济的生存环境处在最重要的核心㊀，接着是技术环境、社会环境和生态环境。在个别的应用中还可以增加政治环境，政治模型在基础模型中是包含在社会环境中的。

企业层面

图 10-6 列出了企业层面典型的有影响的群体，用问号表示的项目作为预留项，根据个别需要来填充。这里的群体通常被看作"利益相关者"。在我的模型里，应用这个概念要到很后面，因为这些群体是否可以向企业提出诉求，提出多大的诉求，要到分析阶段才明朗。企业在做决策时首先需要考虑到的那些潜在有影响的群体。在讨论公司治理中，我认为"照顾利益相关者"是错误的。

动态的网络联系

我们知道，复杂性来自于动态的网络联系，这一点在模型中得到体现。在 8 个要素中有 56 个关系，可能其中每个都是重要的，也可能是不重要的，需要较多或较少的调节，或者说需要进行较多或较少的管理，我们至少得到 256 个关联点或状态，这是在环境模型上潜在的巨大数量的变化。如果我们再把这么多数量的变化与六项核心绩效控制组合起来，那么得到的是天

㊀ 这在产业界是必需的。如果应用到某个社会机构中，那么社会环境恐怕要放到核心地位了。就此而言，这个模型提供了各种灵活性。

文数量的复杂性，全部体现在模型的范围里。

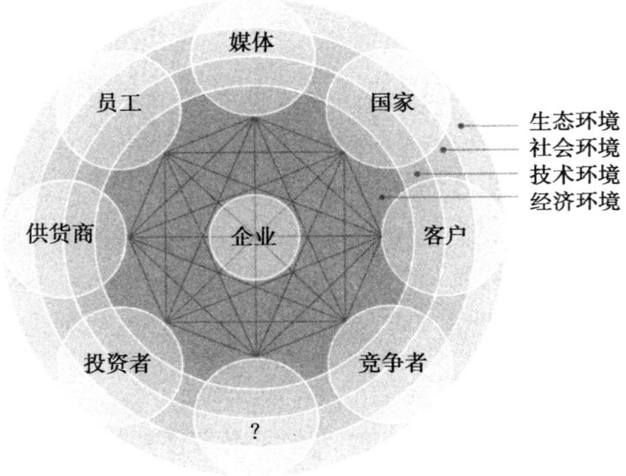

图 10-6　企业层面典型的有影响的群体

地理位置根据需要而定

全局控制模型里没有地理范畴，这一点也许比较明显。地理范畴没有必要，因为分别有使用在某个地理区域内的模型，就如同各地有单独的地图一样。例如，根据企业的需要有用于美国、欧盟、中国、印度、巴西等地的专用全局控制模型。

从科学到实践

一个达到实用程度的环境模型并非来自通常所理解的科学分析。科学分析的环境模型是从学术角度建立的，而我的管理系统的环境模型则必须为企业管理的实践服务。这就意味着，要注重的是实际问题而不是学术问题,当然科学也并非排除在外,它的意义和作用更加重要。首先,必须实现许多学科能够共同发挥作用,如图 10-7 所示。其次,具体问题构成了综合学科知识的汇聚点。

这里值得提到的是,模型的工作原理比普通的分析更加复杂,对信息的加工类似人脑的功能。环境模型需要对信息和知识进行处理,知识不足以应对管理,书本知识更是不够。除了知识以外这里还需要更深入一步,即如何利用知识的知识。这里我没有更好的表达方式,只能用"认识"这个概念,这在英语中也没有对应的词。

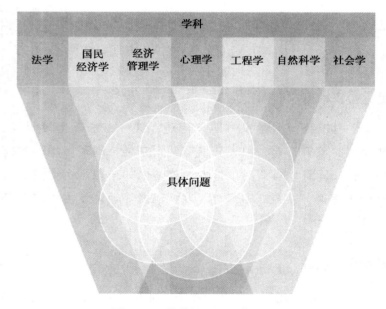

图 10-7　学科相对于具体问题

双重趋同

下一步很清楚，图 10-7 的逻辑和系统要进行混合，或者更恰当地说是与图 10-8 的系统实现趋同。六项核心绩效指标的基本变量按照"向内－向外－再向内"的逻辑来判别什么是对企业环境重要的信息。这方面的信息与知识在利用相关科学的情况下又送入到基本变量中，哪些科学领域和方法对此特别重要，这是下一节要讨论的话题。这里用双重趋同过程来形容是合适的，其中的反馈环属于最强的信息调节过程和知识调节过程，因此也是系统功能的最强调节。

环境模型的全局控制

全局控制模型"环境"对一个企业的具体环境模型的生成进行调节。前面已经说过，通过这个模型可以选出如客户、投资者等不同的范围，再让有关专家进行加工，而且不会失去整体的联系，因为控制和整合的前提还存在。第 8 章里已讨论过公用的知识和理解。

一个实用程度的环境模型需要使用一些重要的原则和理论。下面我们选择几个最重要的知识范围和生成符合技术水平的环境模型必须使用的方法来加以说明。例如，人们为了交际和市场营销必须认识全球性的行为现象，而没有大众心理学的知识就无法去理解。

我们去信任一种不是根据上述原则来进行的环境评价是有危险的。值得注意的是，满足这些条件的企业数量很少，更不用说其他一些机构了。从环境知识的重要性、可采用的手段和今天所掌握的知识等方面来衡量，大部分企业对外界环境的掌握是不够的，往往还是危险地局限于片面的几个环境方面，其他更多的方面还根本是空缺。

下面的建议中有的是长期重要的，有的则在将来会发生变化，但根据我的看法从目前到较长时间内都是特别重要的。随着系统论思维的进一步传播，这些规则有一天将会成为自然的东西，到了那个时候就必须通过原则判断来规定并要求遵守了。下面介绍企业环境最好的全局控制。

实时原则：建立环境模型和对环境进行监控都必须连续和实时进行

这一原则符合前面描述过的感知过程和思维过程，广泛的做法是每隔几年进行一次大的局面演习，演习完了却又置之不理了，这样对系统的控制完全不起作用，从控制论角度看是无效的。这种做法几乎肯定将造成不可挽回的错误，至少使环境模型这个工具变得毫无可信度。需要做出应对行动的重大事情随时都会发生，世界上的事情不会按照预想的时刻表发生。信息收集和信息加工必须做到实时完成。

模糊的系统边界：复杂性系统的边界始终是动态变化的，基本上是模糊的

这是无法改变的，所以也不应当去做这样的尝试，否则只能获得虚假的精确性和错误的边界。相反，我们必须允许甚至明确规定，工作中应当采用模糊的界限。没有人可以说出，企业具体延伸到什么边界，哪里开始属于企业以外的环境。这样的边界必须要有意识地、"强制性地"去探究。这一章开始提出的名人名言有它的道理。这里所需类型的模型特意建成接口式

的模型。⊖

统计是必需的：没有具体的统计式思维就没有信息

假如我没有经常看到有的企业在实践中信息的准备有多么落后，我也不会想到去建议一个公司策略的规则。在我30多年所遇到的企业介绍中，有2/3的数量中包含了严重的统计错误，导致了错误的结论和决策。这样的错误也经常发生在知名企业的董事和监事会会议这种最高决策委员会中。另外，此类现象最近还不是如人们所期待的那样在减少，反而是在增加。更有人对统计学一无所知，所以必须有一个全局控制规则，规定在专业水平上的应用统计学⊖，没有统计学就不可能做到把握复杂性。

人口统计学是必备知识

人口变化的统计数据十分重要，人口统计是复杂性社会在长期发展中可以获得的少数几个可靠数据之一。彼得·德鲁克在他的第一本书里就一再指出这一点，他也经常从人口统计学的事实中得出他自己的想法。在环境模型里，人口统计学属于社会范畴。人口统计学在目前是时髦，但这并不体现普遍意见的重要性。对于许多措施来说，对人口统计学的兴趣已经来得太晚，因为几十年来已经投下了阴影，在许多企业里没有得到重

⊖ 在有关战略这一分册中将说明，用于控制目的的战略必须有一个环境和企业之间的接口功能。

⊖ 歌德·吉仁泽写了他的《怀疑论入门：论正确运用数据和风险》（*Das Einmaleins Der Skepsis. Über Den Richtigen Umgang Mit Zahlen Und Risiken*）一书，柏林，2002年版。书中做了详尽的阐述，我赞成他的观点。他要求我们必须改革数学课，把数学分析改成统计学。对于专业应用统计学，瓦尔特·克莱默写的书应该是必选的教材。

视。太少得到重视的还有加纳·汉索翰提出的"青年膨胀"理论，不仅是由于人口统计上的，而且也由于一般政治上的易变性。[⊖]

基本的人口统计学的数据可以获得，但接受从中得出的结论却让许多管理层人员为难。

金融体系十分脆弱，每个企业都必须在任何环境模型中占有主导地位

国际金融体系在永无止境地扩张，加上它内部的网络化联系，成了最复杂也是最脆弱的体系之一。它在环境策略的全局控制模型里属于经济范畴，也可以作为独立的单元来执行。我们对金融市场无论如何都必须始终给予最大的关注，而且不能受主流观点的影响。形势的发展可能会十分危急，威胁到企业的生存。特别要注意的有以下一些方面：

- 建立在无限信用贷款基础上的经济机制；
- 企业获利得到的流动性和借贷获得的流动性之间的区别；
- 杠杆效果的风险；
- 国际债务循环；
- 美元与美国贸易赤字的关系；
- 金融分析师体制；
- 金融媒体；
- 投资银行的业务；
- 养老基金和对冲基金的动向；
- 新自由主义金融资本的总体思想。

⊖ 参阅加纳·汉索翰的《儿子们与世界强国》(*Söhne Und Weltmacht*)，苏黎世，2006年版。

在围绕新经济理论、围绕金融市场表面看似永无止境的牛市而出现群体性狂热的时刻，我借助敏感度模型对以股东价值理论为特点的公司治理系统，建立起控制论的数学模型，其最重要的关系和网络环路如图 10-8 所示。

这个系统有 79 个正向调节回路，这就是说这些回路都是起增长作用的，起破坏稳定的作用。起稳定作用的反向调节回路却只有两个。在起破坏稳定作用的正向调节回路中，股东价值和 CEO 的收入之间的联系起到关键作用。

这样就可以得出可靠的预测，该系统将失去控制，结果在 2000~2002 年得到了证实，以前的知名企业落到了破产的境地。此间已经出现了某些强大的、稳定的影响，包括一些以自己足够的成功而建立起威望的高层管理者发出勇敢响亮的声音。⊖然而金融市场还是一个最让人吃惊和最混乱的领域。

今天的经济学理论有相当部分是值得怀疑的，有许多是错误的

今天的经济情况必将发生深刻的变化，因此也无法对复杂性社会的经济做出恰当的阐述。对公司策略有影响的经济学理论中有一种新的提法是不来梅科学家加纳·汉索翰和奥托·施泰格提出的财产经济学。⊜我预计，这个理论将在 21 世纪促使人们对经济的理解和解释发生根本性的改变。因此我们应当及

⊖ 这里我还要提醒前面引用巴菲特和魏德金两人说过的话。
⊜ 参阅《财产经济学》(*Eigentumsökonomik*)，由加纳·汉索翰和奥托·施泰格合著，马尔堡，2006 年版；加纳·汉索翰所写的"为什么有市场？" (*Warum Gibt Es Märkte?*)，奥托·施泰格所写的"财产、权利和自由" (*Eigentum Und Recht Und Freiheit*)，这两篇文章都被收录于《正确与最佳的管理：从系统到实践》(*Richtiges Und Gutes Management:Vom System Zur Praxis*)。

时了解和应用到对形势的判断中。

系统动力学 – 公司治理
变量A~H表示公司治理系统的系统动力学，这些变量通过短的正反馈获得增大，涉及总共79个相互嵌套的正反馈。该系统只有受到两项来自工会方面的负反馈的调节

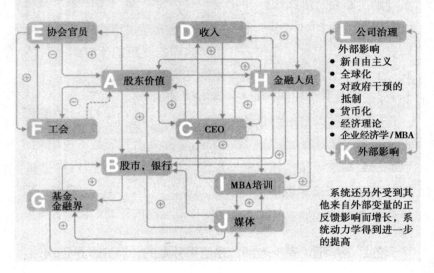

图 10-8　公司治理的系统分析

当前主要在美国被推行的经济学被当作全世界的信条，可能不久将被发现从一开始起就是错误的理论。㊀美国的财富理论是站不住脚的，因为价值和价格被混淆了，而且那些基于价值的理论用于对企业的评价和股票的评价，用于对管理人员的薪酬计算以及其他目的，从经济学角度来看根本是错误或者不相干的。

这些"价值"可能适合用来确定生意伙伴之间的谈判策略。

㊀ 在《管理：技艺之精髓》（机械工业出版社 2010 年出版）里我提出了某些重要的弱点。

从经济学角度看，一件货物的价值不是来自哪一种评价方法，而是来自下一个购买者为此货物而支付的价格。经济学中没有价值，只有价格。也没有可以使用的知识经济理论，没有关于知识工作和知识工作者的理论。

缺少重要的理论还不是那么严重，但是问题在于通过错误的理论来误导决策和行动，还有由此带来的幻想和狂妄。

把美国同欧盟来比较是一种误导，最强大的经济体是欧盟地区

美国的经济数据是不能拿来和欧盟的做比较的，同样也不能和任何其他国家相比较。在许多重要方面，美国使用的统计方法明显把美国的经济粉饰得太好。增长率和生产力提高了1.5～2个百分点，实际所宣称的美国领先于欧洲是统计上吹起来的。虽然美国的经济总量大，但是美国经济的强大只是个传闻，结构上的弱点极其明显。在媒体上一再出现的正面报道是个值得关注的现象，这是一种数据不经审核的抄袭，这种"拷贝加粘贴的新闻学"现象我将在下面阐述。

中国将很快成为最大的经济体，但还不是最强的经济体。今天世界上最大、最强的经济体是欧盟地区，这一点被人们忽视了。一个简单的原因是媒体没有把欧盟当作一个经济整体来看待。经济意义上的欧盟在某种程度上是不存在的，因为只从某个单独国家来看待它的经济成就，这就有点像把美利坚合众国的各个州单独分开来看一样。欧盟各国单独公布经济数据，除了要表示国家主权外，还因为欧盟缺乏政治上的整体性。这一点对于欧盟统一成为一个经济区来说是不利的或者是一种干扰因素。欧盟统一成为一个经济区早就是事实，就相当于美国这个统一体。

掌握全球最大经济实力的是 5 亿人口的欧元区，并不是 3 亿人口的美国，欧元区大多有着高度发展的经济，由于缺乏整体展示的习惯而往往被忽视。例如，美国的形象在中国的公众当中是无所不在的，而全球最强大的经济体却完全不知道。

德国肯定是欧元区里最强大的经济体，或者是有着 1 亿人口的德语国家地区。有人认为这个德语区应当美国化，一些媒体看来也有此意图，几个鼓吹手也想开导德国人，这纯粹就是在胡说八道。

人人都认为正确的东西却偏偏是错误的

大多数人有一种无法抗拒的从众倾向，这对于企业领导，尤其是对高层领导来说是危险的。可以证明的是，真理几乎从来都是少数人发现的。历史上都是一些聪明人发现了多数人观点中的错误，例如哥白尼、伽利略、爱因斯坦、卡尔·波普尔、鲁伯特·里德、加纳·汉索翰和奥托·施泰格等。有人称他们为"反过来考虑问题的人"，只有这样的人才可以为人类进步创造新的科学观点。**成功的企业家也是一个反过来考虑问题的人。随大流的人很少能够取得经营上的成功，也不会培养出领导才能。高层管理者必须有能力脱离主流**，从一个更高的视角批判性去审视，必要的情况下加以反对。这是真正领导才能的基本条件之一，却很少被人重视。领导者必须仔细地区分事实与观点，尤其是在把大众观点用作自己的目的时。

没有大众心理学就不能理解复杂性系统

大众心理学中的"旅鼠效应"形成了多数派。这是前面提到大众不掌握真理的原因。大众心理学是一种复杂性系统的理论，大众心理学的知识对于高层管理者来说十分重要。缺少大众心理学知识如何去理解市场？

大众心理学受到几十年的冷遇，近来又重新被关注，但是只有少数研究人员具有丰富的知识，奥地利女教授琳达·彼兹曼是其中突出的专家之一，⊖ 她在哈佛大学期间对大众心理学方面所谓"从众愿望"的理解做出了重要的贡献。是那些大众心理学的知识，也包括其他的系统论知识帮助我正确估计 1990 年新经济理论的错误和金融市场的真实特征，并及时做出崩溃危机的预告。

媒体里讲到的将来早已是过去

建立在媒体消息剪裁基础上的趋势研究大多没有价值。媒体报道的只是接近结束而不是刚刚开始的趋势。这是媒体的本质所决定的，因为趋势的开端还不算是趋势，内容还达不到成为引人注目的大标题。我们很容易证明这一点，例如首先查一查这样一个问题，媒体里曾经预先报道过哪些趋势的来临，其次再查一查媒体对股市的哪些走势预测是对的。让人很容易发现的是，谁要在金融市场上获得成功，就必须要按照媒体推荐的反面来行事。成功的生意人确实是这么来考虑他们的决策的。

媒体创造真实

包括互联网在内的媒体把新闻学及其运行结合到决策中，这是必然的做法。媒体创造真实，而且依照的是连他们自己都

⊖ 参阅琳达·彼兹曼发表在《马利克管理学通信》2002 年第 11 期、2003 年第 2 期、2004 年第 12 期、2005 年第 11 期上的文章，另外参阅摘引马利克的文章。

知之甚少的规律性。媒体自己都在持续不断地与世界的复杂性做斗争，在反对复杂性，因为他们认为越是复杂的事情就越是不得不进行简化。他们传播的世界观不需要准确，通常也不准确，但对于媒体的受众却是起作用的。

媒体越是成为大众了解错误事物的来源，那么认识媒体及其作用方式就越是重要。例如有关在大众中引起广泛兴趣的科学报道，实际的重要性是值得怀疑的；例如大部分的关于医学、心理学、环境和生物科学等，尤其是基因研究或大脑研究的报道。

由媒体描述的管理学情况大部分与大多数企业的实际情况不相干，更不用说符合关于管理学的研究结果。媒体里关于管理学的消息对于大部分人群来说是唯一了解管理学"知识"的来源，而媒体里提供的大部分这方面的消息是十足的胡说八道。大部分新闻记者对管理学问题缺乏必要的评价标准，一方面缺少受教育经历、实践经验和认真研读越来越多的专业书籍；另一方面这类书籍对他们的职业来说也没有时间去读，即使对于必要的调查研究也大多没有时间。新闻工作者的无知就加剧了社会大众的无知。

结果出现了这样的情况，各个领域里没有实践经验的科学家成为企业经营问题上帮媒体说话的人。这些人被无知的人选了出来，去提供体面的错误观点。这样就出现了令人担忧的误导，产生了人们的异常心理。

没有其他任何领域像管理学那样，无论在严肃性的文献信息中还是媒体消息中有如此大的观点分歧，这对于管理学职业和这方面的教育工作来说是个巨大的障碍。因为知识结构受到了影响，每个方面都不得不每次从头至尾解释一遍。有人认为，只要阅读专业文章和专业报刊就够了，那是一种误解。因为媒体在这一领域多半是不起作用的,那些给人以启发的信息犹如昙花一现,很快就成为过眼烟云。现在还和以前一样,我们依然必须系统地钻研严肃的专业文献,同时还要考虑到,专业文献的作者不可能在讲到管理学的观点时都从启蒙阶段开始。

如果期望管理学有解决问题的专利,可以简单地通过方便的专利方案学到,这始终是个幻想,尤其在复杂性时代更是幻想,后果也更严重。

对于复杂性时代的世界,不能过高地看待媒体的意义,尤其是互联网的意义。高层管理者必须认识媒体系统控制论的作用规律,不断地学习。㊀

趋势的出现比趋势更加重要

趋势并不是最重要的,更不提那些已经在媒体里出现的趋势。最重要的是趋势的开始,由于其出现的不连续性,因而它一方面最危险,另一方面又带来最大的机会。有清醒头脑的人,常常足够早地就发现这种不连续性,一旦趋势的突变真正出现了,可以对此做好准备,例如在金融市场,也包括在技术领域。真正的意外是极少发生的,但是如果谁事先没有警惕性,他就会感到意外了。**趋势越是来得平淡就越是让人麻痹,这样就造成一种错误的安全感,人们不注意发生转折的早期预警信号,对于貌似新的变化感到吃惊,而事情的发展实际上需要经历数十年的时间**,例如计算机技术和互联网等。对于基础的创新没有立竿见影的效果,更多的是长期的过程。

㊀ 关于新闻学和公共关系学有着丰富数量的研究成果,但却几乎没有关于媒体系统控制论的调节作用的研究,在媒体和管理学之间的控制论相互作用的研究中,玛丽亚·普拉克纳的研究成果给人以启发,有关内容也在以下网址里找到:www.mariapruckner.com。

杜绝线性思维,提倡 S 形曲线分析

复杂性系统的正常运行不是按照线性规律的,其结构也不是线性的,没有例外。这一点大家都知道,但尽管如此,大多数人还是采用线性思维,所以应当杜绝线性思维和线性分析。复杂性系统的天地里绝大多数事物发展的类型呈 S 形曲线而不是直线。如果这一点认识已经得到足够广泛的认可,那么这一要求可以从公司策略中删去,但目前意义还是重大的。

图 10-9 只是数千种情况中的四个例子。[1]只需第一眼就看到典型的 S 形曲线。复杂性系统由于其内部的调节机制(它们的全局控制)生成的是一种 S 形曲线的稳定的行为模式,这是关于复杂性系统进行可靠预测的少数几种方法之一。这不是普通的预测,普通的预测实际上总是推算,这是系统自然的动力发挥,也就是复杂性系统发挥作用的基本形式。塞萨里·马舍蒂的方法与仿生学有着高度的相似性。

如果涉及市场分析,涉及确定市场饱和度、市场容量、增长率、增长的转折点、取代和创新时,这种方法必不可少,是每个战略决策的关键问题。

例如,我们首先来看自然界,我们可以向自然界学习,这里不涉及细节,而是涉及直观的所谓逻辑现象的理解,也就是系统发展按照的是 S 形的过程。特别是高层管理人员必须知道,有这种现象,也有这种分析的方法。

---

[1] 这一领域的奠基人是塞萨里·马舍蒂和盖哈德·孟施,做出重要贡献的还有西奥多·穆迪斯、内博伊萨·纳基斯诺维奇和阿诺德·格律布纳等。在我自己的研究范围内,安德莱斯·爱格拉和海尔曼·彭格发表过两篇这方面的文章。

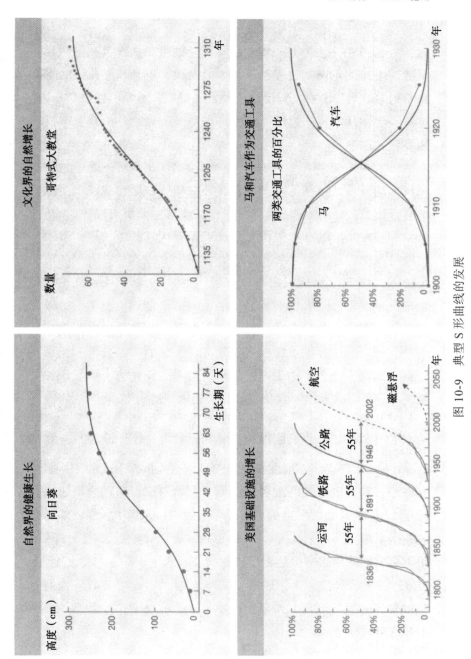

图 10-9 典型 S 形曲线的发展

图 10-9 的左上方是一棵向日葵正常的生长曲线，在自然界里健康生长的东西其过程都是呈 S 形曲线，不呈 S 形曲线的生长是病态的生长。右上方反映的是欧洲哥特式教堂的建设数量，过程经历 200 年。从数据可以提早和足够精确地评价教堂建设的发展过程。

图 10-9 左下方是整齐排列的美国自 1800 年来交通运输基础设施的发展，包括运河、铁路、公路和航空运输线路，而且都有它们的百分比饱和过程，即它们的生态空间相对耗尽。

右下方显示的是汽车作为交通工具替代马匹的过程，过程进行得很快，马匹作为牵引工具在 1900 年还占有百分之百的市场份额，15 年之后就只剩下一半了，到了 1930 年就被汽车完全挤出了市场。

总体上来说，细节并不重要。S 曲线分析的整体方法把技术发展的研究、技术更新、竞争分析以及总的市场分析和社会分析提高到了一个新的更高的水平，可以更深入地了解复杂性系统的运行方式。这一方法工具属于技术发展水平。

用 PIMS 软件进行标杆瞄准和竞争对象分析：基于迹象的决策

PIMS 软件已经在前面多处提到过，这是世界最大的策略研究程序，是"市场战略对利润的影响"的简称，即在这项研究计划 1965 年开始时所用的名称。今天我们所用的 PIMS 软件已经超出了市场战略的范围。PIMS 软件在分析企业经营收益率真正重要的影响因素方面达到了可靠的技术水平。在这个意义上，PIMS 软件标志着企业管理学和战略规划上的一个突破。我们在做整体的战略规划时如果重视基于迹象的决策，那就已经离不开这项软件了。

对于环境理念，在标杆瞄准和竞争对象分析方面可以使用PIMS的研究成果和方法。

仿生学是必备的

上面谈到的社会和生物系统中复杂性系统的表现形式，它们在系统发展上可以预期的那种表面上惊人的相似性，也包括控制论规律的相似性，直接催生了仿生学，这是把生物学和技术结合起来的一门学科。㊀**仿生学就是向生物界学习，为技术界所用**。仿生学的基本思想极简单又令人信服：假如您遇到难题需要解决，那么看一看自然界有没有现成的答案。答案并不是都能找到，但却也经常能发现"富矿带"。**自然界毕竟是个研究和发展的实验室，已经试验了40亿年的解决方案，我们不仅能够在自然界发现解决问题的办法，而且这种办法从任何角度看都是最佳方案。**

仿生学就是把生物学里的知识应用到技术领域，从广义上说，实际是应用到社会领域。这门相对年轻的学科还有许多未知的秘密，今后对材料科学、制造技术、设计原理、结构原理、运行原理等都可能带来革命性的变化。尤其是从自然界可以学习到的结构原理和运行原理，这对复杂性系统中的管理学具有重大意义。

仿生学的基本思想超出了技术应用的范围，结合进了控制论，这是前面已经提到过的控制论的奠基人数学家诺伯特·维纳的观点，他研究有生命和无生命世界（他称之为"动物与机

㊀ 参阅参考书目中丰富数量的列表，对于管理人员来说，于2006年和2007年在瑞士圣加仑市马利克管理中心召开的第一和第二届仿生学与管理学大会尤其重要，有关会议论文请见参考书目。

器")里的控制与信息交流,他认为两者遵循的是同样的规律性。⊖如果我们模仿自然界的调节机制,尤其是人类的神经生理学,那么将符合仿生学的思想。⊜

分析社会系统的"社会情绪经济学"

关于公司策略规定中的环境分析,最后一个建议是把所谓的"社会情绪经济学"用于分析社会系统。利用社会情绪经济学可以分析系统和预测其未来的发展,可以形象化地将其比作医学上用的 CT(人体横断面的扫描成像)。可能要结合数学上的混沌理论和所谓的艾略特波浪理论,这些理论我们不在这里做进一步的详细讨论,但值得说明的是,这里涉及基础研究的前沿,我们必须要有好奇心、坦率和做试验的勇气。社会情绪经济学和这里推荐的其他理论完全兼容,对 S 形曲线的系统分析是一种补充。我的猜测和期待是,社会情绪经济学将在 21 世纪脱颖而出成为最新的理论之一,一旦广泛普及就将产生巨大的影响。⊜

复杂性系统的控制论敏感性分析是必需的

最后我再一次要提到用敏感度模型的工具对环境关系的系统建模,利用这个工具在实质层面对系统进行建模并可以

⊖ 参阅诺伯特·维纳的《控制论或关于在动物和机器中控制和通信的科学》(*Cybernetics Or Control And Communication In The Animal And The Machine*),在美国麻省理工学院 1948 年出版。
⊜ 如何模仿,将在本系列图书第四册中介绍。
⊜ 这一领域的奠基人是小罗伯特 R. 普莱克斯,《新科学及社会情绪经济学时代人类社会行为之波浪法则》(*The Wave Principle of Human Social Behavior and the new Science of Socionomics*) 1999 年版,以及《社会情绪经济学的初步研究》(*Pioneering Studies in Socionomics*)2003 年版。

模拟运行。利用其他的建模工具同样也可以做到，但真正的进步在于，使用敏感度模型可以分析、调查和测试一个系统的控制性能。这是威斯特成果的高明之处。敏感度模型的编程技术和软件可以实现简单方便地建模，并远远超越了许多普通的模拟工具。更重要的是，我们可以测试一个系统的自我调节功能有多好，哪里容易出现失去控制，如何可以返回到受控状态。

如上所述，为了具体把握一个企业的环境，并且能做到模拟运行，我的一套环境理念的方法中把威斯特的敏感度模型作为最重要的工具。只有使用这个工具或其他类似的工具，才可以从信息的"拼图块"堆中得到一幅网络化系统的完整图像（见图10-10）。使用系统化的网络模型来摸清环境系统，必须有一个公司策略的方针来规定。这种方法对于克服和利用复杂性时代的复杂性比会计学更加重要，从企业的经营管理角度看，100年前发明的会计学给企业的经营管理带来了革命性的进步，而今天敏感度模型这种方法比起当初发明的会计学意义还要重大。

颠覆性的变化

颠覆性的变化也要求完全不同的方法。用形象的比喻来说，地区地图对于一个球形的世界来说不仅不能用而且是错误的、误导人的。

按照这里讨论的原则，认真观察前面提到过的研究结果和新的科学技术来进行环境分析，与传统的操作方式相比，让高层管理者的意识明显提高到了一个更高的层面，这也间接地提高了企业的意识。

公司策略与公司治理·UNTERNEHMENSPOLITIK UND CORPORATE GOVERNANCE

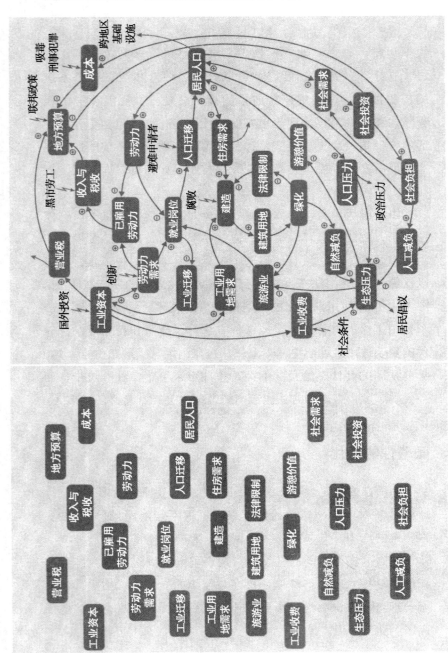

图 10-10 信息碎片的系统组合之术

掌握完整的环境面貌，用于对系统进行全局控制，首先必须掌握普通的社会变化，只有在这个前提下才能对个别情况的重要性进行评估。

以下的观点至少应该成为所有企业环境模块的观察范围。

- 社会各个范围加速的复杂化，包括越来越多的领域日益增多的网络联系，可靠性地下降；几乎一切非线性的发展过程都显示出大幅度的急速上升或下降。
- 各个领域的全球竞争涉及各个企业，无论属于什么行业、规模大小和作用半径；即使某个企业在中国没有活动，那里可能一夜之间就冒出多个具有威胁力的竞争对手。虽然每个企业早已不必都到全球去活动，这当然也根本不可能，但我们必须观察全球范围的新动向。
- 低成本的劳动力将不会再给任何人带来竞争优势，传统意义上的劳动将越来越失去意义，所以为了劳动工资而承担罢工的风险越来越没有意义。今天大多数行业里劳动力成本占总成本中的比例已经不大。
- 尽管贸易保护主义事实上几乎不起作用，但其势头还将在全球增长，许多面向本国选民的口号将引起共鸣，但是全球经济气候却要受到影响。
- 国家政策将继续显示出重要性，但还是帮不了什么人，更多的成为干扰因素，但我们还必须面对。
- 知识和学问将越来越膨胀，⊖这就是说将出现越来越专业的特殊知识，因此知识型工作和脑力劳动者将成为经

⊖ 严格说来，英语里 knowledge 这个词是没有复数的，这里用的复数形式是彼得·德鲁克的主意，我也借用这个概念。

济和社会的主要力量，实际上今天已经是事实了。
- 知识作为资源会导致新的流动性形式，尤其是导致新影响力的形式和权力的形式。无论将来对知识拥有者的利益有什么变化，知识的拥有者和各类专家将越来越重要，比今天的股东更重要。无论传统的财产权将发生什么变化，与拥有知识相比，金钱的拥有将对经济的影响力越来越小。知识型工人将来在股东大会上是不是会有正式的影响权还值得期待，但我们要有这种准备。他们实际上的影响将不受形式上的规定，比法律意义上出台的规定更快，他们的影响将比金钱投资者更大。在金融业、市场营销、广告、设计和咨询业等类似知识领域今天已经是如此了，因为整个团队可能一夜之间就"改换门庭"。
- 仅从完整性考虑，还应该提到互联网，它的发展前景可能远远被低估了。
- 每一项要求并不是对每一个企业都同样重要。公司策略在涉及"企业必须在什么环境里运行？"的问题上要针对具体的特点。在一个保险公司里，环境模型或环境理念的内容显然不同于在一个食品企业、一个旅游企业或一个私有产权公司里。

下面一章要谈的管理系统（企业应当如何发挥作用）实际上可以完全笼统地讲，因为正确系统控制的作用原理到处都一样。只是与环境的关系上每个企业才有特殊性，这是我要在下一章开始前提醒读者注意的。

CHAPTER

第 11 章

企业应当如何和怎样运行：领导理念

管理学是驱动力……

——汉斯·乌尔里希
以系统为导向的管理学创始人

通过环境理念进行的全局控制已经介绍过了，如何实施的问题还没有解决，还缺少一个具体的管理理念，因此这一部分也必须在公司策略中确立下来。通过领导理念实现的全局控制是前面两章的要求能够实现的关键。用公司策略的决策来调节，企业在所处的环境里应当如何和怎样来管理，这就需要建立管理系统（见图11-1）。

我在一开始就讲过，管理是调节，调节就是管理。在本系列图书第一册里我根据语言使用习惯把"管理"和"企业领导"当作同义词来使用，因此企业领导就等于企业管理，人的领导就是人的管理。有人经常把管理和领导才能对立起来，这样会引起混乱。领导才能是管理学上的一个范畴，这一点还要在本书的第四部分里探讨。

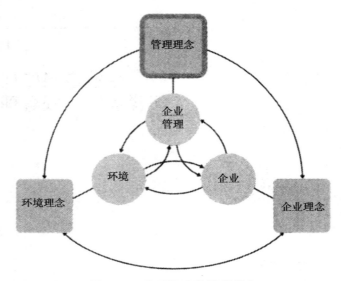

图 11-1 公司策略的管理理念

本章要介绍企业在所处环境里的构建、指挥和发展；介绍作为全局控制来管理实质层面的控制系统。本章的内容比较精简，因为我的整个管理系统的每个部分都有完整的成果发表在许多论文里。另外在后面的分册里还要详细介绍各个子系统。㊀

到处通用和人人适合的管理学

对于企业来说，管理系统的作用就相当于计算机的操作系统，或者生物细胞的基因组。因此逻辑上必须符合以下要求：

- 整个企业必须使用同一套管理系统；
- 对管理要认识一致；

㊀ 参见《管理：技艺之精髓》。

- 使用同样的概念和内容去指导行为；
- 使用同样的方法和工具。

这一原则无论从逻辑上看多么清楚，但在许多企业里还是很少被执行。一个企业经营得差，这就是主要原因之一，尤其还有无所不在的交流困难，语言上的障碍，普遍存在的误解，越来越有必要改善的企业文化、社会能力、情商等。

（1）要求企业管理到处通用，涉及两个问题。第一个问题是如何来理解企业管理？有一个5万员工的企业，我在和他们的董事会主席的一次谈话中建议他在管理培训中加一项重点，因为该企业在这方面落后了。他赞成我的建议，他要立即安排日程，马上开办关于冲突管理和个性发展的研讨班……他习惯的那种管理学观念已经不合时宜。在复杂性时代，这种观念相对于管理学来说，就像罗马式的马车比赛与F1方程式赛车。

（2）第二个问题是，在一个多重文化交叉的企业里是不是真的应当到处都按照同样的原则来进行管理，还是要考虑到个别的文化差异？根据我的管理系统，这个问题只有一个明确的答案：正确的、良好的企业管理之所以到处都一样，是因为控制论的规律是通用的。虽然文化有差别，文化的要求也不同，但是满足文化的要求却是需要同样的方式。这个问题上控制论在企业管理系统的运行方面又显示出特别的优势。

由于控制论调节规律的通用性，我的管理系统可以按照"正确"和"良好"的标准来构建。在《管理成就生活》这本书㊀里有详细介绍。经过在不同文化中的测试，特别是拿到中国这个文化差异可能最大的地方测试，结果证明：正确和良

㊀ 参阅《管理成就生活》，机械工业出版社2009年出版。

好的企业管理是到处相同的，与文化无关。相反，错误的、糟糕的企业管理则有无数的变化，遍及世界各地。托尔斯泰在他的《安娜·卡列尼娜》一书中用同样的方式表达他的观点：所有幸福的家庭都十分相似，而每个不幸的家庭各有各自的不幸。

发挥工作潜力

社会上大多数企业里都隐藏着巨大的潜力可以改善和完善管理功能。许多问题可以通过更好的管理来解决，这样比通过法规解决得更快、更有持续效果，例如：

- 企业的运作能力和运行的可靠性；
- 改善生活水平、教育和健康水平；
- 保护自然资源；
- 改善生活质量。

如彼得·德鲁克在讲到欠发达国家时说的话："没有欠发达的国家，只有欠管理的国家。"这句话同样也适合欠发达的机构。"欠发达"的是大部分非经营性领域的机构或非营利性行业，但这里正好也有运行非常好的机构做榜样。大多数机构还牢牢停留在20世纪的思维方式上，它们的"欠发达"是由于"欠管理"，这里说的不是指令式的管理，而是"自组织"和"自调节"的管理，这也是本书和本系列图书的重要话题。

奇怪的是，在公共媒体和政治讨论中，要谈到改进计划、改革计划时居然没有出现"管理学"这个概念。管理学作为社会功能，起着构建、控制和发展的作用，但在公众的意识里却不存在。可以肯定地预言，任何不遵循运行规律的改革都不会成功。违背复杂性系统自然规律的东西毫无成功的希望，哪怕花了更多的钱。

自组织的形成

上面提到建立管理系统的公司策略的原则决策，决定了如何管理企业，在操作层面如何调节。

通过构建全局控制系统，确定了大量的调节机制和调节系统，在实质层面进行操控。如果全局控制构建正确，那么管理人员某种程度上可以"靠在椅子上休息了"，因为从这时起后面的系统就承担了他们的工作，例如公司战略子系统、公司结构子系统和公司文化子系统等，我们可在下面的模型里看到。这些子系统用来实施公司策略，任务是实现公司的战略目标、意图和原则。

全局控制创建起调节作用的子系统，这些子系统再创建自己的下一级调节子系统，如此循环下去。**全局控制是一种途径，让系统能够实现自组织**。这不是形而上学的建构，而是让各个层面上的人发挥作用，他们能够独立地、全部负责地对自己和他们的工作、团队、职责范围进行管理、构建、控制和继续发展。员工的管理和机构的管理，这是应用我的管理系统的两个方面，实现的是自组织。实际上自组织就意味着在社会机构里让每个人都能做到利用他们的能力、智慧和知识独立地在为机构服务中做出贡献。这就是说，向员工提供条件，让他们有能力发挥他们的长处，把长处转换成工作成绩。

全局控制管理模型

我的管理系统在公司策略的原则方面基本上用几句话就够了，用来规定企业领导应当按照这一管理系统的原则和内容来完成他们的管理任务。

之所以可以这么做，是因为我的系统全部考虑到了各个方面，采用的是模块式的结构，可以进行模块组合以适用于各种应用场合，这是该系统的优点之一。由于这套系统采用了当今所有的各种通信技术，引入和应用后实现企业运行的高效率、高速度并达到更好的效益成本比。⊖

我已经在第 8 章里介绍过基本模型，在这个基础上有两个全局控制模型，第一个是用于整个企业层面管理的"马利克全功能管理模型"，第二个是用于员工和团队管理层面的"马利克标准管理模型"。第二个模型由于其图形像一个轮子，所以很快在社会上被称作"马利克轮状管理模型"。两个模型如图 11-2 所示。

全功能管理模型用于一个企业的整体管理，标准模型用于员工管理，两者可以相互转化，因为它们的结构相当于第 8 章里谈到的递归结构。根据这两个基本模型产生了一个专门的应用形式，即综合性管理系统（IMS）。

作为第一步，只需要公司战略的一个决策来确定这两个模型是完成全公司管理任务的标准，在公司策略的书面文件中应当专门写入这两个模型，这样就有了更好的依据。

⊖ 附录中有我的管理系统的简单介绍，包括系统的模块结构以及各种模块组合。

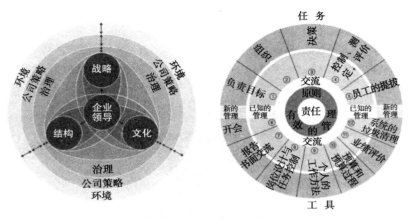

图 11-2　左图是全功能管理模型，右图是标准管理模型

全功能管理模型

图 11-3 表示出了全功能管理系统的模型。前面我已经提到，用书本形式来描述和理解复杂性系统结构已经是过时的媒体，因此我的描述只限于最重要的内容。

模型的图形代表了典型的复杂性结构系统在网络中的嵌入式结构，这已经在第 8 章里解释过了。每一个单独的部分本身就是一个复杂的调节机制，对整个企业的某些复杂性部分进行调节。这些独立的部分与其他关联的系统一起构成总控制层面上的控制结构。

最外面的一环表示环境，嵌入在环境部分中的是公司治理。在我的管理系统中把公司治理作为公司策略的一个部分来对待，其原因已经在前面讲过。在这三个"外壳"的内部可以看到公司战略、公司文化和公司结构三个子系统，最中心是企业领导。从图上的网络联系也同样可以看出，但只是为了直观和容易理解象征性地表示了出来。在本系列图书的另外几册里将介绍这些子系统和它们之间的相互联系。

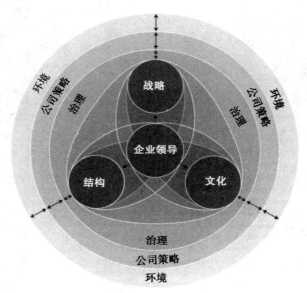

图 11-3　马利克企业管理全功能系统

所有子系统之间形成共同协作，包括所有后续的模型和整个管理系统，这可以比作一辆汽车所有子系统的相互协调，包括发动机、底盘、电子系统等。有人如果熟悉 F1 方程式赛车就知道这里有多么高的要求。另一个可比的例子是交响乐队里每一件乐器的合奏，或者一台歌剧里各个参与者的合作。管理学中的职业化与其他领域的职业化比起来要求一点也不低。

高效率企业管理的标准模型："轮状管理模型"

在企业员工和团队的管理层面可以使用企业管理的标准模

型,即图 11-4 所示的正确和良好管理的标准模型。这个模型及其内容在《管理成就生活》一书中有详细介绍。

"轮状管理模型"是按照任何一门职业的四大专业化元素来构建的:任务、工具、原则和责任。其中包含了专业化高效率做事的标准。企业领导越是不同,做事效率高的人就越突出。重要的不在于"是"什么,而是"干"什么。㊀

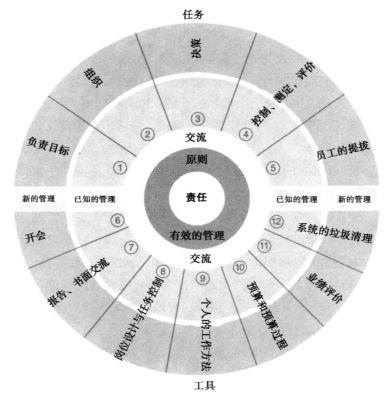

图 11-4 高效率管理的标准模型或"轮状管理模型"

㊀ 彼得·德鲁克在 2004 年与彼得·帕谢克合作出版的《高效率管理的基本原则》(*Kardinaltugenden Effektiver Führung*)一书中,德鲁克的一篇文章里又一次总结了高效率管理者做事的模式。

在我的模型最中心位置是"责任"这个要素,这是好的企业文化和企业伦理最重要的部分,我认为文化和伦理影响着成绩、效率和责任。员工管理中的伦理就是让每个员工通过发挥自己的长处来创造业绩,获得成功,这是企业领导的责任。

下一个模块是高效率管理的原则,其中有六项原则是我作为全局控制从办事高效率的人员中提炼出来的。任务模块和工具模块分别用上半圆和下半圆表示,它们包含对每项功能必要的、足够专业化的要素。高效率管理的标准模型包含了每个想要高效率办事的人到处都需要的东西。每一种管理类型都有定义,我把它们标志为正确和良好的管理,能保证达到高效能和高效率,在这个意义上全世界都一样,也与文化差异无关。

"轮状管理模型"有着明显的优点,既适用于管理已知的任务(经营管理),也适用于新的任务(创新管理)。根据经验,这种说法往往带来某些理解上的困难,因为一些主流观念常常起着误导作用。

与流行的观点相反,我们不需要自己独特的创新管理。创新与变革(新事物)的管理与熟悉的事物相同,只是管理新事物要求更高的掌握程度、更精通的管理。情况可以比作开汽车,方法总是一样的,但根据交通状况需要更高的熟练程度、掌握程度和经验。㊀第二个模型也要在公司策略的方针里强制规定,并写进相应的文件。

仅仅使用高效管理的六项原则作为全局控制就能对自组织产生巨大的效果,在所有系统层面,也对公司文化产生巨大效果。下面列出这六项原则,但没有对其内容作深入介绍,详细请参阅《管理成就生活》一书。

㊀ 在《管理成就生活》一书中有进一步的介绍。

第 1 项原则：管理中只关注最终结果。

正如前面说过的，**管理就是把资源转换成业绩和成果**，所以必须用这一点来决定一个企业所有层面的员工行为。

第 2 项原则：关注是不是为企业整体做贡献。

一个人的行动指南不是自己的职位、地位和特权，而是企业整体、企业的目标、使命和绩效领域。

第 3 项原则：关注数量不多的关键问题。

很少有其他职业像企业管理者那样容易把精力耗散在繁杂的事务上。能够把精力集中在数量不多的、确实关键的问题上才体现出真正专业的管理者的水平。这是取得成就的首选道路。

第 4 项原则：注重利用优势。

要取得业绩必须利用自己的优势，利用劣势绝对不行。发现员工的优势，在安排他们的工作时让他们能够利用自己的优势，这是第二条成功之路。

第 5 项原则：关注相互信任。

只有建立在信任的基础上才能发挥劳动积极性和取得成绩。有了信任就能让系统实现自组织、有智慧、防止失误。

第 6 项原则：关注正面思考。

正面思考，就会把关注问题转为关注机遇。这是把激励的办法改为更加重要的自我激励能力，这样去实现个性释放，而不需要由别人来进行激励。

作为本书认为的全局控制的这些原则能够起到多大作用，这里已经无须多做解释了。

"轮状管理模型"在常规情况下的使用

如果"轮状管理模型"在常规情况下的使用也明确规定了

下来，那么领导理念范围的公司战略决策就变得更加精确了。图 11-5 表示出了每个管理作用力的系统关系，这种关系在全世界范围内经营良好的企业里都是相同的。

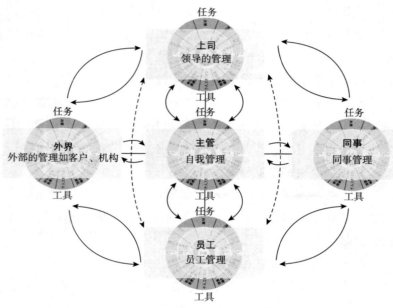

图 11-5 "轮状管理模型"的五种用途

每一位管理者的正常环境是一个五部分组成的网络，即他本人、他的上司、他的同事、他的员工以及外界，例如客户。这个系统是固定不变的，无关乎什么公司、行业、等级和文化圈。即使企业的 CEO 也有一个"上司"——他的监事会主席，最终还包括他的客户和股权拥有者。这个系统的每一个组成部分中，作为全局控制的"轮状管理模型"在相应的层面得到应用，使系统内实现高度的自组织，这有点接近于生物学上每个细胞内的遗传密码，同时为整个生物体的生存发挥作用。

综合性管理系统

下一步要把前面提到的模型组合起来，成为综合性管理系统。这是最常用的全局控制版本，用于管理所谓的"独立核算单位"（EVE）。"独立核算单位"这个名称是总称，其中包括一个企业里许多不同的经营单位，如业务部门、经营部门、子公司、利润核算单位、成本核算单位、产值核算单位、绩效核算单位等。

图 11-6 表示出了综合性管理系统的概貌。

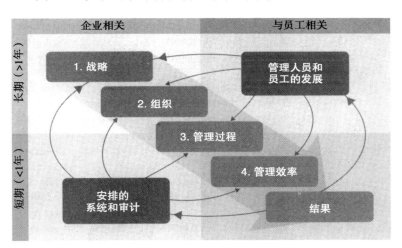

图 11-6 综合性管理系统简略示意图

图 11-7 表示出了综合性管理系统的详图。㊀

综合性管理系统的所有子系统和功能模块都包含了实践所需要的知识，具备了必要的工具和应用操作的方法说明，也包括管理人员和员工对掌握管理系统的培训。马利克管理系统从各个方面看都是先进和功能齐全的，在书后的附录中还有介绍。

㊀ 《管理：技艺之精髓》对此有详细描述。

图 11-7 综合性管理系统详细示意图

一个有着许多子公司和控股公司的大型集团公司，下面的子公司和控股公司本身又是一个大型企业，并有其相应的内部结构，在这样的大型集团公司里有着几十到上百个综合性管理系统应用场合，其优势是各处都使用同样的控制系统，在结构和内容上都是绝对兼容的。这是唯一的途径，在任何规模上实现自组织，利用最简单的功能模块基本上能够让一个企业无限制地扩展下去。

这些模型的引入首先要通过公司策略必要的原则决定，接着要对管理人员进行内部培训。

两个基本模型，加上由这两个基本模型组合而成的一体化管理系统，体现了要实现正确和良好管理的全部原则。经常有企业自己重新去研发这样一个"轮状管理模型"，这样做意义不大，而且出现错误的风险很大。企业自己研发的管理系统如果符合系统论的原理，那么也一定是和综合性系统相符的，因为管理学中控制论的东西还是一样的。

在公司策略的范围里可以（也应当）就采用的管理系统做出一个总体的决定，至于各个子系统的具体配置，例如规划系统的不同等级和种类就不应该是公司策略层面的决定了。根据一个公司具体特点进行的必要匹配，那要另外在更低层面上来进行。

公司策略必须关注真正重要的方面，这在涉及管理工作时并不容易做到，因为根据经验，相关人员往往经常去关注那些管理层面不重要的东西，或者不应该是管理者关心的东西。

从盘点开始

正常情况下，都是早已存在的企业要引入和应用一套管理系统，而企业里也早已具有管理系统的某些要素，尽管这些要素在构成上并不一定和我的系统相符合，但只要这些管理要素具有可用的成分，就应当继续使用下去。基于控制论的管理就如同生物进化一样，原有的正常功能继续保留。

我们必须决定，原有的管理实践哪些部分在保留的基础上要扩充，哪些要改造，哪些部分要引入新东西。对此首先要对原有的东西进行盘点，进行系统的核查和评价。综合性管理系统特别适合于这样的盘点。在这个基础上，我们在马利克管理中心根据快速全面核查的要求开发了计算机支持的分析工具，这是公司层面的管理系统检查工具。

利用这项工具，可以对已有的管理系统通过综合性管理系统的指标进行可靠的审查，经过这样的盘点，就可以有针对性地确定一个企业管理系统的改造计划，通过管理系统检查工具可以控制必要的项目步骤。

我们还开发了类似的工具用于分析管理队伍和管理人员的职业水平，这是员工层面的管理效率检查工具，以检查个人或全系统范围内的培训和进修需求，检查每位管理人员的专业管理能力的发展。

注意防止错误的混杂方案

我必须提醒不要出现错误的折中选择。在前面多次说过，我的管理系统是要达到正确、良好的管理，还始终顺应复杂性系统的调节要求，所以必须完全符合控制论的规律。

这就是说，我的管理系统的组成部分不能任意调换，或者与其他外来系统混合，否则将危及功能的发挥，就如计算机、汽车或者有机体的组成部分一样都不能随意更换。所以前面提到，利用管理系统检查工具对已有的做法进行盘点和兼容性测试是必要的,这样可以知道什么是匹配的,什么是不匹配的。

在这个意义上,前面提到的"系统""内容"和"形式"这三个正确建模的范畴对本书中介绍的所有模型都起着关键作用。[1]系统和内容是不能更改的,而图形结构的形式如果有好的理由是可以变化的,但同时要注意,形式不能改变系统。

解释的圈套

我必须特别要告诫读者不要被那些"名称"和"含义"所迷惑,管理学圈子里的"地雷"就是那些错误内容,这是今天发展状况中险恶的一面。同一个名称常常有完全不同的含义,例如有人在情况介绍中用到"战略"这个名称时,和我所认为的"战略"在内容上没有丝毫的相同之处。

这里不是定义上的问题,人们对于不同的定义还是可以正确应对的,问题在于涉及完全不相干的内容,例如"战略"既可以表示"注重股东价值",也可以表示"注重客户价值",几乎没有其他有比这更大的差别,也几乎没有比这带来更加不同的后果,就形同旅行,一个往北,另一个往南。我认为把股东价值作为企业目标是错误的,而把客户价值作为企业目标才是正确的。在我的管理模型中出现的几乎每一个名称都不能采用通常的叫法,也包括文献资料里的名称,因为至今还没有一种被公认的、意见一致的管理规范。我的工作(也包括我的出版物的目的)正好在于创建这么一种规范,让实践者有机会进行审慎思考。

我追求正确与良好的管理得到了与主流观点完全不一样的理解。最严重的错误可能是我的模型里出现的一些常用名称被简单地解释为普通的含义。

---

[1] 详细请参阅《管理成就生活》一书。

导航替代文件

正如前面提到的,在一个具体的公司策略中只应当出现基本模型,对于各个模型组件就不需要再描述,否则将使公司策略的文件过于烦琐而削弱了主要目标。

有的企业为公司策略的决策或所谓的"集团方针"和"管理指南"写出了几百页纸的文件,结果恰好由于这一原因而没有效果。这样做规定得太细,没有去只关注一些重点,文件里面都写进了一些无用的东西。

公司策略的目标不是为了形成一个文件,公司策略的目标是为企业各个层次的所有管理者,也包括为子公司、业务部门或其他业务单位的所有管理者在管理工作中提供支持,给他们指明方向。公司策略要让他们利用模型在复杂性系统结构中能够正确导航。模型提供了一种共同的参照系,使交流和合作成为可能,在共同理解、共同语言以及在感知、思维与决策过程中进行必要的合作。

我的管理模型在控制论模块的任务方面的优点在于,要掌控全局并获得导航能力不需要交代细节。实际上我们用单独一个模型就可以反映正确和良好管理的全部功能组成部分:环境、公司策略、公司治理、战略、结构、文化、原则、任务和高效率管理的工具,还有作为自组织的核心和道德基础的责任。利用浏览器技术和超文本技术,可以从任何一个点导航进入任何必要的细部,又可以重新返回,不至于迷失方向。

全局控制:"管理理念"一览

图 11-8 集中表示出了各种不同的分支模型,它们共同组成

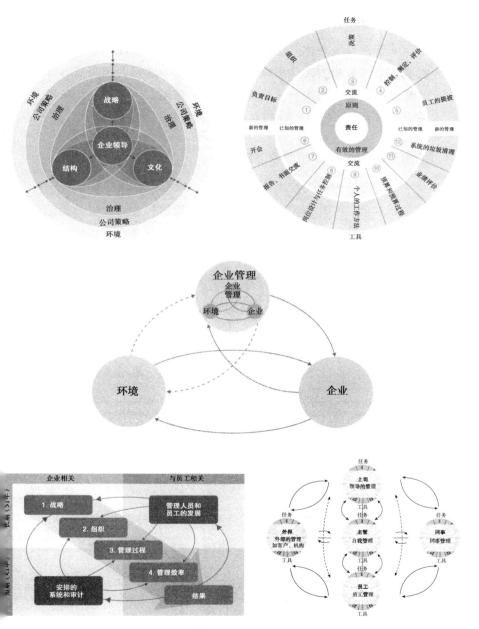

图 11-8 整体管理系统的分支模型一览

企业的管理系统整体。这套管理系统作为企业管理的全局控制需要在公司策略的决策里做出明确的规定，这是公司高层管理者意志的表达，要求企业如何来运行。另外，还需要公司策略层面做出规定，对这套管理系统的使用者进行培训。

公司策略的贯彻：规章乘以应用

公司策略的全局控制要达到效果，就必须让企业里的每一个人都对全局控制有不同级别的熟悉，让他们能够应用公司策略的决策和调节，这只能通过在各种可能的现象里的积极交流才能实现：持续的教育、培训和训练是最重要的方法。

"自组织是建立在按章办事的基础上的：秩序来自规章乘以应用。"

这个观点据我了解是出自鲁伯特·里德，他是进化论研究与复杂性研究领域最有建树、研究最深入、思想最丰富的学者之一。㊀他的上述观点我认为是系统运行最基本的自然规律之一。

里德的规律（我要称它为"规律"）我把它看作和第8章里谈到的艾什比的"必要的复杂性规律"是"双胞胎"。里德的规律赋予导航必要的动力和行动指南。"秩序来自规章乘以应用"的规律对于公司策略的效能和效率具有直接的意义。所有原则决策和调节的全局控制都取决于这条规律。

我的管理系统的构建原则是，让人能够为企业的自组织实

㊀ 鲁伯特·里德发表的《生命界的秩序》(*Die Ordnung Des Lebendigen*)、《生物形成的策略》(*Strategie Der Genesis*)、《复杂性的结构》(*Strukuren Der Komplexität*)和《生物形态的丧失》(*Verlust Der Morphologie*)等文献都是真正了解系统论的必读教材。

现里德的这条规律，也就趋同于实现艾什比的规律。马利克管理系统作为第一套管理系统（据我所知也是全世界唯一的一套管理系统）可以为一个企业的所有员工按照相同的质量标准、相同的知识与专业术语、相同的（正确的）内容进行培训提供可靠的保证。这套系统提供足够高的训练强度，达到把知识转换成能力，而且是保证能独立地根据具体情况应用公司策略进行调节的能力，实现"规章乘以应用"的规律。达到上述目标有以下三点保障。

（1）通过我的管理系统的结构与内容来保障。

（2）通过应用高效的传授方法来保障，这种方法与"现代教育学"并非完全一致，人们所理解的"现代教育学"尽管是"现代的"，但并不是在各方面都得到过验证。

（3）由于可以提供所有技术分支的各种模块，所以排除了以往存在的三个制约因素：

- 传统的培训方式中，企业下层员工的培训成本相当高；
- 缺乏高质量的培训教师，无法满足需要；
- 知识的质量难以保障，由于技术造成知识僵化。

我的管理学培训电子软件解决了这一问题，不受培训教师质量差别的影响，不受知识变化难以控制的影响，另外学习者也不受地点、时间和学习形式的影响。

应用马利克管理系统当然也和应用其他软件（或者像学习一个体育项目或一门外语）一样必须学习、进行练习和操练。**公司的管理必须有一套术语，就如同英语是公司的工作语言，市场营销、审计或财务等业务领域有统一的专业术语一样。**因此，公司策略中也必须规定进行管理学的培训，不光是管理系统软件本身的培训，因为管理系统的调节作用只有通过人的正确行为才能实现，这就是说人员必须学会规则，只有这样才可以实现在各种情况下的独立使用，这样才能出现早已计划好的自组织。

我这里想起两种不同的规则，一种是导致官僚主义式的压制，另一种是导致自组织行为的充分发挥。同样一条规则在不同的情况下可能要求做出不同的行为，根据规则要求做出什么行为取决于当时情况所提供的信息，企业的员工因此必须在调节问题的执行上经过培训，否则他们就成为盲目执行规则的机器人，而不是由规则指导的自我管理者。这一点尤其涉及上面提到的内容问题，在规则里隐藏着"固定的知识"，具体情况提供的信息供我们选择和应用这些知识，把知识和现场情况结合起来，可以看作认知行为。信息、知识和认知是通过培训实现自组织所必备的条件，这一点通过我的管理系统可以做到，而且由于模块化设计可以面对任何类型和大小的机构，因而能够完成无限数量的实用性组合。

管理学教育和管理学发展：教育回报

实现的自组织效果、利用复杂性和增强系统智能的效果都不单单是依靠规则，而是依靠规则与信息的结合。如何达到这种效果，最快、最简单，甚至经济上最容易承受的方法就是让接受培训的员工把所学到的东西立即用来解决企业的问题。这也就否定了反对管理学培训的最重要观点之一，即认为这种培训没有效果，或者至少没有数量上可以得到证明的效果。

这里显现出一种创新，是我在企业内部进行管理人员培训数十年经验的结果。我把这一创新的方法和程序称之为"教育回报程序"（ROE）。这套程序汇集了教育、发展与培训功能，知识与能力并重。

参与者利用这套 ROE 软件把所学到的东西在软件的指导下直接应用到企业的问题中去。教育的回报来自直接的项目成果，节省了本来可能需要的咨询费。这样一套软件的成本开支通常在实施的前 1/3 就已经摊销掉了。最后的投资收益率取决于高层管理者选择用来处理的项目，可达到相当可观的两位数，有时候达到三位数。

经济收益还不是主要的，达到的收益越是令人喜悦，就越是让人难以相信。更加重要的反映在应用的可靠性和应用成果上，可以有看得见的效果，思维方式、行为方式和方法达到了统一。通过这套程序达到的令人惊讶的结果涉及企业文化和团体意识的程度、集体的意识。

这样就让管理教育和常规的咨询成了多余，咨询的本质发生了根本的变化，让外来帮助变为自我帮助，变为个人的独立性。很显然，医生和乐队指挥在接受正规培养之后不会有人还要请顾问来进行帮助。

管理教育的成效亟待提高

管理系统是对企业里的所有人员都有约束力的，因此也必须具备相应统一的知识和能力。企业的管理人员必须经过培训，达到不需要咨询顾问就能完成原来的管理任务。

为了做到这一点，复杂系统的管理需要比以往接受更多的培训或发展。所以我认为管理教育的概念要用英语里的 education 最好，或者用法语里的 formation 来表达。

要让系统运行的自然规律得到可靠的应用，这也是自组织的必备条件，那么教育和培训两件事都不可或缺。教育部分必须针对了解和理解复杂性的本质、系统、系统的规律性、调节过程和控制。培训部分要连续训练应用的可靠性。

从外部新来的员工，无论他们以前受过什么培训，有什么工作经验，都必须接受培训，因为我们不能指望这些人已经掌握了正确的管理学知识。虽然每个人踏上职业生涯时都懂得一些管理学知识，但只有很少人掌握的是正确的知识。这些知识随着时间又通过经验得到补充，但即使有经验的人也常常对于管理学方面什么是重要的、正确的，什么是错误的有着不同的见解。我多次提到过，在30多年的各类相关培训项目中，我曾见到过这类"巴别塔综合征"。

管理学教育和培训对于社会上各类组织都是一项亟待提高效果的任务，因为这不仅涉及一个组织的活动，而且还涉及该组织作用方式的核心。打个比方来说，这不光涉及一个人的器官和四肢，而且可以说涉及神经系统和大脑。一旦神经系统和大脑功能不灵，就影响到所有器官和四肢。

管理学的培训并不比学会一门外语或一个体育项目更难，但也简单不了多少。在培训和操练中要和学习其他一门固定专业一样提出同样的要求。

一个组织里错误的管理学知识，其作用就如硬盘上的计算机病毒。所以要尽力阻止错误观点和愚蠢的做法，即不让"异端邪说"从外部进来，这对于公司策略来说是主要任务。唯一的办法是对全部有管理任务的人员采用相同的内容和标准，更理想的办法也包括针对所有被管理人员。

从全世界范围来看，**严格的管理学培训至今还没有出现过**，这句话可能有点荒谬，因为大家都会想到无数的 MBA 培训项目和每年数以万计的企业经济管理学专业毕业生。尽管这个专业也很重要，但还是与调节和控制意义上的管理学很少有关系，很少与真正的系统运行规律打交道。

MBA 和企业经济管理学的教育主要涉及实质层面的任务，但几乎不涉及管理层面以及系统层面。更加严重的是，接受过这种高等教育的人被错误地当作在管理岗位受到过特别良好的培养，所以很快授予他们管理任务，而他们对这种管理任务根本毫无准备。这就好比飞机工程技术人员有了技术知识但不经过培训就让他们开飞机一样。

认识到这一点的企业，为提高员工的管理能力坚决投入资金，数额还要高于这些人员的专业培养费用。这些企业不是按照某些个人愿望来培训的，而是有目的地、系统地针对公司策略规定的管理系统的标准来进行培训的。他们推行的管理学训练把体育训练作为榜样。

把手工式的管理学技能放到这里所谈的调节知识概念中，其效果绝对是成问题的。我把正确的管理比作一台计算机的操作系统不是没有道理的，低估或无视这些原则，这是许多企业和非商业性机构里造成管理混乱的原因之一。要改变这种现象，就涉及公司策略的原则决策。

有经验的管理人员，尤其是最高层的管理人员通常有很高程度的直觉，有时候还具有清楚的系统论知识，复杂性是他们每天要应对的挑战。他们在工作中的那些没有经验的、最密切的同事，由于学历而被选到这样的岗位上来，他们虽然受到过完整的教育，但作为高层管理者的岗位还是不适宜的。这是许多荒谬的现象之一，只有通过全局控制才能解决，尤其是采用公司策略的调节成为企业管理的理念。实际上一切其他的东西都与管理理念有关。仔细看起来，企业理念和环境理念都是管理理念的一部分。

马利克管理系统的插图

为了更清楚地了解和方便阅读，图 11-9～图 11-14 用大幅画面表示出马利克管理系统（MMS）的主要模型和它们之间的相互关系。

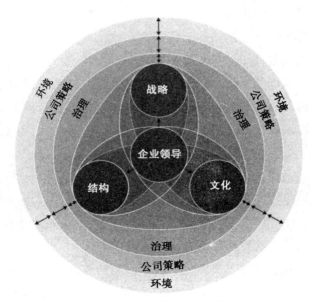

图 11-9　公司管理的总模型

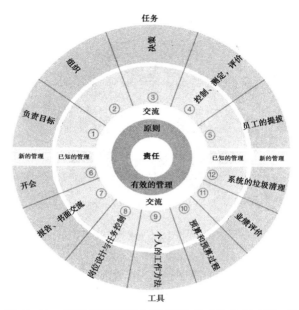

图 11-10　高效率管理的标准模型或"轮状管理模型"

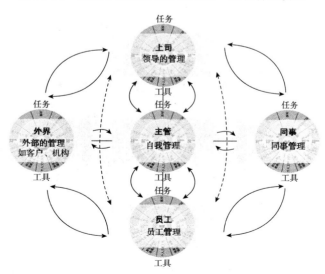

图 11-11　应用"轮状管理模型"的标准状况

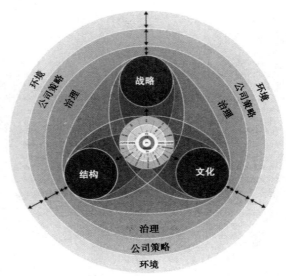

图 11-12 "轮状管理模型"嵌入在管理总模型中,公司管理与人员管理实现网络化

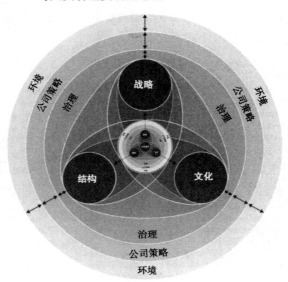

图 11-13 管理总模型中循环嵌入管理总模型,这样原则上可以实现任意层次的不定循环式系统关联

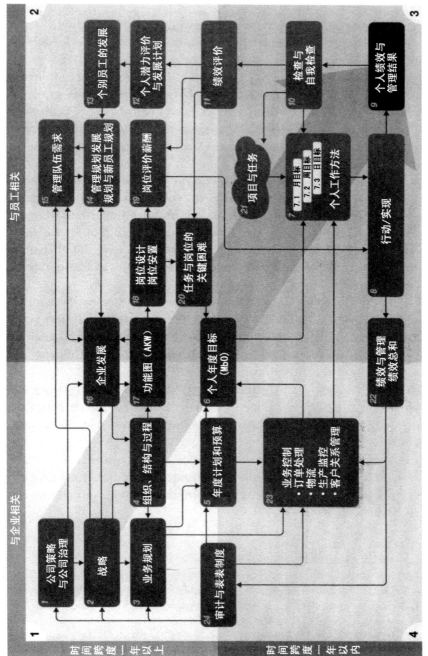

图 11-14 综合性管理系统由管理总模型和"轮状管理模型"组合而成,作为独立核算单位的管理标准

UNTERNEHMENSPOLITIK UND CORPORATE GOVERNANCE

第四部分

全局控制实现的自主权和领导才能

第 12 章　秩序，时间，宁静
第 13 章　高层管理概念的转变
第 14 章　自主运用全局控制：领导能力的源泉
第 15 章　展望未来：当前高层管理面对的专项事务
第 16 章　高层管理机构的危机及其变革
第 17 章　变革：从首席执行官到全局控制职责
第 18 章　高层管理团队
第 19 章　领导才能的全局控制
第 20 章　胜利者的决胜技巧：成功的道理

在一个出色的大会闭幕的时候。

投资者：我要祝贺您，业绩好极了……

CEO：谢谢，这一年很好。

投资者：尽管这样我还是在您做报告的时候把所有股票都卖掉了，股指不错……

CEO：是吗，但为什么呢？您不是刚才还说……

投资者：我很愿意告诉您什么原因，您虽然拿出了很好看的数据，这只能说明您的过去。但我没有得到令人信服的证据说明您的公司是不是还有一个好的未来。

CHAPTER

第12章

秩序，时间，宁静

> 人是什么样的，企业就是什么样的；人是怎么做事的，企业就是怎么做事的。如果你不喜欢它，那就换个企业。
>
> ——斯塔福德·比尔
> 管理控制论的奠基人

有的高层管理者，他们正常情况下总要忙得团团转，也有人在同样的情况下则泰然自若。第一种人对一切事情都要亲自过问，第二种人已经把一切事情都安排妥当了。两种人遇到的复杂性、工作任务和要求都一样，他们的工作方法则完全不同。

要建立一个这样还是那样的工作环境，完全掌握在高层管理者自己手中，他们只需要（如果他们不喜欢）改变系统，方法是通过正确的系统策略或者公司策略建立一些原则性规定，在复杂性条件下发挥作用。本书就是介绍这样的途径和方法。

引用彼得·德鲁克的话来说，**高效率的管理人员不需要做出许多决策，他们解决问题是通过政策。真正的高层管理者不需要忙于具体的事务**，这一点每个人都知道，但并非每个人都成功地采用这里要建议的解决方案。复杂性越高，这个原则就越是重要，因为对于操控复杂性系统来说，忙于解决具体事务是个最糟糕的办法。

真正的高层管理者采用我所描述的方法去建立全局控制，这样就建立了一种秩序，让"系统从最核心处凝结在一起"，在所有事情中产生凝聚力和向心力。成功地做到了这一步，我们就可以像前面说的那样，在某种程度上可以"靠在椅子上休息"了，因为系统已经实现自我组织和自我调整了。高层管理者得到了安静，这种组织里的高层管理者也就有时间了。

这些时间高层管理者很少用于做事，更多的是用来思考。他们从一定的距离内观察系统，还要不时地观察外界，他们把精力集中到最重要的方面，也就是以下三件任务上：

（1）公司策略中必要的调整；

（2）把自己的"触角"伸到全部的"做法"上，伸到系统行为的基本模式上；

（3）关注所谓的公司运行结果。

这里"凭空"出现不可预见的问题和机会，由于它们的重要性，这就要求高层管理来处理。

谁是负责公司策略和系统策略的领导？这是身居公司顶端的人，无论是个别的人，或者最高领导机构的成员，企业主或者总经理，这都一样。大学里就是校长和科技处处长，在集团公司和股份公司里是董事长或者监事会，在公共服务部门是最高的行政管理委员会，在文化机构里是最高行政负责人、文化处长、联邦或州政府的成员，等等。他们的最高管理职务有着不同的名称，它们的根本职能却是相同的。泛泛而讲，通常就是行政长官，尽管这个名称我不太喜欢，后面还要讲到。

企业领导的工作条件：更加的复杂性

从对企业高层领导的任务和要求来衡量，他们的工作条件还不是人们想象得那么优越，不过完全另外一种的企业管理理念、知识和技术都已经出现。几乎已经肯定的是，时代的变革将给高层管理者的作用方式带来革命性的变化。

我们拿管理控制论的现有条件来衡量大多数行政长官的现状，那么可以把他们比作飞机驾驶员，只掌握着20世纪60年代那点可怜巴巴的飞行技术，面对的却是今天高度发达的航空电子学和卫星导航技术。

换句话来说，大多数行政长官面对所需要的复杂性调节，既没有在系统方法论方面，也没有在技术方面有足够的准备，原因不在于他们所承担的任务本身，更多的是他们如何在高度复杂的环境里完成他们的任务。

管理人员的问题不在于他们所在的企业规模大小，更多地在于他们所负责的系统有多么复杂。小企业的管理有可能比大企业还要复杂得多，就像对战斗机飞行员的要求在多方面看来都要比大型民航客机飞行员复杂得多。

企业领导的任务：全局控制系统

从前面所阐述的内容来看，企业领导还有以下不可替代的任务。

（1）高层领导需要就本书阐述的三个理念意义上的公司策略做出决策。

（2）制定必要的原则和规则。

（3）通过高效率的交流，让所制定的原则和规则根据其适用程度得到贯彻。

（4）负责企业内按照所制定的原则办事。

（5）评估企业行为的结果。

（6）纠正偏差，必要时调整和修改全局控制。

并不奇怪，上述任务的逻辑顺序从原则上看又是一种传统的控制论的循环。与行政长官最密切相关的工作可以通过这种**逻辑**的方式清楚简单地表述出来，让每个人都感到是理所当然的，但是在当前的条件下也能有效地安排这些任务，可不是件简单的事。

企业领导面临的挑战：改变领导方式

今天的复杂性和自然规律上发展着的复杂化，迫使高层管理者追求更高层次的效率，要么去实现必要的自组织形式的全局控制，让他的企业符合复杂系统的本质，要么达不到这种系统质量，在这个方面遭到失败。

因自然发展而必然产生的深刻变化是早已注定了的。

（1）因进化的飞跃所要求的复杂化早已存在，从而也有了由信息所决定的有效的自然力，控制复杂系统的自身活力。

（2）信息技术和通信技术通过"实时传输"早已带来进化的飞跃。这一飞跃相应加速了发展和系统内在动力的作用，**在前一秒钟内还是正确的东西，在后一秒钟里可能已经过时了，因为复杂性系统里的变化是无时无刻发生着的。**

（3）数据和信息过量的影响和过度刺激在增加，而传统的思维模式和解决问题模式下的大脑能力由于受到精力的限制在下降。

（4）其结果是问题越来越大，信息不足，或者更具体说来，是缺乏重要的信息。这样不仅增大了错误决策的风险，而且也将增加系统崩溃的概率，正如玛丽亚·普拉克纳在她的《复杂性陷阱》这项控制论的系统研究中所描述的。㊀这种陷阱可以说是复杂性时代典型的自然现象，在系统还没有适应巨大变化的场合到处都存在。

（5）为了全面把握复杂性的处境和系统，特别是管理控制论的应用，早已有了合乎时代的理论、方法和技术，优秀的管理者也早已在应用。凡是操控力和调节力没有得到较高程度利用的企业，就会遇到强大的竞争者，遭受不可逆转的业务劣势。

（6）即使高层管理者也不能长期在生理和心理极限上工作；最好的秘书处和支持团队若没有必要的控制系统和调节系统，就不能提供那些在复杂性条件下全局控制所需要的知识和信息。

企业领导的选择：利用复杂性

在高度复杂的环境里，企业领导要么选择适应全球化的变革，要么选择被抛弃。这种适应并非要求他们具备更多的知识、更高的学历，因为这方面少有人还有欠缺的，要求的是对知识和信息的新型组织和融合。

要求他们有一个与已经变化了的现实相符合的概念框架，要他们有能力区分正确和不正确的理论，区分高效与低效率的

㊀ 参阅玛丽亚·普拉克纳的《复杂性陷阱：复杂性如何对人产生影响——从信息缺乏到崩溃》(*Die Komplexitätsfalle. Wie Sich Komlexität Auf Den Menschen Auswirkt-Vom Informationsmangel Bis Zum Zusammenbruch*)，诺德斯代特，2005年版。

方法，区分合适与不合适的手段。换句话说，至少要求有关系统理论和控制论知识的基础，帮助他们做出决定成败的决策，把重要的事情从不重要的和次要的事情中过滤出来，把精力集中并保持在重要问题上。

企业领导的困扰：颠覆性的变化

复杂性时代需要新的视野，一部分已经显现，更大的一部分有待人们与落后了的概念和理念做决裂，但这一点对许多人来说却又困难重重。包括保罗·瓦茨拉维克在内的三位作者作为现代控制论传播理论的开拓者，他们把其中原因说到了点子上：人只要不是被迫放弃他所习惯的条件，他是愿意接受新认识的。例如他自己原有的世界观，或者他认为"什么是管理"，如何进行管理，怎么样才能成为一个管理者等观念。⊖

复杂性时代的管理学要求人们放弃老的、受欢迎的、由于过时而成了错误的思想。以瓦茨拉维克为首的三人集体在上面引用这段话的位置上还写道：不可避免地会带来困扰，要人们放弃自己头脑里习惯了的模型，没有什么比这更难的了。但是很遗憾，世界已经改变了，所以人的头脑里的模型也必须要改变。马利克管理系统可以在这方面给人提供更好的模型，是不是愿意接受，那是个人的事了。

下一章将要更加具体地介绍在复杂性时代的高层管理者需要思索的问题。

⊖ 参阅保罗·瓦茨拉维克、J. H. 比温和 D. D. 杰克逊三人合著的《人类的交流：形式、干扰与悖论》(*Menschliche Kommunikation. Formen, Störungen, Paradoxien*)，伯尔尼，1969 年版，第 242 页起。

CHAPTER

第 13 章

高层管理概念的转变

高层领导的工作相当于广义上的"导航",在一个组织的所有坐标系内进行导航。类似地球上的经纬线一样,要求他们同时关注四个方向:组织的内部世界和外部世界加上当前和未来。我们可以用一个简单的十字交叉来表示。

在系统控制的十字标记下

图 13-1 的坐标表示在不断活动和变化的企业环境系统中保持动态平衡进行导航。这里一方面是保持连续性,另一方面是改变和创新,两个势力场在此交汇,始终要摆脱整个企业和环境系统,一再要摆脱系统自身所嵌入的、整个网络联结的生态系统。㊀

在复杂性社会里,为了意义确切地表达高层管理者工作任务的实质,原来那些旧的用于表示高层人员和职能的词汇几乎都不合适了。他们既是经理、主管和领导,但同时又是他们系

㊀ 本系列图书中介绍必须如何构建组织的结构,可靠地保持必要的平衡。

统的建筑师、组合师、作曲家和指挥。

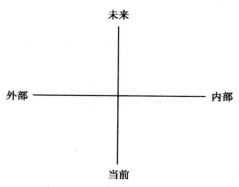

图 13-1　高层管理者面对的坐标

　　时间一长就会有人试图去理解新的要求和任务，为高层管理的职责去考虑新的工作分工的形式和合适的名称。如果还是沿用以前的叫法可能会有与旧的观念、思维和理解混同起来的危险。

　　整体系统动态平衡的变化可以用图 13-2 的方式来表示。掌握这种复杂性情况的手段就是本书要建议的全局控制。

　　为了让系统在全球社会包括世界各大洲 24 小时不间断地保持动态平衡，高层管理者的关注焦点始终在移动。应当怎样去控制注意力、经验、知识和判断力，知道这些已经相当困难了。高层管理者始终要应对大量消耗他们注意力的情况，每一个干预决策都牵涉到重大后果和风险。这样的决策又要求在高层管理集体、业主代表、工会、主管部门、媒体之间形成极其复杂的、耗费时间的观点和意志的统一。

　　问题不在于企业高层里缺少通常理解的专业水平。要说经验、学问、业务知识和判断力通常大家都具备，而所不具备的是高层管理的操控手段。换句话说，**通常缺的是对操控对象的控制和必要的信息，缺的是方向舵、操纵杆和根据情况采取措施的调节机制，缺少全局控制必要的反馈。**

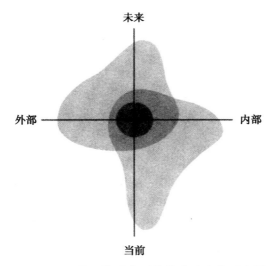

图 13-2 整体系统动态平衡的移动变化示意图

从图 13-2 表示的动态来看，稳定最多只能是暂时的概念，复杂性系统必须在持续不断的变化中保持多稳态、聚稳定。最高管理层全局控制的基础是整个系统的自我调节和自我组织，这要靠符合控制论原则的公司策略来保障，让全系统内从上到下、到外围部门得以实现自我调节和自我组织。

未来取决于今天，或者早已错过

企业高层最重要、最困难的任务是在发生深刻变化的时代里让企业走上新路。

颠覆性的变化:逻辑,时间逻辑和心理逻辑

图 13-3 表示出了每个企业在彻底变革的时代所面临的基本问题在时间坐标内可能的发展:在当前和未来之间的平衡(这种变革可能出现在各种表现形式中),今天的业务和明天的业务,今天和未来的技术,合并前与合并后阶段。这是类别转变的典型情形。

根据本书的基本观点,还涉及有更多方面,即涉颠覆性的变化:从旧世界到新世界的变化,可以类比于从地心说到日心说的世界观的变化,从地球是平面到地球是球体的世界观变化;从金钱社会到复杂性社会的变化;从利润最大化的经济性思维到构建有生存能力的系统变化。

这种变化有其自身的实用逻辑:在时间跨度内的逻辑称其为"时间逻辑",在情感逻辑范畴称其为"情感逻辑"。

图 13-3 中两条相互交叉的 S 形曲线分别代表当前和未来的生存基础。这就是说,当前针对未来的行动和创新虽然是现在发生的,但是从当前来看还很难预料,因为从"今天"的坐标往右的发展是不确定的。两条曲线上出现了所谓的包络线,是成功企业总的发展路线,也经过了所谓的突破区。在这种情况下要回答以下几个根本问题。

(1)我们现在在哪里?

(2)什么是两条曲线可能的走向? 今天的业务我们还能做多久?对未来的业务我们做了多好的准备?

(3)我们什么时候开始把今天的关键资源转换成明天的?

(4)这样做会带来什么风险?如果我们不做这样的转变会有什么风险?如果我们做这样的转变,我们有什么风险?

(5)我们究竟有什么选择?

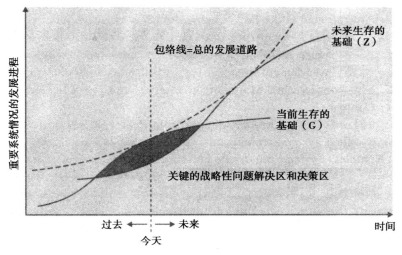

图 13-3 颠覆性变革的坐标系

上述问题清楚地表明高层管理者的真正任务,他们的任务包括以下三项。

(1)曲线"当前"表明的是"这里"和"今天",这是公司管理行动的区域,其焦点是:什么是"这里"和"今天"?在今天的情况下必须做哪些事?

(2)曲线"未来"表示"外部"和"明天",这是公司管理战略的区域,其焦点是:外部和明天可能会是什么样?为了在将来的新情况里获得成功,我们必须做什么?

(3)关键的决策区表示"标准的公司管理",其焦点是:在"现实"和"有可能"上,我们该怎么办?要从今天过渡到明天,我们现在要做什么?这里需要做出公司策略的最后决策。

企业高管的操控任务不仅从逻辑上看非常困难,最明显的是信息缺乏和充满风险,另外还要加上我所说的"心理逻辑"(psycho-logik)。值得信赖的是"当前"曲线表示的人,这是生命，一切迹象表明这条曲线表示不变，而一切都表明反对进入一个不确定的未来。变化越彻底，未来的风险就显得越大。但实际上最大的风险是错过这场变革。

生存的选择和时机的选择

行动和创新、动态和变化这一紧张区域对高层管理者来说是时刻要面对的。复杂性在增加，决策都要在越来越紧的时间压力下做出，时机的选择变得越发重要。另外，"时间逻辑"也发挥着作用。

有人在图 13-3 的两条 S 形曲线的下交叉点位置就切换到新的道路上，他就走上了一条充满风险的路，如果他成功了，就将获得最大的成果，但前提是要成功，因为这样做的决策所担的风险也是最大的；如果没有成功，那么通常失败也是彻底的，没有第二个机会了。

相反若有人把资源晚一点转向，要到两条 S 形曲线的最上面一个交叉点上才采取行动，这样做虽然安全系数最大，因为信息情况早已好得多了，但是这一步成本绝对要高得多，因为这时要面对早已站稳脚跟的竞争对手。通常等到最后时刻要走这一步往往是通过收购、兼并或者联盟的形式。

无人知道的最好时机

由于复杂性的原因，没有人知道什么是转向的最好时机，这一时机处在图 13-3 的深色区域内。事实上情况还要复杂得多，如图 13-4 所示。通常不是只有一个可能的未来，而是有许多个潜在的未来。例如许多相互竞争的不同技术，例如在研发汽车发动机中，是采用燃气涡轮机、混合驱动还是用氢燃料？

没有人一开始就可以说,哪一种能够获得更大优势。

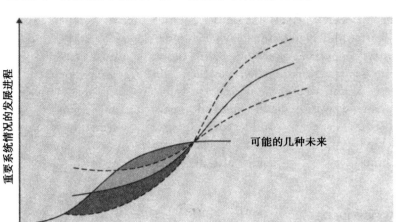

图 13-4　行动决定未来

由于成本的原因,很少有企业可以把所有的方案都去试验一遍。本来是有必要的,但因为在这种决策中造成的失误几乎是无法纠正的。失误都不是由高层管理者的专业性不足造成的,更多的是属于运气,其中对专业水平来说运气和偶然性都起着作用。所以问题是,什么程度上不得不屈服于"运气",什么程度上至少可以部分施加一点儿影响。

命运与天命

无须偏离到进入形而上学的范畴,关于复杂性系统的本质,系统的自我控制、自我调节和自我组织的研究结果让我们看到,许多看上去凭运气的东西根本不是如人们愿意想象的那样真的是运气。人们是否同样像物理学的自然规律那样熟悉这一控制论现象,其中确实有根本的区别。

早在这些自然规律被科学界发现和描述以前，就有人凭直觉在利用这些规律了。人类不需要等到牛顿 17 世纪发现重力规律才知道，苹果是从树上掉下来的而不是从下面往天上飞的。苹果往下掉，这是谁都知道的，就如同谁都知道取决于复杂性条件的困难一样，因为每个人自己都是在不断接触的。在牛顿以前只是没有人知道情况为什么是这样的，如何会有这种情况的。在控制论的创始人取得成就以前没有人知道，即使一直存在受欢迎的和不受欢迎的自身动力是怎么来的。那么结果会是什么呢？

结果

技术革命和工业化时代的到来是伴随着有意识地利用越来越多的物理学自然规律。控制论带来的革命以及信息化时代的到来伴随着的是有意识地利用越来越多的控制论的自然规律，利用关于信息、系统和复杂性的系统理论。在这个基础上发展出了今天的信息技术、通信技术和自动化技术，体现了今天的数字控制世界，带来了复杂性的爆炸性传播。

很明显，我们在管理学中必然要采用这里介绍的公司策略中的全局控制，使社会系统跟上这场势不可挡的变革。没有本系列图书所介绍的控制系统、调节系统和操控系统，就不能有效地构建和管理自然出现的复杂性系统。从长远来看，复杂性的企业只能这样来管理，不能用别的方式，因为事物的本质就是如此，有人可以排斥它，但改变不了这一结果。

CHAPTER

第 14 章

自主运用全局控制：领导能力的源泉

我在前面就说过，正确的公司策略是通往领导能力的途径，这也许是最重要的途径，尽管这几乎是明摆着的，但据我所知几乎还没有人提到过。对于公司策略本身来说，还需要正确的执行，这里要通过公司高层管理者的另外两项任务来说明，即确定系统的操作模式和正确选择公司的"问题事项"。对于这个三项组合也许本该归纳在公司治理的概念中，也是对公司高层管理机构的任务的补充，这样的"公司治理"恐怕才是表示企业这个复杂性系统正常运行最高责任的最理想名称了。

通过公司策略实现全局控制

对于公司策略，这里不需要再做进一步的补充，我把图 14-1 的模型拿出来作为总结，这个模型贯穿于全书，起了导航的作用。模型清楚地展示了完整的结构，可以把握和利用复杂化时代的复杂性。内部高度复杂的三个子系统通过三个模型又带出了三个理念，这三个理念又包含了以下内容："规定企业未来较长时期经营活动的基本方针。"有人应该记得，这是汉斯·乌尔里希对公司策略的定义，本书前面已经提到过。

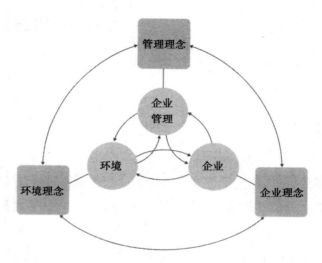

图 14-1　为控制论的公司策略——全局控制导航

我在本书中所认为的公司策略，对于所涉及范围内描述的颠覆性变革包含了一切必要的坐标点。这些坐标点让高层管理者不仅有能力顺应变革，而且可以作为改革的领导者走在前列。

模型本身不能代替决策，也不做决策，做决策始终是高层管理人员和团队的责任，但模型是导航工具，为在复杂性系统充满活力的迷宫中确定位置、了解情况，为应对特定的复杂性情况提供行动指南。

公司策略或系统策略的全局控制能够消化复杂性，是定位点和规则，它们自身有进化能力，在决策情况的为难处境里，对于变革来说是合适的控制要素。

这并不表示人们可以永远按照已经确定了的策略来行动，恰好有些处境可能提供彻底改变一种策略的机会。但这些处境是一个平台，在这样的平台上让公司策略得到调整，可以出现新的策略，不需要每一次重新创立轮状管理模型。

我在本书前面就已经提到过，领导才能在很大程度上取决于有无正确的策略，更多的还取决于策略应用的检验，以及策略在应用中的灵活性。正确理解的实用主义并不是毫无策略的行动，而是根据具体情况来应用策略，只有这样才表明真正精通了系统控制。下面介绍全局控制如何帮助公司高层管理通过自我组织的方式快速完成必要的转变方向。

通过公司模型实现全局控制

一个系统越是复杂，那么它就有越高的潜在动力，也越容易受到破坏。所以复杂的组织必须有能力不仅在最短的时间内采取新的措施，而且能够改变全部的行为模式。

传统的做法就是采用普遍被称作"紧急状况"的模块，为了及时发觉异常情况，必须预先设置必要的程序或触发器，预警器的使用必须作为标准程序，以便做出最迅速的反应。

这种应急措施在企业的生产系统里，例如在设备上是常见的，但在管理的更高一些层面上则没有。另外一些领域，如在公安和卫生等部门里，报警模块一直是高层管理者日常接触到的，也是训练对象。

企业要足够迅速地根据情况转换自己的行为模式，这是企业高层的操控任务。在紧急情况下，企业的一切活动都在一个总的先决任务之下，其他一切都要让位到后面。

在动物身上可以看到行为动作的模式在眨眼间的自动切换，它们可以在静止状态立即切换到逃跑状态。模式是相互排斥的，一个动物不能同时逃跑和进食，或者同时饮水和搏斗，两种模式不能同时进行，只能二者取其一。对于较高层次的组织，可能有 15 种不同的这类模式，它们是最强的应对复杂性的控制手段。沃伦·麦克洛克这位神经控制论的奠基人把这种神经转换模式称作"潜在命令的冗余"（redundancy of potential command）。㊀

模态式的控制措施在于调出一个预先定义好的总状态，该状态一旦启用，其他所有的活动都必须服从于这个状态，这样生物体的一切注意力和所有的力量投入都集中在某个模式上。

根据不同的组织类型，有完全不同的行为模式作为全局控制。这类控制对于大多数企业领导而言仅仅凭感觉了解一点，控制论以外几乎没有人接触此类问题。

组织的模式

在企业中大致可以分作以下七种不同的模式：
（1）正常运行，一切正常；
（2）明确的加速增长；
（3）深刻变化（转变模式）；
（4）特殊情况模式；
（5）明确的衰退；
（6）危机；
（7）紧急状态。

㊀ 参阅沃伦·麦克洛克著《心灵的体现》（*Embodiments of Mind*），剑桥，1965 年版。

模式1："一切正常"，这是正常状态，毫无问题。

模式2："明确的加速增长"，这种状态通常领导机构、投资者、工会以及媒体最乐意看到，但是往往很难让一个企业明显有效地转入模式2，因为自然的惰性在起着阻碍作用。另外，这还取决于如何达到增长的目标。靠自身的力量来增长所要求的管理重点与通过并购获得的增长不同。

模式3："深刻变化"，虽然词意上是个时髦的名称，但给大多数的企业带来相当大的困难。困难的原因在于对企业管理的错误理解和企业管理的错误教育。

模式4："特殊情况模式"是对于掌握了这个模式的人最高效的全局控制模式，因为该模式带来了许多的灵活性，这个模式与下面马上要谈的"事项管理"有紧密的联系。技巧在于在相应的情况里做出决定，一个问题按照普通的解决方案还是非普通的解决方案来处理。项目管理做得好的企业容易出现这种模式。

模式5："明确的衰退"通常比较困难，但也要区别对待，要看是局部的，还是企业全面发生的。投资者的反应与员工和工会的反应不同。通常的衰退与管理者和内部及外部对他们预期的理解发生冲突。即使出现了局部的衰退也常常犹豫不决，这与军队组织里完全不一样，那里的撤退属于命令之下的正常行动，部队还有相应的训练项目。

模式6"危机模式"和模式7"紧急状态"通常都启动得太晚，这样就让企业无所准备，人们往往难以有勇气及时地公开面对局面，机构里大都迟疑地做出决策。正好这方面需要体现和证明领导的才能。

处理行为模式

处理上述改变行为模式的形势对整个企业内上上下下都有以下要求：
（1）认清形势，改变观念；
（2）启动时机的决定；
（3）对执行必要模式的决定进行传播。

这里说的是一个全新的行为程序的启动，可以称作"总开关"，要解决与人和组织的惯性有关的一切困难。

通过专项管理进行全局控制

专项管理是临时出现的专题，要求有全局视角的基本思路和领导的权威。

专项管理可以是涉及每个企业或企业的高层管理的重大事项。在可预见的时间范围里，我认为重要的事项将放在下一章讨论。专项管理也可以是只适合单独一个企业的专题。

专项管理是为进一步保持企业的灵活性服务，因此对公司策略的规定起平衡作用。公司策略规定了公司长远的基本方针，这样就以必要的方式提高了复杂性，对基本上任意数量的员工队伍规定了如何可以通过自组织的形式进行工作。但是公司策略也由于规定而同时限制了复杂性，这两者都是必要的。

在制定公司策略的时候，我们只能结合当时所获得的信息，但环境和企业的情况并不是静止不变的，企业高管必须不断关注新的形势发展对现有公司策略的意义。公司策略本身也是筛选器，这就是说，它是专项管理专题选择的判断器。

作为提高灵活性和多样性的手段，**专项管理是有意识地中断和回避原来的组织和人事的安排和管辖，让一件事情根据它的重要性优先得到处理。**

专项管理比人们通常认为的"领导亲自过问"的概念还要多，这是应对常规事务以外的挑战，所以对一些员工来说常常是感到有消极意义和引起担忧的，毕竟要求主管领导不得不把以前授予某些人的管辖权重新收回，这样就常常被误解为工作失误才让领导做出反应，从而又给高层领导的工作带来困难，因为他们本该放在眼前专项管理的精力又不得不分散到员工的矛盾上了。

通过良好的公司策略的全局控制效果，尤其是如果有高度先进的管理系统做支持，高层管理者也有潜力用于通常不得不放到经营业务之后的事情。一旦出现需要专门特别处理的事情，或者通常几乎不去关注的事情。有些事情需要忽略，但只有那些不重要的事情才可以忽略。

CHAPTER

第 15 章

展望未来：当前高层管理面对的专项事务

今后可预见的时间范围内，我认为重要的是高层领导需要应对以下的专项事务，不仅是为自己的企业解释这些问题，更多的是为了与公众、媒体、股东和政治打交道。

对股东和金融领域的代表进行解释与"教育"

在"企业的目标"这一节里我已经提到过这个话题，重要的观点和信息已经包含在那里了。对股东价值的讨论中主要是金融界的定位导致了出现"搞经营就是赚钱"的观点。

金融专家有着他们高度专业的知识，生活在他们自己的天地里可以（或必须）不顾明显更加复杂的实体经济行为。如何理解实体经济这个问题，我们不需要像彼得·德鲁克那样走得那么远，他曾经认为，银行家懂得一切与钱有关的事，但是对经济则一窍不通。

今天的人们通过投资基金和养老基金成为企业的股东，他们来自各个阶层，不能指望他们了解经济界的复杂关系。经济界的高层人士必须亲自承担起这样的任务，从他们自身的视角出发，向投资者、他们的委托人、他们的代表以及媒体和公众解释经济界的基本概念和基本关系。建立在这类问题上的信任和信誉需要某些个人的投入，针对这些复杂性问题也需要一种让公众容易理解的解释，例如通过能让公众真正接触得到的媒体。互联网在其中起着越来越重要的作用。

什么是利润，什么是富裕

从企业领导的角度如何理解利润和富裕这两个概念，这与第一件事项管理密切有关，必须解释和搞清楚。来自专门科学的理论已经足够多了，这些理论对于不是专家的人来说是无法理解的，人们完全忽略了从管理学的角度来考虑问题。除了赫尔穆特·毛赫尔、文德森·魏德金等被提到过的少数人以外，经济界在一定程度上至今对经济本身和经济如何运行没有发表过看法，只是让那些没有经济经验的人在做解释。

在管理控制论范围之外，至今没有关于企业控制的理论，经济理论中没有管理学。奥地利经济学家和哈佛大学教授约瑟夫·熊彼特基本上是至今唯一对企业这个对象，以及企业对经济的作用进行认真研究并有丰富成果的经济学家。彼得·德鲁克从管理学视角的研究中也做出了重要的贡献。

为了对外部观点做出令人信服的不同见解，需要具备一手的企业领导经验，也要有经济学的专业视角。让一些协会的负责人到脱口秀节目里说说话还不够，他们的分量太轻。管理控制论是直接从经济界产生的而不是从大学里产生的，这一点也许并非不重要。有人研究了管理控制论的奠基人斯塔福德·比尔的著作和传记，他活跃的职业生涯阶段从事的是跨国公司的高层管理，首先在钢铁企业，后来在一个媒体企业㊀。

企业家与高层管理

高层管理者始终要面对许多人分不清的"管理者"和"企业家"的处境，总是隐隐感到有需要表白的迫切感。这两个概念中显现出的是误解、偏见和成见，完全是来自经济界自身。如果经济界要被人理解，那么必须克服这两者的分裂现象，所以这个话题也被列入我的建议列表中。

经济界由于面向股东和财务的定位，所以有了另一个新的侧重点，这对于广泛理解管理的作用起了不利的影响。要取得管理上的成功，必须是"经营企业"，由于这个原因，我创造了"经营管理型企业"（UMU）这个概念，其他的做法就根本不能称之为"管理"。由于大众传媒，企业经营被误解为追逐利润和金钱，这是极其不幸的，甚至是危险的，**真正的经营式思维**与这种理念毫无关系，而是**要通过赢得满意客户的方式，长期成功地为社会做出生产性贡献**，这也是我经常所强调的。

一方面，没有经营式思维的企业高层管理者应该是没有能力哪怕是短时期地领导一个企业的。另一方面，一个企业家不认真对待管理上的问题，他几乎不会获得长期成功。企业家迟早（特别是他获得成功后）能转变为"企业领导"，这样就成为"经营管理者"了，企业家和管理者这两个概念必须统一起来。

㊀ 参见这个网址：www.managementkybernetik.com。

知识的意义

所谓的知识社会这个系列问题也必须在企业高层作为专项事务来讨论，并为企业做出解释。如前面已经提到过的，成为新的生产资源的知识、知识的生产力、知识在全球竞争中的重要性、知识型工人和知识型工作的出现等，给每个企业都带来了根本性的变化。根据不同的行业和企业类型，知识的重要性也不同。知识在一个媒体企业和一个汽车企业里有着不同的地位，但两类企业都受到知识和知识型工作的影响。尤其重要的是，不同的企业高管都对此有了清楚的认识。

对优势的思考

研究企业的优势本来就是企业使命中包含的东西，这是企业高层管理者需要不断思考的长期任务，企业的特殊优势在哪里，同样还要考虑企业的优势在哪里受到威胁。优势的形成和丢失通常都是逐渐的过程，所以也是难以认清的过程，因此高层管理者必须时常关注。

与企业的优势相比，认清企业的弱势相对容易，消除弱势虽然重要，但少有成功的，被消除的仅仅是成功的障碍。**企业经营上的成功来自利用自己的优势，因此考虑自己的优势必须长期列入企业高层管理者的议事日程。**

鼓励高业绩者

无论企业里推行的是什么人事管理原则，高层管理者还要始终关注高业绩者，这是他们的任务。企业领导应当把这些人甄别出来加以鼓励，尤其是企业发挥了先进的人力资源作用以后，这一作用必须精心管理，使员工队伍中的"高潜力"转化为"高业绩"。以下几个关键问题必须放到议事日程中：

（1）应当采用什么标准来衡量高业绩？

（2）甄别高业绩者，应当注意些什么？

（3）如何进行考核？

（4）必须给他们哪些考验？

（5）如何为了重大任务储备这样的人才？

不应该把这些任务下降到部门流程和行政管理系统中，同样还必须避免使之成为时尚话题，如毫无意义的"人才大战"。这里要关注的是业绩，不是人才。**从高业绩中产生企业的未来，这需要企业高层管理者的关注**。另外，这里也涉及有关所谓"精英"的讨论，一个正常运行的社会虽然需要精英，但不是那些装腔作势的精英。

什么是正常运行的社会

高层管理者虽然没必要成为社会哲学家，也不应当成为社会哲学家，但是经济的正常运行和社会的正常运行是密不可分的。**健康的社会是经济正常运行的前提。**

思考两者的相互关系不应该只是留给专门的科学家和高智商的时代精神评论员来做。因为这里占主导的也是科学内部的专业看法。专业化的优点是不得不通过很少注重实践问题的缺点换来的，这是科学系统的最大难题之一。⊖有经验的高层实

⊖ 关于第10章讲企业环境里的图10-6清楚地说明了这一点。

践家的看法对舆论是有重要影响的,把这样的观点带来是实践家的任务,因为他们的观点有着不同的分量,甚至在讨论中起到平衡作用,他们的观点至少与科学界、政界和媒体有着同样的重要性。

什么叫责任

领导承担着责任,但这实际有什么意义?过去历史上企业家被迫承担个人责任,这样的责任问题方式清楚、无法逃避,可以直接纠正。随着现代法律形式上的企业的出现,以前的这种责任概念进入了历史,但是责任的重要性丝毫没有减弱。

一个社会不解决高层管理者的责任问题是不能长久保持正常运行的。从实践的角度来考虑这个问题并拿出来讨论,除了企业领导者自己,还有谁更加胜任呢?哲学上的观点数量很多,但通常少有实践意义。

高层管理者的收入

高层管理者的收入如何?近年来形成的这一疑问引起了太多的误解,结果是攻击、伤心、痛苦、丧失积极性和新的社会裂痕,风波还没有消失。

对于自己企业来说反正很清楚,收入问题是高层管理者的事情,但也是政治和全社会的热点话题,特别是在经济形势不好的时候。

问题首先不是收入的高低,而是收入如何构成以及对外的辩解。有人认为,真正好的高层管理者可能比今天的最高收入者还应该多拿钱，但他们应当通过正确的方式而不是错误的方式获得收入。

高层管理者的收入只要一方面和业绩挂钩，另一方面又主要按照短期运行的财务结果来衡量，不是股票市价就是内部的净增值，那么从长期战略的角度来管理企业只是空想。这样做相当于没有约束。越是按照企业的成绩作为业绩来计算报酬，长期战略就越是成为口头承诺。所谓的战略无非成了业务数据的预测。

不仅必须取消单纯的与财务数据挂钩，而且还不允许与任何其他数据进行机械式的数字联动。彼得·德鲁克很早就这么说过，企业高层管理者的薪酬系统只有两种，差的和糟糕的……这至少通过股东方法已经得到了证明。

CHAPTER

第 16 章

高层管理机构的危机及其变革

企业的高层管理陷入了现代企业形式出现以来的最大危机中。在这场危机中同时也存在最大的机会，有人可以正确应对并利用这场革命性的变化，把他们的企业提到更高的运行层面上。这场变革的发生是必然的，因为这是复杂化过程所带来的。不过解决这场危机不能采用同样正是造成危机的手段，这是本书的一个主要观点。

高层管理结构的理论缺失

企业的高层机构是一种试验性的即兴而出的事物，在实践中至今找不到其结构的理论基础。实践中现有高层机构的结构基本上是按照公司法中的法律规定，最近也是公司治理守则的推荐内容。

法律的规定中几乎根本没有针对实际高层管理者的作用，即他们的调控任务，根本没有涉及今天高度复杂性情况的要求。法律规定中包含的大都是一些其他的标准，即债权人保护和所谓的股东利益。企业最高领导层的责任是对照"商业谨慎义务"的，这样的义务在完成企业目标中没有什么意义，尽管有人十分谨慎地办事，照样可以把一个企业搞到破产。

通过对公司治理的讨论，虽然股份公司最高机构的作用方式有了一定程度的变化，公司监事会的权力明显有了增加，取消了一些重要作用的限制，但是这些变化还是仅仅停留在原有的结构模式中。这样的结构模式产生于过去的时代，与今天相比至少有两点重要的区别：过去时代相对平静，且当时企业的监事会都是企业主占据着。如卡内基、摩根、克虏伯等人，随着企业的扩大，虽然他们从经营业务中抽身出来，但没有离开企业，他们是全职的监事会和董事会成员，长期比公司的董事会还要更好地懂得经营业务，因为公司本身就是在他们手上建立起来的。

今天的决策形成过程已经不同了

今天的这些企业高层结构已经过时了，这表现在真正的意见和决策的形成过程没有如人们按照上市公司法和议事规则以及文献资料中所期待的那样在运行。公司高层领导机构中的每位有个人经验的人都知道这一点。

这并不是说高层领导机构的做法不符合法律规定，而是某种程度上正式的作用方式远远不足以应对现有的复杂性，更不能主动地来利用这种复杂性。

在高层机构的正式会议上虽然要批准和发布决策，但是很少有真正意义上的"做出决策"，会上都是做出决定，把决策记录成文，接着就是发布和生效。但是必要的、有时是高度复杂的意见与决策的形成过程则完全是另一种形式。

高层管理机构决策的复杂性已经大大超出了传统管理机构的能力，不懂行的人往往认为，高层的决策就如同那些唯我独尊的追逐权力者进一步落实他们的阴谋。

事实上，**重要会议上的观点探讨、意见的形成和达成共识都早就需要事先完成**，往往要经过数十次的电话双边协商，或者多边的电话会议，电话会议的时间需要协调，尤其要考虑国际时差，这些都需要秘书办公室承担，商讨也可以在商业午餐时进行，或者根据不同的文化特点安排在高尔夫场或桑拿房。这样的交流活动包含的人员远远超出了正式的机构成员范围，因为管理机构人员虽然知识丰富，但不一定掌握必要的信息。

上述做法适合可以预见的决策情况，但遇到特殊情况，例如突然出现的困难或机会就失去作用了。如果遇到公司的紧急事件，只要这些事情引起了媒体的兴趣，那就非同小可，而这样的事情今天必须要预计到。

阴谋论的温床

阴谋是有的，但是几乎与这里讨论的事情无关，除非人们愿意把达成共识笼统地看作搞阴谋，这是不了解企业的真实运行情况。主要困难在于，每个参与者都需要处理大量的信息，远远超出了事先送过去的一堆资料和会议上的正式介绍。只有亲身经历的人才能相信。

所谓的科学调查，通常用的是问卷和访谈的方法，这根本了解不到真实的复杂性，也缺少把握复杂性所需的交流过程。实际的过程是真正的自组织过程，只有通过对策略的整理、控制和调整，才能产生出良好的决策。

有的媒体把阴谋和权力欲望拿来做题材、做报道、做评论，这样让公众对社会机构的功能造成了巨大的误解和偏见，对领导人物和他们的行为造成的误解和偏见也不少。由于媒体通过合法的途径往往接触不到信息，但是能够接触到以自我为中心的、爱在媒体上出风头的、爱搞阴谋的管理机构成员或者他们的下属，媒体的报道通过所谓的内部消息来增加分量和表面上的事实含量，因为往往机构成员自己也没有能力正确理解全部过程。用个形象的比喻来说，他们看到了一个圆形的平面，却不知道这是一个圆球的投影。用传统的途径是看不透复杂性情况的。

法律规定和公司治理守则写进去的只是在决策过程中必须遵守的最起码的要求，这是一些能够有适用性并不至于带来责任问题的规定。但是这些规定中只字未提如何形成正确良好的决策，使企业面对竞争对手超越对方。

法律规定、守则和尽责义务只是基础，目标则必须是企业的成功，也就是这里出现了公司治理和公司策略之间的裂缝。好的公司治理守则必须遵守，但获得成功要靠好的公司策略和正确的管理。

传统的公司治理为什么不够

有关法律内容在可以预见的时间里将不会被修改，而且也并非完全有必要。需要搞清楚的是，企业的决策机构能做到什么，不能做到什么。法律上的要求当然要做到，但是高度复杂系统的管理要求还远远没有做到。做事的认真、负责、彻底等标准和法律规定不是一回事，与法律的功能也是不同的。

公司治理的发展虽然在管理机构的功能上有了改善，但同时也带来了某些退步。我在开头就反复提到过，企业的运行和高层管理的领导任务今天过于局限在财务经济问题、财务业绩标准以及太短视的目光上。另外，决策机构的行为越来越多地表现在避免风险和防止严重的法律后果上。虽然在现有的决策机构范围内进行了一些为了应对复杂性而必要的改革，但是这种改革不够彻底，基本上没有涉及符合复杂性特征的企业领导的手段和方法。观点的形成和意见的统一阶段，在决策的准备工作上正在变革，值得期待的还有决策机构本身的工作方式的改革，但并不是按照法律和章程改革决策机构的责任。

基于控制论的新的工作方式让有些人感到很不习惯，但是也将得到许多的支持者，尤其是那些长期以来对普通的工作方式很不满意，但又找不到其他方法的人。

在公共行业高度复杂的组织中，它们领导机构的处境虽然在法律和经济法规方面有别于经济界的企业，但从高效率管理的要求来看则是没有区别的。从合作式的管理结构及其团队，到每届大选后都要重新组建的政府机构，全社会对这些高度敏感职能部门的要求现在比以往任何时候都高，将来还要更高，因为他们服务对象的生存有赖于他们。如果不是涉及垄断行业，那么即使发生了经济上严重事故甚至破产，客户也能承受，因为他们还可以有其他选择。而公共行业的严重事故不仅会对直接受害人，而且也会对整个社会带来灾难。要避免这样的结果，只有掌握复杂性和通过极其精确的管理来实现。这里特别重要的是采用相应的公司策略的全局控制。

CHAPTER

第 17 章

变革：从首席执行官到全局控制职责

安排首席执行官的职责，我们至今只有一种做法，那就是集中到一个人身上，这样也就是靠首席执行官的一个脑袋，至少一般都是这么做的，理论上也是如此。

掌握复杂性需要最高层领导纵览全局、综合性思维和有相关性的指导。因此必须让整个系统像人那样形成类似于"统一的自我意识"和"了解本人"，也就是机体和个人的一致和统一。对此，首席执行官不是唯一的解决方案，至少不是他一个人，所以实际上也不是他一个人，而必须是针对系统的全局控制职责。

超级控制代替超级人才

"执行官"的名称包含着"行动""作用"和"实行"这些重要的含义，没有这些内容就不成为"管理"，但是单独一个"执行"还不够，真正的管理还需要更多。

执行官的行动必须有目标和方向，还必须有目的，就是说不光是"执行"，而且拿国家的政治概念来比喻还要有"立法职能"。"行动"还需要"调解"和"纠正"，这就类似于"司法职能"。最后"执行官"还需要明确意义和责任，这里用到国家政治概念已经没有合适的词了，对此我们今天有了更好的、普遍适用的控制论术语。很显然，完整理解首席执行官的职能事实上要多得多，这是全局控制的职能。

高层管理者的任务，其中包括首席执行官的任务，尤其到了今天已经比10年前可以想象到的复杂了几个数量级。只有在真正有特殊能力的人坐到了首席执行官这个位置上，企业才能很好地靠一个人实现掌握全局控制，这样的人才某种程度上是超级人才。这种解决方案引起的"魅力讨论"是可以理解的，也是不可避免的，因为这些人完全具有人们习惯称作"魅力"的作用能力，他们也需要这种魅力来完成"超人"的任务。

如果一个能力平平的人站到了企业的最高位置上，那么采用首席执行官的办法是最差的方案。尽管首席执行官的权力范围给了真正的领导有条件做出最大成绩，但是遇到不负责任者和无能者，哪怕是能力平平者，首席执行官的办法也必将导致灾难。

彻底的系统全局控制职能

要领导一个复杂性的企业需要天才般的能力，光这一点就足以说明高层管理者实际上处在深刻的危机中，至今还没有一个可以普遍适用的解决方案。虽然有人尚能胜任此项任务，但这些人的数量不够多，我们所经历的复杂化过程也还远远没有到头，实际上才刚刚开始。靠天才的首席执行官并不是解决企业未来的方案。

最好的首席执行官当然不是单独靠他们的直接能力和魅力来领导企业，而是靠（如我这里建议的）政策方针，他们有高效率的团队，团队里虽然有业绩的竞争，但没有权力的斗争。这两点早就被艾尔弗雷德·斯隆认识到了，他当时在通用汽车首先做了尝试，取得了明显的效果。

如果我们不仅注意表面结构，也注意控制论的深层结构就彻底清楚了，在运行良好的企业里，首席执行官的任务实际上不是一个人完成的，无论这个人有多么重要，表明的只是"职能"。在控制论中，我们称它为"分摊职能"（distributed function），这就是说，首席执行官的任务靠一套分工系统来完成。真正杰出的首席执行官在这个领域里还不太好找，不过称得上代表人物的有雀巢公司的赫尔穆特·毛赫尔、通用电气的杰克·韦尔奇、花旗集团的桑迪·韦尔等人（均已不在位)，他们全面理解并完成了自己的任务，远远超出了与他们的职位名称相符的范围。他们是看得见的彻底的系统全局控制职能的真正代表人物，广泛意义上也是他们系统的总指挥。

凡是已经有人认识到掌握复杂性的问题所在，那么都有解决方案在尝试，其他控制论范围内的方案已经显现，每个解决方案都要有全面的策略为前提，即在第三部分中介绍公司策略的三个理念。有一系列的方案可供选择，我要在下面推荐三种方案，其他方案在本系列图书第四册里介绍，那本书里重点要谈高层管理的结构和过程。如果涉及联盟结构、合伙、合作以及各种联网形式，那么也有必要采用其他解决方案，那里虽然有必要实行全局控制，但是采用命令的方式就不起作用了。

方案1：扩大传统的职责分配全局控制职能

最高领导职权无论怎样作为常规范围来分类，无论是按照功能、地区或者业务范围来分，也无论高层管理者同时负责多少业务领域，这样还是不能反映总经理真正的全局控制任务，还必须有一个能够起到全局控制作用的上层结构。

总经理的任务与前面提到过的一个企业的三个标准范围不一致，对其他类型的组织也不适用，因为医院、大学和政府部委又有不同的职权分类。

虽然这些常规范围是明确高层管理者的任务，但从本质上看还是"专项的高层管理任务"，而不是"总揽的管理任务"。总经理的管理任务某种程度上凌驾于各个专项高层管理职责之上，如图17-1所示。

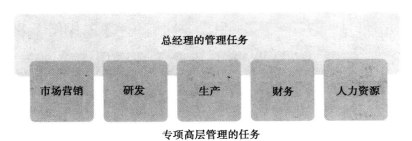

图17-1 专项高层管理者和总经理管理任务的相互关系

总经理的管理职责任务是公司策略的最重要内容，这里只是表述上有所不同：

（1）确定公司政策方针，包括公司目标、公司使命、公司的业绩管理和总的公司战略；

（2）构建企业的整体结构；

（3）确立价值标准，利用可看得见的个人榜样构建整体的企业文化；

　　（4）建设人力资源，培养高层的关键岗位；

　　（5）维护企业的对外重要关系；

　　（6）企业对外的代表；

　　（7）随时准备应对特殊情况，包括危机和机遇。

方案2：利用集中绩效控制分配全局控制职能

　　在企业政策方针的基础上，首席执行官的关注点如果不是基本指标，那还是什么呢？由于公司策略自身包含了作为核心绩效控制的基本指标，这样就实现了最高效的统一性、完整性和一致性。

　　企业高层管理的分工演变有的偏向了财务功能和人力资源功能的形式。与这些功能内容所不同的是，核心绩效控制的指标所包含的内容有明显的不同，已经不是传统意义上对这一领域所理解的内容了。

　　这种解决方案中，按照市场地位、创新能力、生产力、优秀人才吸引率、流动性和现金流以及收益率等分别设立独立的总监职责，如果不像大型企业里那样设置六个人，也可以把任务集中到更少的几个人身上，人员结构如图17-2所示。

　　通用电气的杰克·韦尔奇采用的是这种方案。除了他以外还有两位和他几乎同样地位的人，即财务总监和人事总监。值得注意的是，他们明确规定这两人不得升任首席执行官，这样就排除了权力争斗和地位争斗。天主教教会用了另一种途径解决了几百年来为了最高权力的争斗问题，规定了教皇职位的终身制。

　　另一种方法是，在全局控制领导班子中重要业务范围的主管领导每个人负责其中一项基本指标。这种做法的缺点是，全局控制的功能依赖于这些个人的业务成绩，凡是在自己管辖范围内没有做出好成绩的主管领导，几乎都不能拥有主管任务所必要的权威。艾尔弗雷德·斯隆为把业务范围的责任严格分开来，采用了分割管理和公司管理的形式。

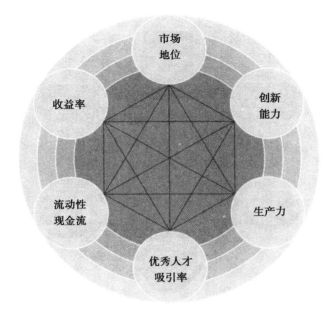

图 17-2　核心绩效控制作为高层管理的结构

方案3：通过改变领导实现全局控制职能

我们通过图17-3再回顾一下企业最高层管理的根本问题和由此引出的高层管理者的任务：公司的业务管理、战略管理和制度管理，今天的营运总监（COO）在这里对代表当前生存的S形曲线的全部活动负责。

负责企业未来生存曲线的是"变革总监"(chief change officer),有的企业称为"首席发展官"(corporte development officer)或者在职能组合中由首席执行官(CEO)同时兼任"变革总监"的职能。

今天的首席执行官这样就差不多成为"制度总监",在这个意义上他的关注重点就落在公司的制度管理上,这种模式接近于全球占主要比重的金融机构的做法。

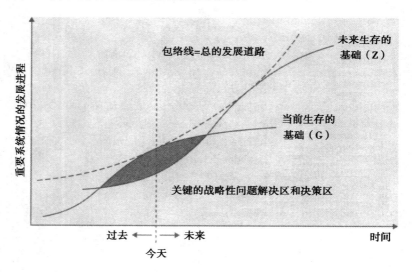

图 17-3 高层管理结构中的颠覆性变革

这种管理职责一分为三的方案(绝对不同于今天德国公司里那种三个机构的做法)对于完成彻底的变革有着重要意义。新的方案与老的做法要彻底分离,这是成功创新的最重要原则之一,在实质性层面的一般创新时就必须这样。

若不采取这种方案就不可能让整个企业以这里作为必备条件的方式进行彻底的变革。

为了获得足够的变革动力和注意力，这一高层管理结构的构建方案将与核心绩效指标的想法结合起来。变革后的公司将还是具有原来的基本指标，但内容则是新的了。企业必须以全新的方式对这六项业绩指标领域做出成绩。

功能化代替定人化

上面提到的所有方案和其他可以设想到的方案中，只有让企业这个系统（通过这里建议的机制和方法）实现自组织和自我管理，才能掌握复杂性。这里所使用的"变革总监"或者"首席执行官"等名称是任务的组合，仅仅是职位的名称，不过这样还是容易把新的功能与老的做法混为一谈，从而又回到老的思维上，尤其回到定人化上来。尽管固定职位落实到人有多重要，更重要的还是意见的收集、统一认识和意志的形成。高层的整体管理或全局控制是一个过程，虽然需要人员结构，但是经过一段时间会自然形成和发挥作用。

对职能的重新命名还没有达到真正的变革，尽管其中也有新的工作分工的变化，关键在于这些职能新的合作形式，即发挥新的功能㊀。

新的工作任务分工和工作任务功能化的区别在哪里，我们通过下面的小故事"下棋过程中的重新组织"来解释。20多年来，这个故事帮助我的研讨班和讲习班里的学员理解并且解决问题，这个例子说明了决策过程的结构和功能之间的相互作用。

每个读者都知道国际象棋，棋盘的两边各坐着一位独立的

㊀ 这些新的职能如何合作，并且可以如何进行新的组织，将在本系列图书第四册关于企业结构的话题里做深入探讨。

下棋者，两人要根据规则随时统揽整个棋局，掌握棋局的变化，相当于真正的"实时控制"。

一位年轻的企业管理者观察两位对手下棋，他看到了棋手们的紧张、焦虑和压力，也看到了每走一步需要多么长的时间（显然效率低下、不近人情），这种现象需要改组。按照通行的说法，"组织"就是把相同的事归纳到一起，让有能力的人当领导。这就是说，一切和钱有关的都属于财务部门，一切和人有关的都属于人力资源部，一切和计算机有关的都属于信息技术部，一切和客户有关的都属于市场部，等等。

下棋中有什么"共同点"？所有的"兵"都归成一类，一个"兵"要有一个管理者；"车"也一样，虽然"车"的编制很少，但看来这个部门很重要，因此我们也需要一位"车管理者"；组织者对"马"有点犹豫，因为"马"的任务看来最复杂，也特别重要，两匹马归属一个领导，还是每匹马各自分开？出于成本的考虑，先归属一个领导，到以后再看情况。那么"象"呢？"象"是走斜线的，一个领导就够了，"王"和"后"当然要各自一个管理者，这两个棋子太重要了，要不惜代价，要有"首席执行官"亲自来管理"王"。

绝佳的解决办法出来了：压力少了，效率提高了，虽然不是立即见效，不过新方案一旦引用，专项管理实施起来恐怕……领导班子怎么样？规模有点大！要有七个人！我们这样来解决，组建一个三人董事会，分管"王""后"和"马"，另外再设四位全权代表掌管其余的事物，这样做对于"业务"的复杂性来说一点也不过分。因此我们有了总共七人组成的、扩大了的领导班子。全权代表比较灵活，可以根据需要参加领导班子会议。

但是新的协调问题又出来了！不要紧，有的是经过实践证明的有效办法：每个星期一开董事会议，全权代表参加或不参加，通常要参加，否则会信息缺乏。首先由"兵的管理者"介绍情况，他在上一周里让他的"兵"走到了什么位置，吃掉了对方的哪些棋子。他知道"象的管理者"对他非常生气，因为"象的管理者"正打算要让一个"象"走到他让一个"兵"所占的位置。"象的管理者"介绍了他的形势，提出了要求，要让"兵的管理者"最晚到本周的星期三从这个位置上移开，因为他要走到这个位置上去威胁对方的"后"。这一提议却遭到了"马的管理者"的否决，他看到有步子可走，用三步就可以首次"将军"对方的"王"，对此还需要"车"和两个"兵"的配合……会上出现激烈的争论，声音越来越大。

"后的管理者"提出要求，这样无法开展工作，迫切需要开设培训班解决纠纷处理和交流问题。首席执行官在会议中把任务委派给"后的管理者"并宣布，要把注意力集中到战略和公共关系上来……

这一边尽管有大师级棋手组成的团队，还是被对方一个独立下棋的15岁的男孩轻易打败了，因为管理团队采用这里描述的方式来进行成功的合作是不可能的。这个团队要战胜那位15岁的男孩，必须要像用一个头脑来工作。

下棋就如经营一个小的"公司"，有16名员工，一位竞争对手，对方的规模也一样大，棋手随时看得清并知道对手在干什么，下棋的复杂性只有10^{155}步，1的后面加155个0，企业管理还要复杂许多倍。我们如果还是利用传统模式的组织和重组合方式，就无法应对无时无刻不在全球发生变化的复杂性。我们只能依靠本书介绍的基于控制论的公司策略和系统策略，通过共同理解和交流，利用这里介绍的管理系统的模型，将有形或虚拟的控制室或操作室用于连续的环境决策，通过这里介绍的三种系统策略理念的全局控制。这些都是每个正常运行的企业里高层管理者为应对复杂性条件进行职责分工的必备条件。

CHAPTER

第 18 章

高层管理团队

　　高层管理的正常运行离不开团队合作,无论是产业界的企业还是公共服务机构,高层管理者的任务十分复杂,落在一人身上时间一长就几乎不能全面完整地完成。一人承担高层管理要么是冒险,要么是幻想。

　　外表形式上可能只有一个人处在最高位置上,可以称作首席执行官,但是仔细分析下来常常明显看出,那些成绩出色的企业里,首席执行官实际上都是一个团队在工作。首席执行官的核心能力之一就是建设一个团队,尤其是在企业高层情况复杂的时候。

　　团队说起来简单,但要组建一个团队并让它发挥作用却是件困难的事,而高层管理团队则更加困难。 高层管理者通常都是很能干、有棱角的人物,几乎人人都是个性突出,要使高层领导团队发挥作用,要注意三个条件和六项原则。

三个条件

　　第一个条件很容易理解也是被普遍接受的,第二个条件有部分人不理解，第三个条件由于广泛的误解而未被大部分人接受。三个条件如下：

（1）严格的纪律；
（2）个人关系必须放在次要地位；
（3）个人情感不应该参与其中。

第一个条件是严格的纪律，这不仅对高层管理者是重要的，而且对任何团队都一样。由于各自任务的复杂性，要求严格遵守纪律。从集体过渡到团队有一个清楚的标准：那就是有意识地放弃内部争斗，代之以高效率的自我纪律约束，这个条件下通常表现为团队内意见的共识。

第二个条件是必须把个人关系放到次要地位，这不像第一个条件那样被大多数人所接受，但是被大多数有经验的领导所接受。个人关系、个人好感、个人友谊，更有极端的哥们儿义气等都不允许出现在高层领导团队中，在工作中只能考虑业务关系。因此值得建议的是，作为高层管理机构的成员，对待其他成员要尽可能保持等距离。视线可能很快变得模糊起来，这样就难免出现真正的友谊，而且由于业务上的关系而长期的合作，就会形成某种程度的信任，可以称之为"可靠的支持"或"友谊"。因此很明显，应当杜绝利用个人私下关系的优势。

第三个条件是个人情感不应该参与其中，这个条件常常遇到阻力。其中原因是很容易解释的。人与人之间的关系应该是正常的，这样一切工作就变得容易，但是高层管理团队的成员一般不能选择自己的同事，董事会成员都是由监事会聘请来的，监事会又是被股东选举出来的。因此通常只是由于组织关系而与人合作共事，并不是由于个人的好感而合作。

这里所指的第三个条件针对的是人际关系由于某种原因出

现了不正常情况，这时候就更加显得重要，因为高层管理团队即便如此也还必须能够继续工作。一个高层管理团队的正常运行不能取决于"人际情感"，而是即便有了人际的情感隔阂也要能够正常工作。如果做不到这一点，那么调整团队里的人员就不可避免了。

六项原则

一个高层管理团队高效率运行的基本原则很简单，也是基于控制论意义上全局控制的又一个例子。这些原则与具体的组织结构无关，也与法律规定的职责范围无关。例如，写进德国法律的集体责任根本没有涉及多人组成的董事会真正的作用方式，这当然也不是法律的任务，但是在实践中却非常重要。

关注高层管理者的六项团队原则不能保证企业的成功，这样的期待是不现实的，要使企业获得成功还要有更多条件。但是反过来，若不重视这六项原则就将带来风险，几乎注定要失败，因为有些困难将无法避免。

一个管理团队要正常有效地开展工作，必须遵守以下六项原则[一]：

1. 高层管理团队每个成员在他本人的责任领域中有最终的决定权，他代表整个团队，也为团队负责。

团队中的单个成员在他负责的范围里代表整个董事会集体的权威。这表示不允许帮助下面的员工反对高层管理团队中其他成员的决定。团队成员既要维护个人决定，也要维护集体决

[一] 另外参阅彼得·德鲁克的《管理学》一书，伦敦，1973年版。

定,否则就影响到权威和信任。特殊情况下可以向整个董事会或董事会主席提出不同意见。

2. 董事会成员在涉及非本人负责范围的事务时不做决定。

第二项原则是第一项的反面,要相互尊重对方的责权范围。若违背了前两项原则,不但会造成企业里的混乱,最终削弱行动能力,还会不可避免地导致权力斗争。

3. 团队以外不对某个成员的能力做任何评论。

一个管理团队的成员不需要相互喜欢,但是他们必须避免做出相互的评价,对内和对外都不应该出现煽动性的言论。

4. 一个团队不是一个委员会,所以需要一个主席当领导,他必须拥有紧急决定权。

与普遍的看法不同,一个团队不是人人平等的团体,团队里不能讲民主,而是要讲实效。一个人成为团队一员,这是要在团队里做出贡献的,所以高效率的团队都有一个内部的结构和一个领导。

一方面,董事会团队的领导要负责让团队得以发挥作用的原则得到执行;另一方面,当团队面临瘫痪和不起作用的时候要作为关键人物发挥作用。因此他要拥有权力,在必要时能打破僵局。

理想的情况是他从来不需要使用他的紧急决定权。如果他不得不经常使用这个权力,这就说明这个团队出了问题。

有多种方式可以形成一个决议,实际最常见的是以多数票通过,也有以一定比例的多数票或者一致通过为标准。如果涉及最高管理机构,那么许多情况下需要达到一致通过,尽管这也有它的缺点。尤其在危机情况下更加需要保证这种一致通过的决策形式。

尽管有投票的形式,还是应当少用。董事会主席应当尽一切努力使大家达成共识，但也不必迁就和谐，需要的是对问题的了解和坚定的看法。采用一般的鼓掌通过的办法是危险的。会议主席必须掌握处理意见分歧的能力。在困难时候也能达成共识的办法只能是把分歧公开摆出来。

如果一件事情不能达成共识，需要投票决定，那么投票中的少数派必须支持多数派，精诚合作，努力为决议的完成做好工作。既不积极也不消极的反对派是允许的。这方面的错误行为，即使是细微的、仅仅是含蓄地表现出来的抵制行为也会几乎无法挽回地削弱董事会的权威和工作实效。如果有人明确不支持决议，那么除了让他离开企业，没有其他解决办法。

5. 某些决定必须当作团队的集体决定。

第一项原则提到，每个成员在自己负责的范围里有最终决定权，他代表整个团队，也为团队负责。我认为这对于一个企业的行为能力和执行的速度是一项不可缺少的原则。从孤立的角度看，这项原则可能会被滥用，所以必须有补充。某些决定不允许一个人做出，需要全体同意。典型的例子如公司的收购合并，大规模的创新，整个业务范围的进入或退出，重要岗位的人事任免等。

这些需要董事会全体成员一致通过的情况应当写进企业章程里，同时在总条款里规定，必要时须由集体做出决定，而不是由单个成员做出。当然这种情况下还要由监事会的批准和配合。

6. 团队里每个成员有义务向其他成员通报他所负责的范围里所进行的工作。

这项原则也作为第一项原则的补充。既然每个人有了责任范围里的自主决定权，那么也必须向所有其他人通报有关情况的完整信息。管理这些原则的机制是业务分工计划和企业章程。

CHAPTER

第 19 章

领导才能的全局控制

　　领导才能的话题在本系列图书中都有提到，无论是讨论公司文化还是讨论管理队伍，或者这里讨论的公司策略、领导才能的话题都同样重要，不过侧重点有所不同，看问题的视角也不同，这是由于管理系统的交叉联系所体现出来的。这一话题不需要从词汇学的分类上去考虑，而是以解决问题为目标的知识安排。

　　本书也必须包括领导才能的内容，因为变革中的企业采用全局控制的管理方法要依赖于领导才能。简单地说，一个企业真正的领导数量越多，那么企业中的自组织就实现得越好。第2章里提到，公司策略提供了一种新的、几乎没有人关注的领导方法。在这个观点的基础上可以认为，构成领导才能的不是一般人所称的主要靠个人素质，或者仅仅是个人素质。一个人被看作是有领导才能，还有四个其他原因。首先要提醒一下，我们要和所谓的真正了不起的领导者区别开来。

　　（1）具备真正领导能力的第一个原因是有能力制定正确的政策方针，错误的政策将导致失败的领导，尤其是如果领导能力与所要求的个人魅力结合到了一起。

（2）第二个原因有能力把企业领入正确的运行模式中。对此需要清晰的目光、对形势的正确判断和个人的勇气。

（3）第三个原因是有能力选择正确的专项事务，并把专项事务有效地进行处理，这是专项领导能力，其中表明"嗅觉灵敏"。

（4）第四个原因是指导个人的行为和实现公司策略的规则和原则。

领导的区别在哪里

任何一个重要岗位上都希望领导能够发挥作用，不仅是企业的高层领导岗位。军队里早就认识到这一点，并尝试在较高级军校里注重培养领导能力的质量。美国西点军校的使命就是"培养值得信赖的领导"。

我认为的领导能力和当前普遍想象不同，这一点我在各种发表的出版物里已经表明了观点。通常认为的领导能力都与突出的魅力形象有关。有些人有魅力，能对别人产生作用，这是不争的事实。但是，第一，这样的人数不多；第二，他们的行为并不一定受人欢迎；第三，如历史证明的，当领导没有必要一定是这种人物类型。相反，如果一个人有魅力，再加上必要的能力和所需的责任当然就会做出了不起的行动和成绩。

领导能力不仅是个人性格的问题也涉及正确的指挥。**通过正确的指挥，企业的领导能力可以在全局控制意义上得到激发和培养**。同样重要的还有，要清楚认识领导能力和指挥调节的知识，预防出现在通常讨论中的误解。

实际上不存在领导人的共同特征，我们可以通过人物传记的研究来证明。有的领导非常聪明，有的在这方面也就是普通程度；有的人非常友善、容易接近、热情；有的则难以接近、内向、冷漠、纪律严厉，也许甚至还有苦行主义的特点；有的人态度蛮横、大男子主义；有的人温文尔雅，说话和气；有的人喜欢奢华，爱出风头；有的人不能接受这些；有的人喜欢心血来潮；有的人则凡事都必须前思后虑，做出决定前要犹豫再三；有的人喜欢跟别人打交道，随时欢迎别人到家里或办公室；有的人在别人面前总感到不自在，宁愿独处。

当领导的人就像普通人一样千差万别，但他们之间相同的只是固定的行为，这样的行为可以研究，从他们的行为中可以提取出某些"领导能力的全局控制"。

领导才能的显露，时势造人才

领导能力不是绝对的，而是相对的，取决于处境，只有从具体处境里表现出来的领导能力才可以理解和解释。同一个人在某种处境里被证明为杰出的领导者，在别的处境里可能没有什么突出之处，甚至毫无领导能力。领导能力并非完全取决于个人，有时可能人的因素只占了很少比重。例如大多数专家认为温斯顿·丘吉尔和富兰克林·罗斯福两人是杰出的领导人，但让他们成功的更是需要第二次世界大战这一特殊环境，丘吉尔根据他的历史知识意识到了这一点。

处境和在这一处境里的特殊行动造就了领导才能，若没有处境，那么标志为领导才能的行动既没有必要也没有意义。这为处境（通常是危机）提供了崭露头角的机会。

没有一个考验的处境就无法更好地对一个人的领导才能进行评价，做出错误评价的风险很大，人事决定的错误决策风险也很大。

如果要探究领导才能，那就必须提出这样的问题：在特殊处境里，究竟是什么东西让人成为一个出色的领导？

真正的领导才能

良好的管理也是一门技术，是可以教、可以学的技术，其基础是知识和经验。一个领导如果没有真正的管理学技术基础就无法工作，任何一个组织的正常运行都不能脱离这样的技术基础。

真正的领导并不就此满足，他们还要走出几小步，而且是重要的步子。他们对某些东西掌握得特别好，这并不是与生俱来的（尽管有可能，这样对他们来说就变得一切都比别人更容易了），因为他们知道或感觉到，自己作为也食人间烟火的普通人，也只有很少的手段来指挥别人，因此他们把精力集中到重要的事情上，坚持抓住良好管理的关键问题。我们可以从他们的行动中学习到那些指导原则和规则。我们可以看出那些规则，以这些原则为指导，并加以运用。

下面我们还要再次强调，必须把伟大的领导和真正的领导区别开来，否则会产生误解。一方面，有的人被看作是伟大的领导，但仔细分析起来却不能被看作是真正的领导；另一方面，有的人从来没有被人看作伟大，却是真正的领导。战争、自然灾害、事故等提供了太多的例子，有人表现出真正的领导能力，但并没有因此被看作是"历史上伟大的领袖人物"。

真正的领导把注意力集中在自己的任务上

真正的领导不以个人需求为出发点，**领导人物的关键问题不是考虑：我要做什么？什么东西适合我做？他们要考虑的是：在这种情况下必须要为大家做什么？**直接的"回报"对他们来说几乎无关紧要。他们不关注回报，根本不在乎金钱的回报。他们感受到自己的责任，做应该做的事。

这种责任感甚至让他们痴迷，达到对其他一切事物都可以不顾的地步。工作始终是他们的推动力，而不是个人的获取。或者换句话说，他们最迫切需求的是他们的任务。不少人在完成职责中把自己的获取放到了脑后，做出个人牺牲或者不拿报酬，常常让周围的人无法理解。

他们对普通的激励不感兴趣，对经常性的语言激励更是不感兴趣。他们的积极性和动力来自任务和与任务相关的成果。他们为事业而工作，良好地完成一件任务对他们来说已经带来足够的满足，往往甚至是最大的满足。

真正的领导强迫自己去倾听

这里特别要提出"强迫"自己，因为谁都不容易做到。大多数领导没有耐心，因为他们知道，速度在起着什么作用，他们太相信自己做得对。然而真正的领导知道，从别人那里得到的信息是多么重要，特别是从本单位基层来的信息。他们一再加强意志和自律去倾听别人，并非仅仅因为知道，如果不这样做就会失去企业的信誉。这并不意味着他们长时间地倾听，他们通常时间很少，但是在倾听中让别人明显地看出，他们是在十分专注地听。

真正的领导尽力让别人理解自己

真正的领导知道，自己清楚的东西、对事物的看法，自己的观念别人不一定清楚，常常也根本搞不清楚。由于这个原因，他们一再耐心地重复认为重要的信息，甚至可能到了有点固执的程度。

为了让别人理解，他们力求简化，运用对方的语言，或者采用形象化的比喻，有时候把内容简单化，因为他们知道，复杂的东西不能被理解，所以也起不到作用，甚至起到反作用。

在交流中为了让对方理解，他们尽可能利用最好的交际手段。他们做着示范，要别人做到的自己先做到。每个领导一定有过这样的经验，只有以身作则才能当好领导。对于要遵守的规定，领导必须自己带头执行。在其他方面也许领导有特权，但对于基本规定则必须严格执行，否则就要失去信誉，一旦违反了这条原则，他们的领导位置也就开始受损了。

真正的领导不用托词和借口

真正的领导对结果感兴趣，倘若结果没有出现，他们不找漏洞百出的借口，这里可以发现历史人物失败的原因。一旦有领导开始用托词和借口，或者寻找替罪羊，那么他的领导位置就开始受到损害了。

这种伎俩在短时间里可能奏效，但是却埋下了失败的种子，本人的信誉和别人的信任都受到了损害。在一定的情况下可能维持较长的时间，直到最后大范围出现失败的迹象，其实领导的这种做法一开始就让人感到虚假和不诚实。其他方式的策略可能被容忍或者甚至被认为特别智慧和聪明，但不是找托词和借口。

真正的领导相对于工作任务承认自己的渺小

这个观点是相对于工作任务而言，不是相对于和其他人的对比，这点很重要，因为这里常常引起误解。领导人都很清楚自己的重要性，也想要让别人感受到这一点。

领导人物都会遇到这样那样程度的个人崇拜，而且往往是违心地被周围人捧起来的，但他们还是把工作看得比自己更加重要，这是唯一的做法。领导在自己独特的位置上要对情况有一个清醒的认识。

领导把工作任务看得最重要，但是他们不把自己等同于工作任务，工作任务与领导人自身是两回事，这也是历史上许多领导人失败的因素。一旦摆出"我就是国家"的态度，可能这个人虽然开始了一段特别辉煌的阶段，但是通常这也就是他的领导生涯走向没落的开始。

更重要的是，相对于工作任务承认自己个人的微不足道，真正的领导人物在关键时刻可以有勇气和胆量做出正确的抉择，在疑虑中他们可以为了任务的完成不顾自己的前途，在必要时可以为了事业而牺牲自己的前途。这是赢得别人尊重的地方，很大程度上是他们让人信服的力量来源。让他周围的人看到，不是为了个人利益，而是为了事业，而且在多大的程度接受了个人的损失。一个人几乎没有比自己的前程更大的东西可以舍弃了，如果他这么做了，那么对别人来说这是一个难以忽视的信号，说的就是他所想的，他证明了表里如一。

真正的领导不把别人的功劳据为己有

无论别人取得多少自己也能做到的成绩，也无论认为自己会比别人做得更好，真正的领导不拿别人的功劳来装扮自己。

他们想问题时用的是"我们"而不是"我"。他们知道，什么是同事和企业的成绩，他们承认别人的成绩，看重的是事业的成果，不是他们本人的成果。

真正的领导不怕能人

这里指的能人包括下级和上级两方面的人。真正的领导知道，只有最好的人才才能完成企业的重要任务，所以他们尽力吸引最好的人才，提拔他们、重用他们。**真正的领导将可能严厉地，有时候甚至残酷地对待别人有损他们权威的企图，但领导不会出于害怕自己的权威而排挤这些能人。**

把一些无能的人、唯唯诺诺的人聚集到一起，是软弱无能的领导所为，通常很早就显露了出来。真正能干的领导很反感那些唯唯诺诺的人。他们要听诚实的意见和有争议的意见，但遇到时也完全可能出现恼怒和粗暴的态度。重要的是，这些人把别人的观点和批评看作宝贵的信息。

这并不是说领导乐意听到不舒服的批评。正常情况下他们和大多数人一样不喜欢被批评，所以一个领导可能对待批评会做出恼怒的反应。而差的领导则会对批评置之不理，而且通常还要压制批评。真正的好领导无论做出什么情感上的反应，总是能理解批评意见，但并不意味着他一律接受批评。

真正的领导不必一定是个热情的人

在文献资料和口头讨论中都要求领导人必须是热情的人，要激发起别人的热情。我认为这是一种谬论，在真正危急的处境里热情对领导能力是一种障碍。

谁要求领导人有热情，显然他只看到正面的、轻松的领导环境。一旦出现了困难情况，要做出不受人欢迎的、严厉的、需要做出牺牲的决定时，真正的领导此刻是严肃的。凡是涉及让别人开心的事情，不需要真正的领导才能，大多数只需要漂亮的言辞就够了。

一个领导人物在必要的场合必须做出非常严厉的决定，也许要求别人做出超人的成绩。在这种情况里他虽然要有说服力，但让人喜悦几乎总是效果相反的。温斯顿·丘吉尔就清楚这一点。

例如在军事上战争失败、队伍人数损失后要做出撤退命令，或者有必要解雇一万个员工时。只有玩世不恭的人和患了虐待症的人才会在这种处境里热情振奋，或者拿这样的消息让别人开心。一个企业里正是遇到那些沮丧的事情才要求领导做出困难的决策，没有人可以用振奋的态度来做出一个这样的决定，若他真是这么做的，他当时就失去了信任和号召力。别人可能会屈从于他的权力，但不会服从他的领导。

真正的领导者不是空想家

真正的领导可能有一个愿景，更恰当地说是一种使命，但他们不想在地球上创造一个天堂，只是集中精力避免出现地狱。**真正的领导是具有人类本性的现实主义者**，他们努力学习历史经验。

他们知道，尽管空想哲学是迷人的，但还是造不出新人类的，只能一步步地适度改善世界上的苦难。也许他们在公开场合表现得有一点空想的成分，因为他们善于把项目计划的吸引力告诉别人，但在他们的行动中，要了解任何影响到复杂社会结构的风险，了解尽管出于良好愿望的变革所无意造成的副作用。他们知道空想是不可能实现的。

真正的领导既不是与生俱来的，也不是别人造就的

真正的领导既不是与生俱来的，也不是别人造就的，那么他们是哪来的？他们实际上都是自我造就的，通往领导者的道路只有一条。重要方面有以下四点：

- 基本前提是一个人所处的环境。这可能是以后历史学家要研究的重要历史环境，或者是不值一提的普通环境。这纯粹是偶然的机遇，无人能够选择自己的历史环境以便得到证明领导能力的机会。
- 在所处的环境里有人发现了可以改变状况的关键任务，也许是渡过一个危机，也许是利用某个机会。其中可能看到了孜孜以求的愿景，更多的并不是让愿景得以实现的创意的火花，而是对可能的选择和重要性的仔细思考。
- 他们毫不动摇地面对所接受的任务，处境和任务可能在历史上意义重大，如像温斯顿·丘吉尔那样在几年以后从一个毫不起眼的政治家到了声名显赫的地位；或者也可能平平常常，就如一个母亲日夜陪护自己生病的孩子，直到渡过危机。两个例子中我们都看到了真正的领导才能的基本要素。历史学家对此的评价将是完全不同的，而人类的评价则是相同的，正如维克多·弗兰克在他书里所说的。
- 他们为关键的任务承担责任。美国战后总统杜鲁门爱说的一句话是："我现在是总统，并且责无旁贷……"他

想表达的是，他必须完成任务和做出决定，不能指望其他人。

个人魅力

个人魅力已经成为很普通的字眼，甚至早已出现"魅力培训"。但究竟什么是个人魅力？字典上是这么解释的：

"[社会学]达到最佳工作的重要天赋，尤其是承担一个领导角色以及产生非理性影响力的重要天赋。"（韦氏词典）

"被认为一个人具备非同寻常的品质基础上的超凡能力（领导与下属）。"

"希腊语，'获得爱怜心'；一个人不同寻常的、神奇的特征，所以被看作有超出常人的、天赐的、典范的威信或感召力。"

"魅力；特殊的品质；一个人所拥有的，被想象为不同寻常的或别人达不到的能力；被认为与神奇的，甚至决定命运的力量有关的作用力；在周围人眼里显得有天赋的尤其是天生的领导角色。现代社会心理学的研究结果恐怕不能证明，若脱离了特定的人群结构，脱离了被领导者的期待，一个群体、氏族或民众中有地位的'天生的领导'是否依然存在。"

英国陆军元帅蒙哥马利是第二次世界大战期间最有魅力的军事领袖之一，就是由于他的魅力等原因，丘吉尔才不支持他反对艾森豪威尔。尽管由于这一决定让温斯顿·丘吉尔失去了连任，蒙哥马利作为年轻的少尉在英属印度时，上司对他的评价是"人民将跟着蒙哥马利前进，但我怀疑，这将是出于好奇而不是出于信任……"

蒙哥马利是个铤而走险的人，一个挥舞着军刀把队伍向前赶的英雄，这样做对别人的影响大，让人感兴趣，他们拥戴这样的人，但他们是出于好奇而不是出于信任。这样的领导人有号召力，因为"那儿发生什么事了"。真正的领导人有号召力，因为人们信任他。他们靠自我约束和榜样来领导，不是靠口号或振臂高呼，他们的资本不是魅力，而是信任。

关键问题不是我们有没有领导，而是把我们朝哪个方向引领。重要的不是出发，而是到达；不是意图，而是结果。有魅力的领导者如果不具备真正的领导才能，那么是一种危险，他们难以预测，他们信奉的是自己相信的教条。历史上有魅力的人往往不是领袖人物，而是祸害。

CHAPTER

第 20 章

胜利者的决胜技巧：
成功的道理

迪特里希·多纳对"失败的逻辑"进行了与众不同的研究，他从反面来求证通往成功的道路，这是我在玛丽亚·普拉克纳的出版物里第一次读到的内容。

我没有使用这个好听的概念，但是考虑到了同样的实质问题，1976～1978 年我为大学执教资格论文收集了掌握复杂性的经典原则和规则，这些都是在高度的迷茫中为辨别方向、做决策、搞管理经过千百年考验的原则。这里向最高领导层介绍一些重要内容，读者若要进一步了解，请参阅我的论文《复杂性系统的管理策略》（*Strategie Des Managements Komplexer Systeme*）。

在专业术语中，人们把这一类原则称作"决胜技巧"，这是一类特殊的原则，必须同另一类称作"步骤规则"的原则区别开来。例如在游戏时必须遵守的规则，否则游戏就无法进行，"步骤规则"就是此类规则。游戏要靠这类规则来规定，例如下棋就有棋类规则。之所以称作"步骤规则"，是因为每一个时刻都有明确的规定，哪些步骤允许走，这种情况下需要遵守棋类规则。利用这些规则虽然可以下棋，但是靠这样的规则并不一定能赢棋。专业的棋手当然清楚地掌握"步骤规则"，但除此以外还掌握其他规则，这是一些赢棋的规则。采用了某规则后能够掌控局势，提高胜利的概率，这类规则被称为"决胜技巧"。

我在本书的开头讲到实质层面和系统层面的区别时提到过1948～1963年的苏联国际象棋大师米哈伊尔·鲍特维尼克，并且对象棋获胜规则有研究。他的研究成果之一是"每一步都要处在优势地位"的规则，有人不知道其中的道理。在这种处境里，这是唯一明智的做法。我们要应对一个处境，比象棋所含的10^{155}步的复杂性还要多，全球经济条件下的企业管理要比下棋复杂得多。

下面介绍的原则都是掌握复杂性处境时的经典策略原则，其中许多是古老的原则，这些原则经常被误解为达到和保持权力的策略，但实际上与权力没有什么关系。更多的是对各类复杂性情况指明重要的方向，有时人们对某些情况了解得太少，或者遇到某种情况的考验。⊖

权力不是熟练应对复杂性的前提条件，而是结果。运用这些决胜技巧可以反映出，表面掌握大权的地方可能存在巨大的颓势，或者情况正相反。若无视这一点，那么许多原则就如跳出来的怪物。下面要提到的原则将表明，这些原则就其伦理意

⊖ 请参阅约瑟夫·费尔德曼所著的"新闻是如何被利用和滥用的"（*Nachrichten-wie man sie gebraucht und missbraucht*），收录于《正确与最佳的管理：从系统到实践》（*Richtiges und gutes Management:vom System zur Praxis*）。

义来看也是最重要的，但可惜它们还不够，因为人类并非个个都是讲道德的……

下面要介绍的原则并非源自控制论，尽管有的原则从内容上看与控制论相一致。正如前面说过的，这些原则有许多是古老的，但显然具有控制论的性质，特别是其他手段不奏效的时候，这些原则还能起作用。

形势判断的原则

超系统的形势判断

这项原则涉及的内容已经在导言里提到：我们要仔细并有意识地区别实质问题和系统问题，不然在判断形势时遇到系统问题有可能就草率地偏离到实质问题的层面上去。其结果也已经提到，这样我们就会陷入大量的细节中，最终失去对全局的了解。一旦失去了内在的联系，那我们就几乎不可能找到实现有效自我控制的解决方法。

有人把系统问题和实质问题相混淆，或者从系统问题偏离到实质问题上，如把必要的领导素质和专业素质混淆起来就是典型的问题。一个大学里最好的科学家同时就是最有能力的校长吗？即使答案是肯定的，那么让他来当校长，这样对学校是不是好事？这样的问题不能从实质层面，而是要从系统层面来解决。这位校长吸引了多少名高水平的研究者到学校？通过他的声望可以招揽哪些资金？由于校长的职务，他所在的研究所将遭受什么样的研究成果和研究质量的损失？这些都是要在系统层面上考虑的问题。这样一位研究者发表过哪些成果，数量多少？他的国际声望有多高？他的成果多少次被引用，被谁引用的？他在媒体上的出现次数是多少？这些都是实质层面上的问题，这些实质层面的问题虽然可以无休止地展开讨论，但是并不能回答他当校长是不是最合适的问题。

形势判断的完整性原则

形势判断的完整性原则涉及选择性感知的问题，与第一项原则有紧密关系。如果系统非常复杂，人们就不可能按照事物的本质来全面了解，所以这项原则特别重要。

这项原则一方面说明，我们免不了有"不知道"的事实。但更重要的是，这项形势判断的完整性原则特别涉及，不仅要从自己个人的角度来判断形势，而且要从其他相关方面的角度来判断。评价一个人如何判断形势还不够，同样还要考虑别人可能如何看、如何评价和对待形势。因此要求考虑到相关各方以及相互的关系。另外还要考虑这样的问题，我们自己被其他各方是如何看待和如何评价的。我们如何认为，我们的竞争对手明白我们的措施吗？我们如何认为，竞争对手会不会想到我们正在观察他？我们如何认为，竞争对手会不会想到我们认为他在观察我们？以上是这里提出的问题类型。其重要性对于战胜竞争对手来说是不言而喻的。如果我们忽略了形势的信息收集中必要的完整性，只是从自己个人的角度来观察形势，那就会导致对事实的盲目性。

许多人倾向于用一种老的世界观从因果关系的角度来思考问题，经常有人的第一反应就是寻找原因，甚至唯一的反应就是寻找原因。在社会关系中，通常就是寻找"过失者"。复杂环境里发生的事件不能用单项因果关系的思维来解释，这里都是大量的复杂因素在起作用，所以在形势判断中必须考虑到，否则就有做出错误判断的危险。

简单的"原因－作用"式思维导致出现各种敌意和阴谋理论，这就更加显现出危险。许多人对一件事情得到了某种解释就觉得宽慰了，因为至少有了一种解释。抱有这种态度的人就不可能对形势做出恰当的评价，特别是很快代表了一群人的看法，即成为"团体思维"现象，这一现象已经有很多研究，尽管如此，这一现象仍经常在最高领导层上发生，并导致了灾难。㊀

开放式系统的原则

开放式系统的原则必须引起人们的关注，在充满活力的复杂性系统里始终要估计到出现难以预料的变化，因此这一事实必须在任何的形势判断中考虑进去。

在系统论里，一个系统的开放性是指系统嵌入到更大的系统中，或者在其所处的环境中不断地发生物质、能量和信息的交换，系统的变量指标发生着变化，这样的变化将带来新事物、意外事物或无法想象的事物。例如，在医院里人们早就对这类情况有准备，而在经济界却还没有。

优势对抗弱势原则

优势对抗弱势原则表明，每次形势判断都必须针对相对的优势和弱势的比例关系，干预措施也必须同样按照这个原则。

㊀ 芭芭拉·塔奇曼在"从特洛伊到越南，当局者的蠢事"中描述了一些历史上的事件，让人必然想起"9·11"事件、基地组织、反恐战争、伊拉克和许多此类例子。人们将学会欣赏这里介绍的决胜技巧。

这里也还要注意现实地评估均势。

其中一项重要原则是，绝不要把对方看作比自己更笨。对方越是难以评价，就越是不可轻视。如果我们被对方认为比实际更笨或更弱，那么就更有好处。这样一方面需要考查是不是真正缺乏实力，另一方面有迹象表明，对方正确地地评估形势的条件和局限性在哪里。这种状况无论是竞争关系还是合作关系都是有帮助的，在竞争关系下人们可以相应地做出调整，在合作关系下则知道哪方面必须向对方做解释。

目标选择的多含义原则

目标选择的多含义原则要求在选择干预措施时，就如多弹头导弹那样同时针对多个目标。这样可以利用复杂性提高作用力的多样性。采用这种多含义的目标也给对方在看透己方的战略中增加困难。

避免受信息影响的原则

避免受信息影响的原则要我们注意，在判断形势时防止被误导。这项原则保护缺乏经验的人以免做出幼稚的决策，他们虽然小心谨慎，采用看上去科学的方法收集数据，但不考虑数据的特征和来源。

根据这项原则，形势的判断应当尽可能符合事实，这就要求考虑到所有各类欺骗、隐瞒和迷惑战术（不仅在日常的人际关系中，也包括在竞争条件下，直至各类情报人员的虚假信息中）都属于复杂性系统的现实。这项原则同时还涉及预防错误的学说、过时不适用的理论，预防把"球体的事实"理解为"平面的圆"。

操控能力与关系能力的原则

灵活性原则

灵活性原则要求避免不必要或暂时不必要的决定或承诺。这项原则的关键是，保留你的回旋余地，把时间尽可能定得宽松一点，考虑到要为事情可能发生的变化留有空间，为无法预料的情况或事情发展过程中出现的不利情况尽可能有条件做出反应。如果一开始就把时间定得太早或太远，就会失去了灵活性，这是要避免的。

防范未来原则

防范未来原则告诉我们，所有的战略措施必须就其潜在的未来影响做出检查，要检查可能出现情况后是否具备必要的资源，或者至少资源要有保障。一个重要的标志是，要做好风险防范，即使在严重损失的情况下还应有足够的资源以控制任何局势。

这项原则实际上表明，例如每年做好预算还不够，不仅要始终关注预算的实际执行情况，而且必须能够尽量提前按照实际再做预测。这又意味着，把预算毫无保留地花掉并不是目的，这在公共领域里是最常见的，因为那里的年度预算都是依据前年的数据来做的。我们的目的是，必须花的钱才花，因为不可能保证将来哪些资源还依然存在或可以获得。

可逆性原则

可逆性原则要求在任何具体情况下考虑，在哪些条件下是否可以收回一条措施，并且会有什么结果。

很显然，有些决策是不可逆的，不可能完全避免做出这样的决策，但是要搞清楚，在什么情况下可以做出不可逆的决策，又在什么情况下可以做出可逆的决策，这一点具有重要的战略意义。做出可逆的决策与不可逆的决策不一样，可逆的决策可以快速做出，不可逆的决策需要花更多的时间，以便仔细地做好足够的预想。

小步骤原则

小步骤原则要求我们必须考虑，可以根据哪些中间环节来评价一项行动的作用方式，在做出下一步战略措施之前评价一项中间环节是否值得实施。**情况越复杂，这项原则就越重要。**

这项原则可以简单归纳为："只有看到了前一步的效果后才走下一步"。这样才能判断计划中的第二步是否正确。一项措施涉及面越广（例如，政策就是涉及面广的东西），那么这项原则就越有帮助。

开始下一步行动以前，我们要看第一步如何发挥作用，包括必要的认真评估，这样就获得了系统承受力的信息，我们为了正确走出第二步需要这些信息。

所以大的改革不能一下子成功地实施，必须经过对小步骤的严格评估，而且小步骤地实施还必须特别谨慎地、有系统地、可控地进行。这里指的不仅是步子要小，而且这些步骤还都要产生相应的系统调节作用，使下一个步骤得以进行，或者容易进行。这样我们可以避免无法挽回的异常变化。

许多改革和变革计划的失败在于忽视了这一项原则，大多缺少一个"返回点"管理，有人往往惊奇地发现，自己早已不知不觉越过了"不可返回点"。

主动性原则

主动性原则是指人们应当尽可能自己决定事情的发展，或者至少自己参与决定，以免陷于被动局面。这就意味着要尽可能处在主动状态，不丢掉行动的主动权。

如果我们提出这样的问题："为了知道我该怎么办，我可以做什么？"那么我们在混乱和不明朗的处境里总能找到采取主动的办法。我们总能找到一条避免出现被动局面的路，重要的是要区别，是不是无事可做，还是有意识地不做明显的事。

把持奖罚中心原则

奖励与惩罚，也包括赞同与反对，这些都是公认有效的管理手段。这一原则说明，我们必须自己把持现成的奖罚中心，或者至少应当参与进去，以便保持有足够数量的控制权。

奖励机制原则

奖励机制原则追求的目的是实现对复杂系统的自我控制。通过奖励达到自我控制的作用要比采用惩罚手段明显高得多。被管理的对象由于工资报酬的利益，更多的是靠自身的动力去完成所需的工作，而若看到了惩罚，虽然也做出了必要的工作，但更多的是去关注避免做错而受罚。

寻找其他选择的原则

这一原则的主要目的是为了更好地应对复杂性，了解决策及行动方案的数量。这表明除了已经知道的选择方案之外，我们还必须寻找其他可能的方案。在复杂性系统里，若对系统缺乏深入了解，依靠实质层面有限的目光就容易陷入矛盾和绝望的境地。其中最常见的现象之一是交流障碍，所谓的两难困境，其特点是两个相关的要求又是相互矛盾的。相当于既要求"把小狗洗干净"，又要求"不要把小狗淋湿"，这样的要求在实质层面是不可能做到的。我们只能在两个错误选项中决定一项，要么选择把小狗洗干净，要么选择让小狗身体保持干的。

两难困境是复杂性情况下的典型症状㊀，尤其在紧张、工作压力和责任压力大的情况下会频繁出现，在有些决策能力弱的、害怕担责任的人身上也容易出现。"双重束缚"的困境更多的是由于情感的驱使和害怕，为了逃避做出一个明确决定的责任。这类困境不少还出自考虑不周，答复太快，为了快速解决问题而做出未经考虑的决策。

一个公司策略如果不是按照系统性和系统控制论原则制定的，那么同样会出现大量的双重束缚型的指令，或者相互矛盾的规定，倘若不违反其中一条要求就无法完成其中的另一条要求。

有不对称依赖关系的人群中，弱势的一方常常会遇到双重束缚的困境，因为他们相对于强势一方不得不考虑生存的依赖关系，例如，企业员工面对领导，孩子面对父母和老师，公民面对国家，等等。他们遇到双重束缚困境时往往会感到束手无策，似乎到了这样的选择关头，要么从失火的高楼上跳下去，要么被烧死。

我们只能从超系统的角度来解决这种困境，必须进入更高

㊀ 参阅《复杂性情况：复杂性如何影响到人——从信息缺乏到崩溃》(*Die Komplexitätsfalle. Wie Sich Komplexität Auf Den Menschen Auswirkt-Vom Informationsmangel Bis Zum Zusammenbruch*)，玛丽亚·普拉克纳著，诺德斯苔特，2005年版。

层面来看问题，纵览全局，在这个基础上再寻找其他途径。要为小狗的皮毛洗干净，又不能淋湿小狗身体的任务，作为一种选择方案，不妨用一把毛刷来把皮毛刷干净。

要明智地遵守这项原则，海因茨·冯·福尔斯特这位控制论奠基人提过一个很好的要求："你坚持去做，找更多的办法。"

金桥原则

金桥原则要求指挥措施不能让被指挥的对象陷入一个没有退路的境地，对人而言就是要避免让对方失去面子，至少保留最后沟通的基础，以便在任何情况下都能重新建立指挥与被指挥之间的关系。海因茨·冯·福尔斯特提出的口号："始终保持谈话的可能性。"这口号也相当于此条原则。

影响信息情况的原则

信息接近原则

信息接近原则要求建立和保持尽可能短的信息渠道，避免信息被扭曲、无意或随意地被过滤等。这项原则相当于应用控制论的基本原则之一。

信息接近原则说明：重要信息的传递越及时，就越好调整和控制一个复杂性系统。斯塔福德·比尔采用趋同法和可行的系统模型（两者都是马利克管理系统的重要组成部分）像数学那样精确地实现了这一原则。

这一项原则还表明符合系统特点的公司策略具有重要意义。普遍通用和永久有效的策略在任何地点、任何时间都能满足必要的实时信息的需求，无论领导机构处在哪里，也无论是否能够联系得上。

行动解释原则

行动解释原则是指预告信号，我们在实施所有战略行动方式时必须要一再考虑，这种行动方式如何被别人理解和解读，可能还包括非直接参与方（或系统）会不会引起误解或错误解读。

单从交流困难来看，常常会出现人们不得不关心防止产生误解和错误解读。这就需要对自己的意图做出相应的解释，达到建立信任的目的。通过行动解释，让不可预见的情况以及与此有关的决策变得可以预告和可以预见。例如，"如果出现这样或那样的情况，那么我就会……"之类的解释。这样的解释还必须真正做到，这是前提，否则就要失去威信，出现不信任，或加大不信任感。

伪装原则

伪装原则与前面这项行动解释原则正好相反，在有的情况下需要隐蔽地进行一项行动，目的是为了不泄漏信息，因为这可能会在系统内部引起不利的反应或不良影响，例如可能出现误解，或者需要做太多的解释。

评估原则

评估原则要求我们预先考虑，可以用哪些信息来检验一项指挥和调整措施，如何创造可以评估的条件。

正是在普通的战略领导层面必须考虑到，低层面上的人不了解最高层或其他领导层的思考和决策，所以制定一项政策还远远不能保证这项政策不出偏差地被理解和执行,这就需要进行培训。不过培训也还不能保证政策得到理想的执行,一旦有人对政策及其含义产生了怀疑,那么他就不会一心一意地去执行,甚至还可能会去破坏它。有了评估就保证了合理的政策得到确切的表述,得到有效的宣传和贯彻。

在马路上,有车道标志线和路牌告诉开车人,自己是否行驶在正确的车道上,方向是否正确。无论在社会领域还是技术领域,这一项原则涉及确定那些指引标记,让人们及早并且始终辨认出,利用措施是否达到了追求的目标,究竟出现了哪些结果。

公信力原则

可靠性原则

可靠性原则要求每个人必须完成所承担的职责,这是最重要的前提,保证自己的可靠性、今后的可信度、声誉和个人权威。由于系统的指挥机构被认为是可靠的,这就增强了系统的可靠性。

坚定性原则

坚定性原则就是坚持自己的战略、计划和原则。已经宣布过的计划如果不了了之,那么自己的公信力很快就会遭到严重破坏。这时候要考虑到,有些人对宣布的计划会不理解、不愿意理解或者单从自己有利的方面去理解。

这一项原则与刻板的死守原则不相干,表明只有那些真正准备实施的计划才可以公布。宣布一些根本不能实现的东西,既没有效果,又会起反作用。

放弃某些已经显得不够明智的决策和立场是应该的，但是这需要表明原因，否则就会失去领导的权威。

少虚张声势原则

少虚张声势原则涉及这样的情况，有时不可避免地要做一些隐蔽的行动。这就要求，如果真要做，那么只能做精心考虑过的虚张声势，而且只能偶尔用用，不得已的情况下使用，原因在下面最后一项原则里介绍。

悄悄放弃原则

悄悄放弃原则的目的是，在失败而需要放弃的时候尽可能不失面子，如果已经采用了虚张声势的手段，那么还应当搞清楚，一旦传出去就会带来很大的不利和尴尬，所以人们应当根据这项原则事先考虑到，如何在失败处境里既保持不丢面子又能够摆脱困境。

总的说来，在复杂性系统里总要估计到意料之外的事情发生，我们不能指望事情总是按照计划或人们所期待的那样去发展。由于这一原因，通常要考虑摆脱困境时如何让损失达到最小，或者甚至转变为有利条件。要考虑发生了什么，什么结果可能发生，如果形势不是如人们所预料的那样发展，应该怎么办，这些应当还是战略行动的一部分。

这里介绍的原则如一开始所说的仅仅是部分的选择。当别人还在复杂性系统的迷宫里失去方向时，[⊖]它为我们提供指南。

⊖ 要了解更多地决胜技巧，请参阅我的高校任教资格论文《复杂性系统的管理策略》。

结 束 语

以上介绍了在复杂性时代以自然规律为导向的公司策略和公司治理，在即将结束的时候我们再来回顾一下汉斯·乌尔里希对公司策略所采用的定义，"公司策略是规定企业未来较长时期经营活动的基本方针"（见下图）。

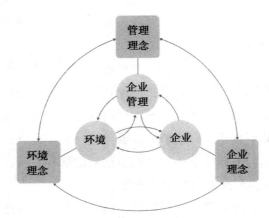

公司策略三项理念构成的系统

这一基本论点和所涉及的内容在本书里作为全局控制归纳在公司策略的三项理念中：企业理念、环境理念和管理理念，正如引领本书内容的"导航图"所示（见下图）。

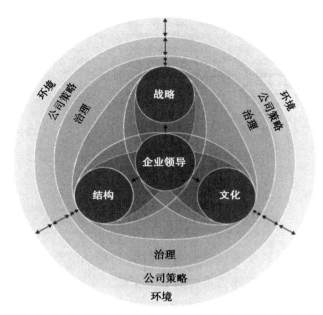

通用企业管理模型

利用我的通用管理学系统的子系统，即战略、结构和文化，以及通过企业领导的指挥，使全局控制的作用涉及整个企业。这里涉及话题是本系列图书其他几个分册中的内容。

通过相应的战略、结构和文化，使全局控制换来绩效和成果，通过全局控制也让全球社会的机构，无论是属于经济机构还是非经济领域的社会机构在充满活力的系统生态中把握复杂性。

战略、结构、文化和企业领导是我的管理学系列图书中另外几册的话题。尽管这里介绍的全局控制实现自组织听起来有那么诱人，但复杂性时代的职业管理者不可避免地要与这四个话题打交道。

附录 A
马利克管理系统及其用户

我的管理系统的灵感要追溯到 20 世纪 70 年代系统管理理论的产生，还要追溯到由我的老师和前上司汉斯·乌尔里希和我的同事瓦尔特·克里格执笔的"圣加仑管理学模型"的产生。部分早期的想法来自普通控制论，我接触最重要的第一批控制论奠基人给我带来了重大的影响，值得一提的还有海因茨·冯·福尔斯特、弗朗西斯科·瓦雷拉、戈登·帕斯克、赫尔曼·哈肯、戈特哈特·金特、斯塔福德·比尔和弗雷德里克·威斯特，还有公司策略的先驱者阿琉伊斯·格莱里勒、进化论专家鲁伯特·里德和艺术史专家卡尔·波普尔、弗里德里希·冯·哈耶克，还要感谢汉斯·艾尔伯特、塞萨里·马舍蒂，以及同彼得·德鲁克之间的谈话。

随着大学执教资格论文《复杂性系统的管理策略》的发表，⊖ 我建立了自己的理论基础，在这个基础上，通过理论与

⊖ 《复杂性系统的管理策略》（*Strategie Des Managements Komplexer Systeme*），弗雷德蒙德·马利克著，伯尔尼／斯图加特，1984 年版，2006 年第 9 版。

实践地不断结合，形成了以控制论为基础的统一的动态系统，这套系统又是开放式的、相互联系的，这个系统就是马利克管理系统。这套系统涉及本系列图书所介绍的全部三个管理学范畴：

（1）作为社会功能的管理学；
（2）机构组织意义上的管理学；
（3）人的行为意义上的管理学。

名称和特征

整体系统的正式名称采用最简单的叫法，称作"马利克管理系统"。这个名称也代表了马利克管理中心，这也是为了开发、传播和应用我的管理系统而成立的一个机构。

谁要研究和描述复杂性系统，一开始几乎都不知道会出来什么结果。通常（复杂性系统）出现在临时标题里，往往要很长时间后才出现最终的名称或商标。我的这套系统及其子系统也是这种情况，流传过程中有过许多名称，通常在不同的发展阶段，包括在研究项目中、发表的出版物中、研讨会上等，出现过一些临时的叫法，有时读者和客户也有他们自己的叫法。例如称作"综合性管理系统""正确与良好的管理""管理的效率""有效的管理""通用管理模型""标准模型""管理之轮""马利克模型""马利克的管理学"等。

有经验的用户知道，系统的真正特征不是由名称决定的，而是通过系统本身的内容和版本来决定的。出于谨慎和负责的原因，我一直以来在出版文献里尽量用清楚的名称来表达。

发展历史

我研发自己的这套管理系统已经 30 多年了，自开始以来投入了所有的时间和资源。当时，从工业化时代到复杂性时代的转变虽然已经清楚地显现了出来，但由于社会和市场的复杂性，要让人们感觉到与此相关问题和机会还有很长时间要等待。

我的企业里要独立进行昂贵的研究和开发，这必须付出极大的耐心和所有这些年来遇到的困难抉择。我们不得不从一开始起就既要解决客户的需要，又要解决不受时间、文化、行业和部门约束的通用管理系统的开发。一方面要求及时分析应对进入社会意识中的问题和困难，另一方面过去和现在都必须尽可能广泛地未雨绸缪。

今天的时代比以往成熟得多，在更加苛求的控制论背景下，我的管理系统得以正常运行的条件也已经成熟。一方面，只有现在才有这套系统实际应用的技术条件，另一方面，许多实践者对复杂性有了足够的经验，引起了他们的兴趣。

这样经过了几十年之后，我当初完全贸然决定的战略和策略得到了验证，全身心地投入到了应对复杂性时代管理学的挑战中。

应用范围和效果

马利克管理系统是为复杂性时代纷乱的系统世界里人的生存而设计的。这些管理系统和自我管理系统在这个还年轻的世界里必然还是新出现的必要的文明技术和文化技术。没有它们的帮助，现有的和潜在的资源既不能充分得到认识，也不能转换为成果，这需要信息和知识，"马利克管理系统"中归结为导航系统、模型、调节机制和工具。

世界很复杂，我们遇到许多高度复杂的问题，但这并不意味着答案也必须是复杂的，可能反而是非常简单的，前提是这些问题潜藏着发展所需要的复杂性。马利克管理系统能够满足这些要求，这是数十年努力的结果。

每个人都知道，有的信息简短、明了，但照样在一个系统里产生应有的作用。火灾警报就是一个这样的例子。火灾警报能动员起所有的安全保障人员，因为大家都能听得到，谁都明白这个警报的含义，明白自己应该做什么。我的管理系统由于采用模块化结构，恰好使这种相对简单又高效率的信息的要求得到了实现，达到了支持和维护系统的效果，可以根据要求对模块进行配置、调用和激活。

马利克管理系统的模块注重最高效能和生存能力，系统内依靠信息的相互关系发挥作用，因此系统内的这些模块可以任意组合使用，根据用途和模块的组合情况，既可以成为一个完整机构的管理系统及其子系统，也可以用于个人的自我管理，嵌入相应的环境内。

马利克管理系统针对任何需求、大小和类型的机构，也无论该机构处在什么发展阶段、任何经营领域和经营规模，可以向用户提供适应系统的、有发展能力的、符合自然和人脑思维的基础，这是复杂性机构得以进一步发展的"操作系统"。

马利克管理系统随着一个企业或个人的发展而发展，因为企业或个人与管理系统保持着相互作用，双方同时向前发展，结合点是人的大脑。

管理与管理者的个性化管理

马利克管理系统可以按照每个企业或个人的特点进行配置，但要遵守某些规则，这样就成为个性化的管理系统，如同计算机一样可以按照个人的要求进行配置。这个要求很关键，因为复杂性时代要求管理者具备智慧的个性化管理，这种个性化管理在不浪费时间的情况下，通过涉及每个局部细节的通用管理系统来保持，这样的管理系统总体上是通用的，但又能适应个性化的要求。

对我的管理系统的要求原来是为管理创造一个基础，这个基础不是适应时间、地区或者样式，而是适应通用性和持久性的原则。就像技术人员创建符合物理学自然规律的体系一样，我要建立的是一个符合信息学、通信、系统论和复杂性等自然规律的系统。最重要的基础是控制论科学及其复杂性系统本质的规律性。

马利克管理系统的结构建立在应用控制论基础上的，系统本身就是应用控制论。系统符合控制论的原则：这样去构建一个系统，让最小数量的模块可以产生最大数量的应用形式。这一原则让用户有了自主权，系统取决于用户在智力上对系统掌握的程度，与系统的研制者无关。

模块化和接口

马利克管理系统采用的是模块化的结构，模块之间相互兼容，也与用户的环境兼容，因此可以随意组合。系统的用户界面包括以下内容：

（1）控制论的管理模型，提供重要关注对象和情况的必要描述；

（2）可以生成和使用必要信息的工具；

（3）提供用户解决问题的方法；

（4）帮助思考的理念；

（5）应用规则，利用这些规则使系统产生最大的效能。

用户可以使用完整的马利克管理系统，也可以经过各种准备后只使用单独一个模块，有多种语言供选择。用户对马利克管理系统的了解可以通过书籍、出版物、研讨班、整套培训计划、DVD 或 CD 光盘、MP3、远程网络课程等，若有必要也可以提供数字化工具或软件。

马利克管理系统首先必须是帮助人脑工作的一套程序，一个好的管理者必须要比一台计算机更快地发现最新情况并做出反应。系统的模块根据不同的结构在信息技术方面可以任意组合配置。对于知识转让和信息转让，以及更加复杂的难题解决，可以提供由我培养的专家的帮助。

自我思考者的管理系统

使用我的系统后，就不需要再努力去寻找企业达到最高效能和效益的办法了，我的管理系统的目的就是让管理者最终摆脱管理咨询师。在 20 世纪里，由于多种原因他们发挥了作用，尤其是管理学这个专业领域也是在那时才出现的。

在 21 世纪甚至更远的将来，世界需要依赖管理者，管理者要知道为什么在管理学中没有一个简单的专利方案，为什么没有人可以摆脱他们，这得由自己来观察和思考。管理者必须彻底全面地掌握这门职业。他们知道，特别在复杂性情况下提出正确的问题比找到问题的答案还重要。因为我们在复杂条件下从来不能可靠地知道我们的答案是不是正确。马利克管理系统恰好就是针对这一点，以避免可能的错误决定和异常变化。

素质提高成功率

我的管理系统在研发经历中典型的结果之一是，很长时间里只有那些最简单、容易让人相信的模块会有较多的人愿意接受，被看作是标准，而前面进行的更加精确的控制论的作用的背景则至今还普遍不为人所知。

谁要完整地使用我的管理系统就必须知道，他如果既掌握了系统最简单的表面，而且也掌握了深层次的背景，那么他的个性化自我管理的比例就会上升。系统向用户提供一切，包括用户指定语言的管理系统、控制论模型以及控制论本身。尤其是控制论帮助用户不走弯路，直接解决个性化的管理学问题和具体问题。

使用者同时也一定知道，仅使用整个管理系统中的一项原则就可以获得巨大的系统效果，管理者的效率随着自己的能力而上升。系统所有的重要内容迅速正确地组合，其他内容在这个基础上再与系统进行交流合作。

自我开发者的动力

使用马利克管理系统的管理者，尤其是依靠该系统自己开发出解决方案的人一定知道，我们现在生活的时代并不是实际所做出的事情就能得到别人的承认，更多的是别人可以理解的东西才得到承认。

依据系统的实际需要来构建和处理系统，很大程度上并非依靠外部来推动，更多的要靠用户自己，因为评价一个系统的效果和价值自然要根据用户自己从中得到了什么，并非取决于系统内事实上包含了什么。而对于系统的开发者来说，显然一个系统最复杂的后台最有价值，因为系统最终还是依赖于后台。有些优秀的系统开发者自己评价不太高的成就往往获得更多的认可，而对于那些他们自己感到自豪的东西，却很少被人欣赏，更少得到别人的认可。对于这一点，不值得感到痛苦和沮丧，当用户有了内在的动力，自己的需求都能得到系统的满足，那么系统的价值才会得到认可。

认真与得到尊重

复杂性时代的管理者和专家要面对这样的选择，他们面对大众许多事情只能要么按照正确和良好的要求去做，要么按照别人的喜好和要求去做，两者越来越无法统一。只要大众的思维和认识没有足够适应复杂性时代的要求，这一现象就还将会一直持续下去。

真正的专业人士将会越来越多地面对这样的问题，按照自己认定的原则去生产，还是按照媒体指出的原则去生产。外行的人和爱出风头的人、追求快速和短期效益的人不仅得到了公众的关注，而且也造成了许多难以纠正的畸形发展，这种只图表面文章的做法在复杂性时代是极其危险的。所以我们的管理学需要一个可靠的专业基础，根据这一基础，从第一眼就可以区分出是真正的专业人士还是冒牌高人。我的管理系统、口号"正确良好的管理"就提供这样的基础。

我要提醒读者中爱独立思考的人,"说起来容易,做起来难"这句俗话虽然在许多场合是正确的,但是与复杂性系统和控制论打交道时则要反过来说了:"做起来容易,说起来难!"这里指出来或做起来要比描述出来简单得多、快得多。

凡是使用过马利克管理系统的人都有这样的经验,使用中可以很快解决许多问题,但是必须花费很多精力来具体、明确地描述自己所取得的进展。对于传统的管理者就用不着去描述了。现在是,使用者在我的系统的基础上开发了自己的系统,这时候他们自己的系统就可以可靠地提供帮助了。

在复杂性时代,管理者和真正获得巨大成绩的专家将比以往任何时候更孤立,他们从来没有像现在这样不被人理解,也常常得不到赞许,他们所做的普通事情则受到钦佩,重要的成绩则又无人理睬。他们遇到的待遇可以比作如同爱因斯坦因为能解释万有引力而被赞美一样。他们通过成功的创造性劳动和系统的工作而获得的尊重将来自在可靠的基础上进行专业化的设计、操纵和调节的系统。

作者与致谢

根据我的了解,马利克管理系统是全世界唯一的综合型通用管理系统,完全以控制论作为理论基础,明确地定位于应对复杂性,专门为复杂性系统的管理而设计的。系统的大部分开发是我本人完成的。我的最大贡献是整体系统的开发,因为马利克管理系统的成功开发依靠的是与来自管理领域、控制论、管理控制论以及系统科学等领域最优秀的人才的长年合作与友谊。全部模块的所有权属于我,权利主要包括版权,其他作者的开发权需要签订相关协议。⊖

在我的出版物中自然也涉及大批管理学方面顶尖的作者,特别要提到的是彼得·德鲁克、汉斯·乌尔里希、瓦尔特·克里格,以前在圣加仑大学管理研究所的同事斯塔福德·比尔等,还有其他领域的作者。我要感谢给我提过建议和看法的所有作者、客户、访谈对象和朋友,还要感谢我的同事为此做出的帮助。

⊖ 本著作的所有章节受版权法保护,同样受版权保护的还有所有在书中提及的模块、名称、模型和插图等,没有经过出版社及作者本人的书面许可不允许进行加工和使用,同样也不允许复印、传播、翻译、缩微摄影、计算机储存和加工以及任何形式的商业化传播。

参考文献

Albert, Hans, *Freiheit und Ordnung*, Tübingen 1986
- *Traktat über kritische Vernunft*, Tübingen 1991
- *Traktat über rationale Praxis*, Tübingen 1978

Ashby, W. Ross, *An Introduction to Cybernetics*, London 1956, 5th Edition 1970
- *Mechanisms of Intelligence: Ross Ashby's Writings on Cybernetics* / Edited by Roger Conant, Seaside/California 1981
- *Design for a Brain – The Origin of Adaptive Behaviour*, 3rd Ed., London 1970

Barthlott, Wilhelm/Neinhuis, Christoph, »Purity of the sacred lotus or escape from contamination in biological surfaces«, in: *Planta*, Ausgabe 202, 1997

Beer, Stafford, *Beyond Dispute, The Invention of Team Syntegrity*, Chichester 1994
- *Decision and Control*, London 1966, 2. Edition 1994
- *The Heart of Enterprise*, London 1979, 1994
- *Platform for Change*, London 1975
- *Brain of the Firm. The Managerial Cybernetics of Organization*, Chichester 1972, 1994
- »Towards the Cybernetic Factory«, in: Foerster, Heinz von/Zopf, G.W., *Principles of Self-Organization*, Oxford 1962, wiederveröffentlicht in: Harnden, R./Leonhard A., *How many Grapes went into the Wine. Stafford Beer on the Art and Science of Holistic Management*, Chichester 1994

Bionik und Management, Proceedings (DVD) des 1. Internationalen Bionik-Kongresses für das Top-Management, Der Quantensprung im Top-Management: Mit Kybernetik, Systemik und Bio-Logik die Zukunft sichern, Malik Management Zentrum St. Gallen, Interlaken, März 2006

Bionik und Management, Proceedings (DVD) des 2. Internationalen Bionik-Kongresses für das Top-Management, Strategie der Evolution: Phantastische Lösungspotentiale für komplexe Probleme, Malik Management Zentrum St. Gallen, Interlaken, März 2007

Birg, Hedwig, *Die ausgefallene Generation. Was die Demographie über unsere Zukunft sagt*, München 2005
- *Die Weltbevölkerung. Dynamik und Gefahren*, September 2004

Blüchel, Kurt G., *Bionik. Wie wir die geheimen Baupläne der Natur nutzen können*, München 2005

Blüchel, Kurt G./Malik, Fredmund, *Faszination Bionik: Die Intelligenz der Schöpfung*, München 2006

Buzzell, Robert D./Gale, Bradley, T., *The PIMS Principles. Linking Strategy to Performance*, New York 1987

Clausewitz, Carl von, *Kriegstheorie und Kriegsgeschichte: Vom Kriege, Erstdruck:* Berlin 1832/34, Frankfurt am Main 1993, Neuauflage 2005

Clavell, James, *The Art of War Sun Tzu*, New York 1983

Dörner, Dietrich, *Logik des Misslingens. Strategisches Denken in komplexen Situationen*, Reinbek bei Hamburg 1989, 2004

Drucker, Peter F./Paschek, Peter (Hrsg.), *Kardinaltugenden effektiver Führung*, Frankfurt am Main 2004

Drucker, Peter F., *Management*, London 1973
- *Management Challenges for the 21st Century*, New York 1999
- »We need Middle-Economics«, in: Krieg, Walter/Galler, Klaus/Stadelmann, Peter (Hrsg.), *Richtiges und gutes Management: vom System zur Praxis*, Festschrift für Fredmund Malik, Bern/Stuttgart/Wien 2004

Eggler, Andreas, *Diffusions- und Substitutionsprozesse – Struktur, Ablauf und ihre Bedeutung für die strategische Unternehmensführung*, Dissertation Universität St. Gallen 1991

Ferguson, Adam, *An Essay on the History of Civil Society*, London 1767

Foerster, Heinz von, *KybernEthik*, Berlin 1993

Foerster, Heinz von/Zopf, G.W., *Principles of Self-Organization*, Oxford 1962

Forrester, Jay, *Industrial Dynamics*, Cambridge Mass., 1969

Frankl, Viktor, *Der Mensch vor der Frage nach dem Sinn*, München 1979, 3. Auflage 1982

Gale, Bradley T., *Managing Customer Value. Creating Quality &Service That Customers Can See*, New York 1994

Gälweiler, Aloys, *Strategische Unternehmensführung*, Frankfurt am Main/New York 1990, 3. Auflage 2005

Gigerenzer, Gerd, *Das Einmaleins der Skepsis. Über den richtigen Umgang mit Zahlen und Risiken*, Berlin 2002

Gomez, Peter/Malik, Fredmund/Oeller, Karl-Heinz, *Systemmethodik: Grundlagen einer Methodik zur Erforschung und Gestaltung kompexer soziotechnischer Systeme*, Band 1 u. 2, Bern/Stuttgart 1978

Gorn, Saul, »The Individual and Political Life of Information Systems«, in: E. B. Heilprin et al. (Eds), Warrington Va 1965

Gross, Peter, *Die Multioptionsgesellschaft*, Frankfurt am Main 1994
- *Jenseits der Erlösung*, Bielefeld 2007

Grübler, Arnulf, *Technology and Global Change*, Cambridge 1998

Haken, Hermann, »Synergetik: Von der Laser-Metaphorik zum Selbstorganisationskonzept im Management«, in: Krieg, Walter/Galler, Klaus/Stadelmann Peter (Hrsg.), *Richtiges und gutes Management: vom System zur Praxis*, Festschrift für Fredmund Malik, Bern/Stuttgart/Wien 2005

Harnden, Roger/Leonhard Allenna, *How many Grapes went into the Wine. Stafford Beer on the Art and Science of Holistic Management*, Chichester 1994

Hayek, Friedrich A. von, *Law, Legislation and Liberty*, Band 1-3, Chicago 1976
- *The Sensory Order. An Inquiry into the foundations of theoretical psychology*, London 1952

Heinsohn, Gunnar, *Söhne und Weltmacht*, Zürich 2006
- »Warum gibt es Märkte?«, in: Krieg, Walter/Galler, Klaus/Stadelmann, Peter (Hrsg.), *Richtiges und gutes Management: vom System zur Praxis*, Festschrift für Fredmund Malik, Bern/Stuttgart/Wien 2004

Heinsohn, Gunnar/Steiger, Otto, *Eigentumsökonomik*, Marburg 2006

Hill, Bernd, *Erfinden mit der Natur. Funktionen und Strukturen biologischer Konstruktionen als Innovationspotentiale für die Technik*, Aachen 1998

Krämer, Walter, *So lügt man mit Statistik*, München 2000
- *Statistik verstehen. Eine Gebrauchsanweisung*, München 2001

Krieg, Walter; *Kybernetische Grundlagen der Unternehmensgestaltung*, Bern/Stuttgart 1971

Krieg, Walter/Galler, Klaus/Stadelmann Peter (Hrsg.), *Richtiges und gutes Management: vom System zur Praxis*, Festschrift für Fredmund Malik, Bern/Stuttgart/Wien 2005

Lorenz, Konrad, *Die Rückseite des Spiegels. Versuch einer Naturgeschichte menschlichen Erkennens*, München/Zürich 1973
- *Das Wirkungsgefüge der Natur und das Schicksal des Menschen*, München/Zürich 1978

Malik, Constantin, *Anticipatory Legislation. How Crowd Psychology and Managerial Cybernetics Combine to Transform Legislative Action*, Dissertation Universität Klagenfurt, 2006

Malik, Fredmund, *Führen Leisten Leben. Wirksames Management für eine neue Zeit*, Frankfurt am Main/New York 2006
- *Management. Das A und O des Handwerks*, Band 1 der Reihe Management: Komplexität meistern, Frankfurt am Main/New York 2007
- *Strategie des Managements komplexer Systeme – Ein Beitrag zur Management-Kybernetik evolutionärer Systeme*, Bern/Stuttgart 1984, 9. Auflage 2006
- *Die Neue Corporate Governance. Richtiges Top-Management – Wirksame Unternehmensaufsicht*, Frankfurt am Main 1997, 3. Auflage 2002
- *Systemmethodik. Grundlagen einer Methodik zur Erforschung und Gestaltung komplexer soziotechnischer Systeme*, Band 1 u. 2, gemeinsam mit Peter Gomez und Karl-Heinz Oeller, Bern/Stuttgart 1978

Marchetti, Cesare, »Fifty-Year Pulsations in Human Affairs«, in: *Futures* 17(3): 376 – 388
- *Intelligence at Work, Life Cycles for Painters, Writers and Criminals, Conference on the Evolutionary Biology of Intelligence*, Poppi, Italien 1986
- *On Time and Crime*, Working Paper IIASA 85-84, IIASA Laxenburg
- »Modeling Innovation Diffusion«, in: Henry, B. (Ed.), Forecasting Technological Innovation, Brüssel/Luxemburg 1991
- »Society as a Learning System, Discovery, Invention and Innovation Cycles Revisited«, in: *Technological Forecasting and Social Change*, S. 18-267

Martin, Paul C., »Heulen und Zähneklappern. Historische Versuche, Manager zu sanktionieren«, in: Krieg, Walter/Galler, Klaus/Stadelmann Peter (Hrsg.), *Richtiges und gutes Management: vom System zur Praxis*, Festschrift für Fredmund Malik, Bern/Stuttgart/Wien 2005

Maucher, Helmut, *Management-Brevier. Ein Leitfaden für unternehmerischen Erfolg*, Frankfurt am Main/New York 2007

Mensch, Gerhard, *Das technologische Patt. Innovationen überwinden die Depression*, Frankfurt am Main/New York 1975
- engl. Ausgabe: *Stalemate in Technology. Innovations Overcome the Depression*, 1979

McCulloch, Warren, *Embodiments of Mind*, Cambridge 1965

Modis, Theodore, *Predictions. Societies Telltale Signature Reveals The Past and Forecasts the Future*, New York 1992

Nachtigall, Werner, *Bionik. Grundlagen und Beispiele für Ingenieure und Naturwissenschaftler*, Berlin/Heidelberg 1998, 2002

Nakicenovich, Nebojsa/Grübler, Arnulf (Eds), *Diffusion of Technologies and Social Behavior*, Berlin/Heidelberg 1990

Pelzmann, Linda, »Im Sog der Masse. Die Marktmacht der Psychologie«, in: *Die Bank*, 02/2006, S. 54-58
- »Massenpsychologie von Wirtschaftsprozessen«, in: Pelzmann, Linda, *Wirtschaftspsychologie*, Wien/New York 2006, S. XVII-XLII
- »Wo Tauben sind, da fliegen Tauben zu. Das Gesetz der Wirkungsfortpflanzung«, in: *Malik on Management*, 13. Jahrgang, 2005, 164-175

Pelzmann, Linda/Malik, Constantin/Miklautz Michaela, »The Critical Mass of Preferences for Customization«, in: Blecker, Th./ Friedrich G., (Eds), *Mass Customization: Concepts, Tools, Realization*, Berlin 2005

Pelzmann, Linda/Hudnik, Urska/Miklautz, Michaela, »Reasoning or reacting to others? How consumers use the rationality of other consumers«, in: *Brain Research Bulletin*, 67 (5), 2004, S. 341-442

Pengg, Hermann, *Marktchancen erkennen. Erfolgreiche Marktprognosen mit Hilfe der S-Kurven-Methode*, Bern 2003

PIMS-Letters:
- Chussil Mark/Roberts, Keith, *The meaning and value of customer value*, London 2007

- Stöger, R./Mispagel, J./Herse, R., *Richtige Qualität zum richtigen Preis*, St. Gallen 2006

Pohl, Friedrich-Wilhelm, *Die Geschichte der Navigation*, Hamburg 2004

Popper, Karl R., »Why are the Calculi of Logic and Arithmetic applicable to Reality?«, in: *Conjectures and Refutations. The Growth of Scientific Knowledge*, London 1963
- *Objective Knowledge, An Evolutionary Approach*, Oxford 1972
- *Eine Welt der Propensitäten*, Tübingen 1995

Prechter, Robert, Jr., *The Wave Principle of Human Social Behavior and the New Science of Socionomics*, 1999
- *Pioneering Studies in Socionomics*, 2003

Probst, Gilbert/Raisch, Sebastian, »Das Unternehmen im Gleichgewicht«, in: Krieg, Walter/Galler, Klaus/Stadelmann, Peter (Hrsg.), *Richtiges und gutes Management: vom System zur Praxis*, Festschrift für Fredmund Malik, Bern/Stuttgart/Wien 2004

Pruckner, Maria, *Die Komplexitätsfalle. Wie sich Komplexität auf den Menschen auswirkt – vom Informationsmangel bis zum Zusammenbruch*, Norderstedt 2005

Rechenberg, Ingo, *Evolutionsstrategie '94*, Band 1 der Reihe *Werkstatt Bionik und Evolutionstechnik*, Stuttgart 1994

Reither, Franz, *Komplexitätsmanagement: Denken und Handeln in komplexen Situationen*, München 1997

Riedl, Rupert, *Die Ordnung des Lebendigen, Systembedingungen der Evolution*, Hamburg/Berlin 1975
- *Die Strategie der Genesis, Naturgeschichte der realen Welt*, München/Zürich 1976
- *Strukturen der Komplexität. Eine Morphologie des Erkennens und Erklärens*, Berlin/Heidelberg 2000
- *Verlust der Morphologie*, Wien 2006

Roberts, Keith/Chussil, Mark, *The meaning and value of customer value*, Malik Management Zentrum St. Gallen, PIMS-OnlineBlatt 2/2007

Rossmann, Torsten/Tropea, Cameron (Hrsg.), »Bionik. Aktuelle Forschungsergebnisse«, in: *Natur – Ingenieur – und Geisteswissenschaft*, Berlin/Heidelberg 2004

Simon, Hermann, *Hidden Champions des 21. Jahrhunderts. Erfolgsstrategien der Weltmarktführer*, Frankfurt am Main/New York 2007

Sloan, Alfred P., *My Years with General Motors*, New York 1964, 1999

Sobel, Dava/Andrews, William J. H., *Längengrad. Die wahre Geschichte eines einsamen Genies, welches das größte wissenschaftliche Problem seiner Zeit löste*, Berlin 1999, illustrierte Ausgabe

Steiger, Otto, »Eigentum und Recht und Freiheit«, in: Krieg, Walter/Galler, Klaus/Stadelmann, Peter (Hrsg.), *Richtiges und gutes Management: vom System zur Praxis*, Festschrift für Fredmund Malik, Bern/Stuttgart/Wien 2005

Sterman, J. D., *Business Dynamics, Systems Thinking and Modeling for a Complex World*, Boston 2000
Stöger, Roman/Mispagel, Jan/Herse, Ronald, *Kundennutzen: Richtige Qualität zum richtigen Preis*, Malik Management Zentrum St. Gallen, OnlineBlatt 5/2005

Tolstoi, Leo, *Anna Karenina*, München 1997
Tuchman, Barbara, *Torheit der Regierenden. Von Troja bis Vietnam*, Frankfurt am Main 2001

Ulrich, Hans/Krieg, Walter, *Das St. Galler Management-Modell*, 1972; wiederveröffentlicht in: Ulrich, Hans, *Gesammelte Schriften*, Band 2, Bern/Stuttgart/Wien 2001
Ulrich, Hans, *Unternehmungspolitik*, Bern/Stuttgart 1978
Ulrich, Peter, *Ethik in Wirtschaft und Gesellschaft*, Bern/Stuttgart 1996
Ulrich, Probst, *Self-Organization and Management of Social Systems*, Berlin/Heidelberg 1984

Varela, Franzisco, »Two Principles for Self-Organization«, in: Ulrich/Probst, *Self-Organization and management of Social Systems*, Berlin/Heidelberg 1984
- »A Calculus for Self-Reference«, in: *Intern. Journal of General Systems*, 2, 1975, No 1: S. 1-25
Venohr, Bernd, *Wachsen wie Würth. Das Geheimnis des Welterfolgs*, Frankfurt am Main/New York 2006
Vester, Frederic, *Die Kunst vernetzt zu denken*, München 2007

Watzlawick, Paul/Beavin, Janet, H./Jackson, Don D., *Menschliche Kommunikation, Formen, Störungen, Paradoxien*, Bern 1969
Wiedeking, Wendelin, *Anders ist besser*, München 2006
Wiener, Norbert, *Cybernetics or control and communication in the animal and the machine*, Cambridge 1948
- *Ich und die Kybernetik. Der Lebensweg eines Genies*, Düsseldorf 1971

Zweig, Stefan, *Amerigo*, Stockholm 1944, Frankfurt am Main 1995

作 者 简 介

弗雷德蒙德·马利克（Fredmund Malik）

欧洲的管理泰斗之一，欧洲著名的复杂性管理先锋人物和管理教育家。

弗雷德蒙德·马利克教授1944年出生于奥地利，自1968年起就读于奥地利因斯布鲁克大学（Innsbruck University）和瑞士圣加仑大学（St. Gallen University），在经济学、社会学、系统论、控制论、信息论以及逻辑学、哲学等领域进行了深入的研究，获商业管理学博士学位，此后荣获终身教授资格。他是欧洲著名顶尖商学院圣加仑大学的教授和维也纳经济大学的客座教授。

1984年，马利克教授创立了著名的瑞士圣加仑马利克管理中心，并担任总裁。他是欧洲多家大型公司董事会、监事会成员，许多知名公司的战略和管理顾问，培训过数千名管理人员。他的管理思想影响着欧洲诸多的管理精英及其管理实践。

弗雷德蒙德·马利克教授的管理著作极为丰硕，其中《管理成就生活》一书自2000年首次出版以来，一直位列畅销书榜，被评为欧洲十大畅销管理书籍，至今已再版3次重印30

多次,并被翻译成14种语言。2016年,马利克教授在李克强总理同外国专家举行的新春座谈会上,向总理赠送了他的著作《战略:应对复杂新世界的导航仪》。1993年,弗雷德蒙德·马利克教授开始出版《马利克论管理——每月通信集》,在德语国家,它很快成为经济、政治和社会各界阅读最广泛的出版物之一。

**马利克的管理思想
正在以下组织中得到运用**

戴姆勒-克莱斯勒　宝马集团　德国莱茵集团
索尼　德国铁路集团　西门子
德国大众　德意志银行　保时捷
贝塔斯曼　Haereus
············

华章书友交流群　331573788

欧洲管理经典 全套精装

欧洲最有影响的管理大师
(奥) 弗雷德蒙德·马利克 著

ISBN: 978-7-111-56451-5

ISBN: 978-7-111-56616-8

ISBN: 978-7-111-58389-9

转变：应对复杂新世界的思维方式

在这个巨变的时代，不学会转变，错将是你的常态，这个世界将会残酷惩罚不转变的人。

管理：技艺之精髓

帮助管理者和普通员工更加专业、更有成效地完成其职业生涯中各种极具挑战性的任务。

公司策略与公司治理：如何进行自我管理

公司治理的工具箱，
帮助企业创建自我管理的良好生态系统。

正确的公司治理:发挥公司监事会的效率应对复杂情况

基于30年的实践与研究，指导企业避免短期行为，打造后劲十足的健康企业。

战略：应对复杂新世界的导航仪

制定和实施战略的系统工具，
有效帮助组织明确发展方向。

管理成就生活（原书第2版）

写给那些希望做好管理的人、希望提升绩效的人、希望过上高品质的生活的人。不管处在什么职位，人人都要讲管理，出效率，过好生活。

读者交流QQ群：84565875

互联网+系列丛书

序号	ISBN	书名	作者	定价
1	978-7-111-49033-3	风口：把握产业互联网带来的创业转型新机遇	八八众筹网	45.00
2	978-7-111-49950-3	互联网+：从IT到DT	阿里巴巴研究院	59.00
3	978-7-111-47912-3	跨界：开启互联网与传统行业融合新趋势	腾讯科技频道	39.00
4	978-7-111-51546-3	跨界2：十大行业互联网+转型红利	腾讯科技频道	49.00
5	978-7-111-49869-8	掘金：互联网+时代创业黄金指南	腾讯科技频道	39.00
6	978-7-111-49794-3	工业4.0：正在发生的未来	夏妍娜、赵胜	39.00
7	978-7-111-49795-0	工业互联网：互联网+时代的产业转型	许正	39.00
8	978-7-111-50700-0	联网力：传统行业互联网化转型的原动力	杨学成	49.00
9	978-7-111-50925-7	打通：传统企业向互联网+转型的7个关键要素	何伊凡	39.00
10	978-7-111-51742-9	激活个体：互联网时代的组织管理新模式	陈春花	49.00
11	978-7-111-49774-5	互联网+：传统企业的自我颠覆、组织重构、管理进化与互联网转型	王吉斌	59.00
12	978-7-111-49820-9	互联网+兵法	段王爷	59.00
13	978-7-111-49877-3	互联网+：跨界与融合	曹磊、陈灿、郭勤贵、黄璜、卢彦	49.00
14	978-7-111-50112-1	互联网+：产业风口	曹磊	59.00
15	978-7-111-50946-2	互联网+智能家居	陈根	49.00
16	978-7-111-51370-4	互联网+医疗融合	陈根	40.00
17	978-7-111-50988-2	互联网+普惠金融：新金融时代	曹磊	59.00
18	978-7-111-51018-5	无界资本：互联网+时代的资本重生之路	沈亦文	39.00
19	978-7-111-49880-3	O2O实践：互联网+战略落地的O2O方法	叶开	59.00
20	978-7-111-50190-9	互联网+：O2O商业生态破局与重构	蒋德敬	39.00
21	978-7-111-51484-8	裂变式转型：互联网+转型纲领	杨龙	49.00
22	978-7-111-51515-9	互联网+：海外案例	曹磊	59.00
23	978-7-111-51935-5	互联网+农业：助力传统农业转型升级	冯阳松、潘晓（易观）	59.00
24	978-7-111-51513-5	重创新：转型不必推倒重来	王冠雄、刘恒涛	59.00

华章经典·管理

书名	作者	ISBN	价格
科学管理原理（珍藏版）	（美）弗雷德里克·泰勒	978-7-111-41732-3	30.00元
彼得原理（珍藏版）	（美）劳伦斯·彼得 等	978-7-111-41900-6	35.00元
管理行为（珍藏版）	（美）赫伯特 A. 西蒙	978-7-111-41878-8	59.00元
组织（珍藏版）	（美）詹姆斯·马奇 等	978-7-111-42263-1	45.00元
总经理（珍藏版）	（美）约翰 P. 科特	978-7-111-42253-2	40.00元
权力与影响力（珍藏版）	（美）约翰 P. 科特	978-7-111-41814-6	39.00元
马斯洛论管理（珍藏版）	（美）亚伯拉罕·马斯洛 等	978-7-111-42247-1	50.00元
Z理论	（美）威廉·大内	978-7-111-42275-4	40.00元
经理人员的职能（珍藏版）	（美）切斯特 I. 巴纳德	978-7-111-42276-1	49.00元
福列特论管理（珍藏版）	（美）玛丽·帕克·福列特	978-7-111-42775-9	50.00元
工业管理与一般管理（珍藏版）	（美）亨利·法约尔	978-7-111-42280-8	35.00元
战略管理（珍藏版）	（美）H. 伊戈尔·安索夫	978-7-111-42264-8	40.00元
决策是如何产生的（珍藏版）	（美）詹姆斯 G. 马奇	978-7-111-42277-8	40.00元
戴明的新经济观（原书第2版）	（美）W. 爱德华·戴明	978-7-111-45355-0	39.00元
组织与管理	（美）切斯特·巴纳德	978-7-111-52690-2	40.00元
转危为安	（美）W. 爱德华·戴明	978-7-111-53046-6	69.00元
工业文明的社会问题	（美）乔治·埃尔顿·梅奥	978-7-111-53285-9	35.00元

定位经典丛书

序号	ISBN	书名	作者	定价
1	978-7-111-32640-3	定位	（美）艾·里斯、杰克·特劳特	42.00
2	978-7-111-32671-7	商战	（美）艾·里斯、杰克·特劳特	42.00
3	978-7-111-32672-4	简单的力量	（美）杰克·特劳特、史蒂夫·里夫金	38.00
4	978-7-111-32734-9	什么是战略	（美）杰克·特劳特	38.00
5	978-7-111-33607-5	显而易见（珍藏版）	（美）杰克·特劳特	38.00
6	978-7-111-33975-5	重新定位（珍藏版）	（美）杰克·特劳特、史蒂夫·里夫金	48.00
7	978-7-111-34814-6	与众不同（珍藏版）	（美）杰克·特劳特、史蒂夫·里夫金	42.00
8	978-7-111-35142-9	特劳特营销十要	（美）杰克·特劳特	38.00
9	978-7-111-35368-3	大品牌大问题	（美）杰克·特劳特	42.00
10	978-7-111-35558-8	人生定位	（美）艾·里斯、杰克·特劳特	42.00
11	978-7-111-35616-5	营销革命	（美）艾·里斯、杰克·特劳特	42.00
12	978-7-111-35676-9	2小时品牌素养（第3版）	邓德隆	40.00
13	978-7-111-40455-2	视觉锤	（美）劳拉·里斯	49.00
14	978-7-111-43424-5	品牌22律	（美）艾·里斯、劳拉·里斯	35.00
15	978-7-111-43434-4	董事会里的战争	（美）艾·里斯、劳拉·里斯	35.00
16	978-7-111-43474-0	22条商规	（美）艾·里斯、杰克·特劳特	35.00
17	978-7-111-44657-6	聚焦	（美）艾·里斯	45.00
18	978-7-111-44364-3	品牌的起源	（美）艾·里斯、劳拉·里斯	40.00
19	978-7-111-44189-2	互联网商规11条	（美）艾·里斯、劳拉·里斯	35.00
20	978-7-111-43706-2	广告的没落 公关的崛起	（美）艾·里斯、劳拉·里斯	35.00
21	978-7-111-45071-9	品类战略	张云、王刚	40.00
22	978-7-111-51223-3	定位：争夺用户心智的战争（20周年精装纪念版）	（美）艾·里斯、杰克·特劳特	45.00
23	978-7-111-53422-8	与众不同：极度竞争时代的生存之道（精装版）	（美）杰克·特劳特、史蒂夫·里夫金	49.00